國家圖書館出版品預行編目資料

觀海堂藏書研究，趙飛鵬著／葉德輝觀古堂藏書研究，蔡芳定著／—初版—台北縣永和市：花木蘭文化工作坊，2005〔民94〕

序1+目1+124面+目1+148面；19×26公分

（古典文獻研究輯刊 初編：第10冊）

ISBN：986-81660-7-1（精裝）

1.（清）楊守敬－學術思想－目錄學－2.葉德輝－學術思想－目錄學 3.觀海堂 4.觀古堂 5.私家藏書－中國

029.77　　　　　　　　　　　　　　　94019005

ISBN 986-81660-7-1

9 789868 166073

古典文獻研究輯刊

初　編　第　十　冊　　　　　ISBN：986-81660-7-1

趙飛鵬：觀海堂藏書研究
蔡芳定：葉德輝觀古堂藏書研究

作　　者　趙飛鵬／蔡芳定
主　　編　潘美月　杜潔祥
企劃出版　北京大學文化資源研究中心
出　　版　花木蘭文化工作坊
發 行 所　花木蘭文化工作坊
發 行 人　高小娟
聯絡地址　台北縣永和市中正路五九五號七樓之三
　　　　　電話：02-2923-1455／傳真：02-2923-1452
電子信箱　sut81518@ms59.hinet.net
初　　版　2005年12月
定　　價　初編40冊（精裝）新台幣62,000元

觀海堂藏書研究

趙飛鵬　著

作者簡介

趙飛鵬，1959 年出生於臺灣省基隆市，國立臺灣師範大學國文研究所碩士，國立臺灣大學中國文學研究所博士，曾任教於高中、專科學校、技術學院，現任國立成功大學中文系副教授。研究領域主要爲圖書文獻學、中國藏書史，並兼及訓詁學、印度佛教史、宗教哲學等之教學與研究。目前已發表之研究專著有三種，學術論文二十餘篇。

提　要

　　楊守敬（1839 ～ 1915）是清末民初重要藏書家之一，且爲東渡日本，訪書海外之第一人。其「觀海堂」藏書之精華今日尙完整保存於臺北故宮博物院，見證中、日兩國自古以來書籍流通傳播之史實。本書是國內第一部全面且深入研究楊守敬藏書實況，以及楊氏在文獻學方面成就之專著。

楊惺吾先生像

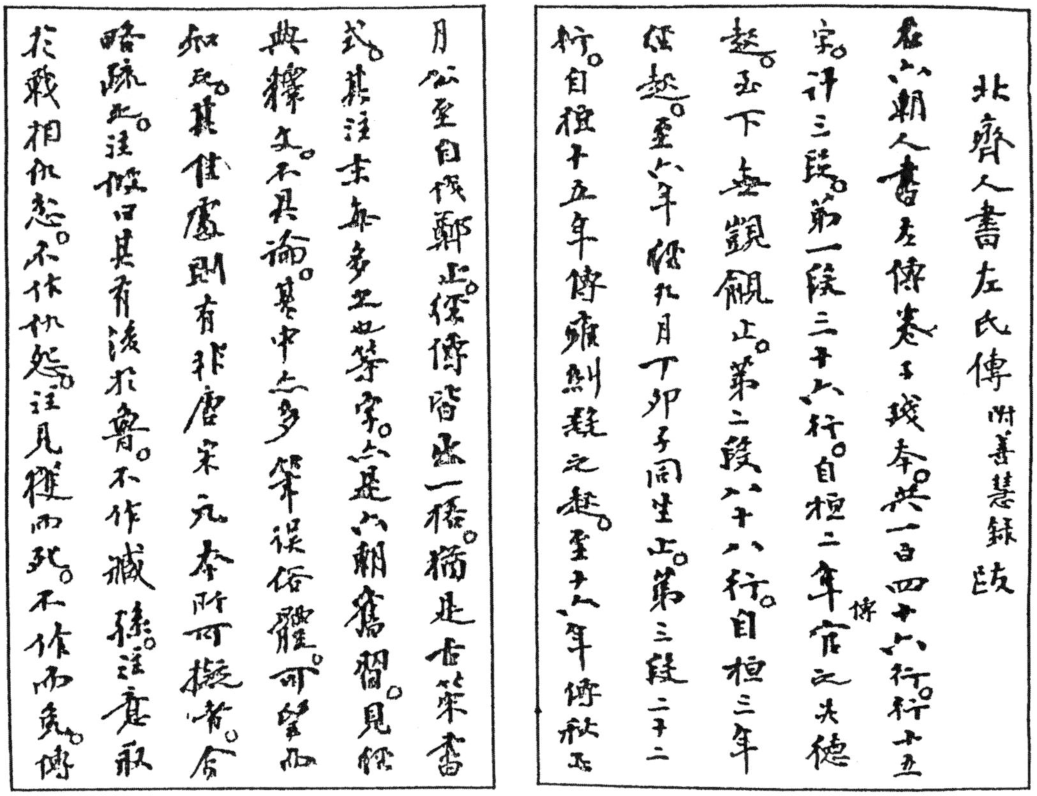

楊惺吾先生手書題跋

倉頡見鳥獸蹄迒之迹，知分理之可相別異也，初造書契，百工以乂，萬品以察

木堂先生正篆　庚戌春草楊守敬

楊惺吾先生遺墨（圖片部份取材自「楊惺吾先生年譜」）

目錄

自　序

　　嘗聞藏書刻書，於己有福，於人有功，觀乎惺吾楊氏，可謂兼之矣！況網羅放佚於扶桑，重歸秘笈於禹域；等孔壁之出經，垺鄭井之函史。顧世之學者，罕所稱引，蓋所謂其業彌偉，其名彌黯者與！

　　余自幼好庋書冊，每有所得，無論新舊，輒喜不自勝。稍長，獨嗜文史，出入書肆，購求不已。比入上庠，讀古人藏書愛書之跡，有如夙識，深得其中甘苦，惜乎世人多未之知。癸亥，遊　于師長卿門下，爰請以藏書家事績爲題，撰述論文。蒙　師不棄，揭楊氏生平大端，命余試之。積三載之力，泐成此文，冀發往德之潛光，以啓來者之嚮慕。

　　唯撰文期間，屢遭陽九。先是　于師突罹風疾，手足癱瘓；未幾　先嚴以心臟病猝發棄養，摧裂之痛，幾不欲生！幸　家慈力持振作，勉以興復之責，始能忍痛戮力，終止於成。母氏深恩，何時能報！賢妻惠薇，任勞任怨，從旁襄助，亦功不可沒也。　黃所長錦鋐，總校全文；吳哲夫先生、蘇精先生，提供資料；及故宮圖書館諸執事先生小姐，多方協助，裨我良多，均無任感念。

中華民國七十五年五月
光祖公逝世週年前十日　序於師大國文研究所

修訂版誌語

　　民國丙寅夏，余畢業於師大國文研究所，撰成碩士論文「楊守敬之藏書及其學術」。自顧頗病其枝蔓蕪雜，論述未周。乃以　于師臥疾在床，匡正無人，進退失據，宛若棄兒。後幸蒙　周師一田、黃師錦鋐、劉先生兆祐、何先生佑森指示疏誤、補苴罅漏。遂於服役期間，著手修訂，並標以新題。脫稿後，視前差為有進。昔人云：著書如培子弟，校書如掃落葉。文章千古事，吾知之矣。

　　略誌數語於簡端，尚祈大雅宏達，不吝指正。

第一章　緒　論

　　大凡一事之興起與發展，必有其原因與背景，絕非無端而起。此所以治學者，常需考其史而溯其源。柳詒徵云：

　　　　顧一事之興，恒函有地域人事流衍興感之因，非皆無端而堀起，雖
　　　其影響有遠有邇，而文化之淵源及區域之關繫，一爲研索，往往有蹊徑
　　　相通〔註1〕。

故欲探求楊氏觀海堂藏書之原委及貢獻，當先追溯私人藏書在中國文化上之意義，並了解清代藏書事業發達，超越前代之原因，及古代日本存藏中國古籍之情形，以彰顯楊氏藏書之地位。

第一節　私人藏書與學術文化

　　人類文化發展與歷史記載，有賴於文字，而文字經過整理及記錄，即成書籍。我國文化綿延久遠，文字發明甚早。遠在上古時代，已有文字記錄的史跡，流傳至今。《墨子・兼愛下篇》所述：

　　　　吾非與之並世同時，親聞其聲，見其色也，以其所書於竹帛、鏤於
　　　金石、琢於槃盂，遺傳後世子孫者知之。

即可看出古代人在造紙術發明以前，記載、流傳歷史的方法。《墨子》書中曾一再提及「書之竹帛」之語，可見當時已通用竹帛二物。錢存訓《中國古代書史》對此有更清楚的說明：

　　　　遠在古代，一些世界上其他民族所罕用的材料，像竹簡和縑帛，只

────────────────────

〔註1〕國立中央大學國學圖書館小史，頁1。

　　有中國人用以書寫。其他如獸骨、青銅、石版等，雖亦曾爲其他民族所採用，但在中國，卻用得更普遍，也更精巧。至於毛筆，在中國很早就用作書寫的基本工具。」（第一章緒論）

由於書寫工具及使用材料之進步，造成我國在往後書籍傳播及收藏上的極大便利。

　　書冊制度逐漸形成以後，緊接著便產生收藏書籍的問題。我國在周代以前已有典、冊等名稱，但由於文字尚未充分發展孳生，記載能力有限，而且教育不普及，知識集中於皇室貴族及政府人員之手。故所謂書籍，其內容大部分是官方文件，且多偏重史事方面，由政府指派專人加以保管貯藏，成爲檔案。甲骨文及經書中的《尚書》，即是這類文獻的遺跡。到了周代，文化更爲進步，中央政府所收藏的文獻也更豐富，於是那些被指派保管書籍檔案的人，地位更形重要，這些人通稱爲「史」，便是後世史官之鼻祖〔註2〕。史官由於長期保管政府檔案，接觸歷史資料，往往成爲知識淵博的通人。著名的史官，如《左傳》記載能讀三墳、五典、八索、九丘的左史倚相；《史記》中曾爲周之守藏史，被後世奉爲道家之祖的老子等。因此：史官制度是「西周政府組織中最重要的一項因素」〔註3〕，也開啓了「藏書代表知識來源」的先河。這些檔案、文籍由於隸屬皇室貴族所有，故當時可說只有公家藏書，並無私人藏書。這種情形，直到戰國時代，由於經濟、社會各方面轉變劇烈，造成封建制度解體，知識教育乃逐漸普及於民間，平民知識分子地位提高，思想觀念亦隨之解放，而帶來很大的改變。這種歷史背景，對書籍發展最大的影響有二：

（一）私人著述風氣擴大

　　戰國以前，知識集中，典籍所載，多官方文件，史官者流亦僅爲皇室服務。今傳假託某些人名之書，如《晏子春秋》、《管子》等，都經由後世學者不斷增補而成，並非出於一人之手。孔子是將教育擴展到民間的第一人，亦僅自稱「述而不作」（論語‧述而），故當時並無私人著述之觀念。到了戰國末年，諸子百家趁周文衰敝之時蠭擁而起，發爲言論，雄辯汪洋，著爲文章，篇什累牘。私人著書乃如雨後春筍，普遍產生。諸子並作同時造成文體的解放，原來精簡深奧的韻文，一變而爲縱橫暢達的散文，文字篇幅的增加，使書寫材料的需求也相對提高。書籍的發展自然也進步了。

（二）帶動了私人藏書的風氣

〔註2〕王國維〈釋史〉，《觀堂集林》，卷六。
〔註3〕許倬雲《西周史》，頁216。

　　由於知識普及，私人著述亦多，使書籍數量增加，內容更形多樣化，為滿足個人求知的需求，或者為教授生徒之用，知識分子自行藏書，便成為必要之舉。《墨子‧天志上篇》云：「今天下之士君子之書，不可勝載。」而以名家詭辯著稱的惠施，《莊子‧天下篇》記其「行事多方，其書五車。」更是耳熟能詳的例子。凡此，可概見當時私人藏書已具規模。但較之公家藏書活動，仍然不成比例。自秦漢以至隋唐，曾有幾次大規模的搜書、藏書活動，皆由當政者以公家之力完成，私人藏書的行動，仍不斷默默進行，但史未詳言，僅能約略考其端緒而已。私人藏書之真正普遍，是在印刷術發明以後。由於造紙術、印刷術兩大發明的結合，讀書人獲得書籍更加方便，庋藏典籍再也不是專利了。

　　自從私人藏書的風氣形成之後，歷代藏書家影響我國文獻傳播和學術發展至深且遠。吳晗《江浙藏書家史略》序云：

　　　　惟士大夫藏書風氣則千數年來，愈接愈盛……其精讎密勘、蓄意丹黃、秘冊借鈔、奇書互賞，往往能保存舊籍，是正舛譌，發潛德、表幽光，其有功於社會文化者亦至鉅〔註4〕。

這是從文獻保存的角度著眼。潘銘燊根據吳氏之說，推而廣之，提出五點結論，頗為完備，此處舉例以明之，備供佐證〔註5〕。

（一）、保存圖籍，傳留後世

　　藏書家對學術文化最大的貢獻，就是無論在何種艱困的情況下，都能盡力去搜集保存圖書文獻，使文獻在兵燹劫火之餘，尚能保留一線命脈，以待後世發揚光大。如漢承秦興，「改秦之敗，大收篇籍，廣開獻書之路〔註6〕。」其結果是「遺文逸籍，往往出於山林崖壁。」「百年之間，書積如丘山，故外有太史、博士之藏，內則延閣、廣內、秘室之府〔註7〕。」由於朝廷大量搜求民間藏書，許多先秦古書經由民間呈獻，復見於天日，進而引發「今古文之爭」，造成兩漢經學的高峰，這更是學術史上的大事。

（二）、綴輯零編，裒輯遺文

　　藏書家節食縮食、梯航訪求，孜孜於文獻的蒐集、整理，往往使許多散佚飄零的古書，翕然復合於其藏書樓中。如瞿氏《鐵琴銅劍樓書目》卷十八〈宋刊本

〔註4〕吳晗《江蘇藏書家小史‧序》。
〔註5〕《華國月刊》第六期，民國60年七月。
〔註6〕《漢書藝文志‧序》。
〔註7〕劉歆《七略》佚文，《太平御覽》卷六百十九引。

讀教記〉載：

> 舊爲泰興季氏藏書，見黃氏所刻書目。此書初得七卷於湖賈鄭愼齋，繼於邑中張芙川（蓉鏡）處，復得十三卷補全。離而復合，即季氏所藏者，亦奇緣也。

民初大藏書家傅增湘「雙鑑樓」中，也有類似情形〔註8〕。

（三）、校讎眾本，是正舛誤

私人藏書家中，有不少本身是精於目錄版本的校勘學家，其搜集古書的目的即是要恢復古書本來的面目。因此凡是經由校勘學家苦心校讎過的書，可以做爲治學者的標準本。如清代著名的藏書家兼校勘家黃丕烈（蕘圃），其「士禮居藏書」，率皆經其細心校讎，丹黃滿紙，且每校一書迄，便寫題記一篇，後之學者常依其所校爲斷，甚且有「黃跋本」之稱。

（四）、借閱流通，嘉惠學林

古代雖有公私藏書之事，卻因藏者秘惜過甚，缺乏現代圖書館借閱流通的功能。因此許多善本珍笈，往往終生不見天日，甚至終飽衣魚，絕跡於天壤之間。但也有些藏書家，了解文獻流通對於學術研究之重要，不惜公開私藏，供人閱覽，留下一段佳話。遠者如宋代宋敏求藏書三萬卷，士大夫喜讀書者，多賃屋於宋氏所居春明坊附近，以便就近借讀，遂使春明坊附近之屋價，高出他處一倍〔註9〕。近者如清末鐵琴銅劍樓主人瞿啓甲，生性慷慨、不吝通叚。葉德輝稱其「流通古書，有朱竹垞、曹倦圃遺風〔註10〕。」

（五）、刊布善本，輯印叢書

古書之罕見者，藏於有力之手，舉世不得寓目，即使有所假借，所沾漑者亦少，有識之士便有倡印叢書之舉。張海鵬曾論刻書之益，謂：「藏書不如讀書，讀書不如刻書。讀書祇以爲己，刻書可以澤人。上以壽作者之精神，下以惠後學之沾漑，其道不更廣耶〔註11〕？」清代著名的叢書，如鮑廷博「知不足齋叢書」、黃丕烈「士禮居叢書」、盧文弨「抱經堂叢書」、阮元「文選樓叢書」等，乃至清末楊守敬的「古逸叢書」，亦正是循此一傳統而來。

此外，私家藏書目錄也有很高的學術價值。梁啓超嘗云：「晁志、陳錄、尤目

〔註 8〕蘇精《近代藏書三十家》，頁94。
〔註 9〕《曲洧舊聞》卷四。
〔註10〕葉德輝《郋園山居文錄》，卷下，頁18。
〔註11〕黃庭鑑《張海鵬行狀》。

所載，皆手藏目睹之書，研究宋代載籍者，當視爲主要資料，視史志尤爲重要〔註12〕。」

　　歷朝歷代校訂、編纂圖籍，亦多取資於私人藏書。如漢成帝時，劉向等人奉詔校書，其所使用之異本，即有「太中大夫卜圭書」、「臣富參書」、「射聲校尉立書」等名目，這些顯然即來自私人收藏〔註13〕。清乾隆年間，編修《四庫全書》，尤有賴於藏書家之共襄盛舉，才能蔚爲大觀。據許文淵撰《清修四庫全書之目錄學》統計，當時由藏書家提供的書籍，可分爲「私人進獻」、「各省採進」、「官紳進獻」等三項，在「著錄」方面，共有二五〇三種，「存目」方面，則有六一五九部，合計八六六二部，佔全書的百分之八四、四。可見私人藏書實爲構成《四庫全書》之主力〔註14〕。

　　尤有進者，私人藏書的興衰，每每與一地區文化水準的消長有密切關係。因爲人才的培育有賴於讀書，以往公立圖書館未形成之前，藏書家對學術的傳佈，學者的培養有舉足輕重的影響。如清代學者錢大昕，其學問之成就，實由於與當時藏書家來往密切，有以致之〔註15〕。王獻唐云：

　　　　大抵中國文化分野，在秦漢以前，完全爲東西文化，永嘉南渡之後，
　　　則爲南北文化。此南北文化之中心，尤偏在南方。試就各藏書簿錄，逐
　　　一檢查，舉凡長篇巨冊、秘典孤編，十之七八，胥在江浙藏書家中〔註16〕。
是以藏書家集中江浙，直可視爲文化中心南移之表徵。

第二節　清代私人藏書風氣極盛之原因

　　有清一代，在政治上，雖然是中國最後一個專制王朝，也是中國近百年來由盛而衰的關鍵，可是在文化、學術上，卻是一個高峰，即以私人藏書而言，其興盛的程度，也遠超前代。我們可以從清代藏書家經常以所藏數量命名其藏書樓，以相誇示，略窺端倪。如黃丕烈的「百宋一廛」、吳兆騫的「千元十駕」，是以宋、元版之豐爲傲；而錢塘丁氏「八千卷樓」、朱慶昌「小萬卷樓」、章墫「五萬卷藏書之室」，逮及清末更有孔廣陶「三十三萬卷書堂」（又名嶽雪樓）、莫伯驥「五十萬卷樓」等，則是以藏書量之多，冠於一時！

〔註12〕梁啓超《圖書大辭典簿錄之部》，頁28。
〔註13〕《別錄》輯本，《管子敘錄》。
〔註14〕許文淵《清修四庫全書之目錄學》，頁76～94。
〔註15〕羅炳綿《清代學術論集》，頁451。
〔註16〕王獻唐《海源閣藏書之損失與善後處置》，頁13。

　　分析清代藏書風氣極盛的原因，可分述如下：

一、沿續明代的風氣

　　明代自初年起，即有不少宗室以藏書著稱，如寧獻王權、晉莊王鍾鉉等；達官則有宋濂、楊士奇等，藏弄冠一時〔註17〕。嘉靖以降，前後七子提倡復古，逐漸形成一種好古書、好奇書的風氣，私人收藏古書之風益形發達，晚明諸家更影響及於清初。梁啓超云：

> 明清之交，江浙學者以藏書相夸尚。其在江南，則常熟毛氏之汲古閣爲稱首，且精擇校刊以公於世。繼之者，常熟錢氏之絳雲樓、述古堂，崑山徐氏之傳是樓、昭文瞿氏之鐵琴銅劍樓，以至太倉顧氏、泰興季氏等，咸蓄善本、事讎校。自此校書刻書之風盛於江左〔註18〕。

袁同禮也說：

> 吳越之所以成爲藏書中心點者，晚明實啓其端緒。

又說：

> 清代私家藏書，除二、三家外，恒再傳而散佚，然輾轉流播，終不出江南境外者幾二百年〔註19〕。

江浙地區文風薈萃、人才輩出、經濟富裕，固已具備了成爲藏書中心的要件。又自南宋以來，江浙即爲刻書印書的重要地區之一，隨著版刻的盛行，以及書賈的推波助瀾，刺激了圖書的收藏，也給予藏書家許多求書的方便。藏書家與出版事業的互動，實亦承自傳統的規模與風氣。

二、皇室的獎勵提倡

　　清室雖以外族入主中原，可是受漢文化薰陶洗禮最爲徹底。順治、康熙兩朝，務以恩威並用，懷柔士子爲根本政策，雖然是治術運用，但也可看出喜好儒學的程度。到乾隆時，更積三世之富，進行大規模的修書工作，尤其以《四庫全書》的編纂，對學術及私人藏書的影響最大。章學誠云：

> 今天子（乾隆）右文稽古，三通四庫諸館，以次而開，詞臣多由編纂超遷，而寒士挾冊依人，亦以精於校讎，輒得優館，甚且資以進

〔註17〕陳登原《古今典籍聚散考》，頁310。
〔註18〕梁啓超《近代學風之地理的分布》，頁17。
〔註19〕袁同禮《清代私家藏書概略》。

身〔註20〕。

從事校讎考訂即可成為利祿之階，對私人藏書自有其引誘力。而乾隆對進獻圖書的藏書家的獎勵，更是刺激藏書風氣興盛的重要助因！自四庫開館之初，乾隆即定下對進書者的獎勵辦法：一是賞書，進書在五百種以上者，賞《古今圖書集成》一部；在一百種以上者，賞《佩文韻府》一部。如浙江范氏「天一閣」，就因進書最多而獲頒《古今圖書集成》。鮑廷博也因進書至六百餘種，獲賜《集成》一部；張金吾藏庋雖富，亦且以未讀鮑氏賜書為憾〔註21〕。二是御題評詠詩句於簡端。三是附記獻書人之名於各書提要之末。在帝王專制時代，這是一般人難得的殊榮，自然頗令藏書家起響慕之心。而全書編纂完成後，用以庋藏的「七閣」，亦完全依照范氏「天一閣」之形制所建，更是古所未有的佳話。繆荃孫〈天一閣始末記〉云：

詔建七閣，專人往浙繪閣圖，仿其式以造，亦至顯榮矣〔註22〕。

對於私人藏書的鼓勵，有推波助瀾之功。

此外，因為《四庫全書》的編纂，本是假「右文」之名，而行「寓禁於徵」之實。許多圖書史籍，就在「誕妄字句」、「抵觸本朝」等等罪名下，遭到刪改或毀棄的命運〔註23〕！為了保存這些禁毀的書籍，或出於收藏者互較短長、以稀為貴的心理，自《四庫全書》完成後，也有人專門以四庫未收書為徵集藏書重點，如阮元、張金吾等即是。競相儲藏四庫未收書，亦是纂修《四庫全書》對藏書事業的另一種刺激。

三、糾正明人妄改古書的惡習

刻書妄改之病，並不自明人始。葉德輝《書林清話》卷六「宋刻書多舛誤」條，已引證宋人刻書亦未必均佳；潘銘燊〈書業惡風始於南宋考〉一文，更指出明代書業的惡習，大半在南宋時已存在〔註24〕。然而明代自中葉以後，學風日趨淺薄浮誇，好奇炫博，靡然全國，改書刪書之舉，更變本加厲，幾無日無之。顧亭林《日知錄》卷二十云：「萬曆間人，多好改竄古書，人心之邪、風氣之變，自此而始。」余嘉錫〈藏園群書題記敘〉則歸納而言之：

明代士風習為妄誕，傳刻古書，奮筆塗改。至其末葉書帕之本，鹵

〔註20〕章學誠《文史通義》，頁337。
〔註21〕《第六弦溪文鈔》，卷二，頁19。
〔註22〕繆荃孫《藝風堂文漫存》，乙丁稾，卷三。
〔註23〕參見《乾隆東華錄》卷廿九至卅四各卷。
〔註24〕香港中文大學《中國文化研究學報》第十二卷，頁271～281。

莾滅裂，又出坊本之下。故清儒謂明人刻書而書亡〔註25〕。

另一方面，坊間刻書只求謀利，速刻翻刻，往往刪併改易，更令古書面目全非。明‧郎瑛《七修類稿》云：

> 蓋閩專以貨利爲計，但遇各省所刻好書，聞價高，便即翻刻。卷數目錄相同，而於篇中多所減去，使人不知，故一部止貨半部之價，人爭購之。

顧千里〈跋明刊本《廣弘明集》〉云：

> 明中葉以後刻書，無不肥改，此吳中珩本，以梵夾勘之，乖錯極多〔註26〕。

可知明代中葉以後之刻書，確實造成學術上極大的阻礙。

清代學術以考據學爲主，其目的部在於辨僞袪妄，使難讀難通之古書，成爲可讀可解。因而對於明人刻書好以己見臆改的陋習，自然有所不滿，起而糾正。袁同禮云：

> 清代私家藏書之盛，超逸前代。其效果何在乎？簡言之，則對於晚明理學一反動也。明代學術界虛僞之習，靡然全國，所刻之書，或沿襲舊訛，或竄改原文。昔人謂明人刻書而書亡，蓋有由矣！嘉靖以前，風尚近古，時有佳本。萬曆以後，風氣漸變，流弊極於晚季。流弊既多，故有反動。反動之動機，一言以蔽之，曰恢復古書之舊而已〔註27〕。

此亦即王先生叔岷所謂之「恢復古書本來面目」也。欲恢復古書之本來面目，必須有所依據，否則與明人妄改何異？而且明刊本既不可靠，使藏書家特別重視宋、元刊本及舊鈔本。此種風氣之興起，以錢謙益爲首。葉德輝《書林清話》卷十云：「國朝藏書尚宋元版之風，始於虞山錢謙益、毛晉汲古閣。」後來之錢曾、季振宜、徐乾學、黃丕烈、吳騫等人，皆寶愛宋、元刊本，甚至以「佞宋」自矜，以「百宋千元」相競。流風所及，降至清末而愈甚，成爲清代私人藏書的一大特色。

藏書家爲了恢復古書之舊，大多能利用所藏善本從事校勘，其發展約可分爲「校讎」及「賞鑑」兩派。繆荃孫云：

> 毛刻四唐人詩，在毛刻爲最精。而改換行款、喜易古字，異本標『一作』于下，遇時參合各本，擇善而從。後來盧抱經、孫淵如墨守此派。敕先（陸貽典）則據一宋本，筆筆描似，即訛字亦從之，縮宋本於今日，所謂下眞蹟一等者。後來黃堯圃、汪閬源墨守此派。兩派一屬校讎、一

〔註25〕《余嘉錫論學雜著》，頁569。
〔註26〕均見毛春翔《古書版本常談》，頁59引。
〔註27〕袁同禮《清代私家藏書概略》，頁31。

屬賞鑑，均士林之導師也〔註28〕。

校讎一派，在恢復古書眞面目；賞鑑一派，則有功於保存古刊本之原貌，是清代才興起的。兩者都是因明刊本的割裂妄改而作，並由此而促進版本學的發達，這是清代私人藏書的另一特色。

四、考據學的推波助瀾

考據之學，是清代學術的主流，梁啓超云：

在我國自秦以後，確能成爲時代思潮者，則漢之經學、隋唐之佛學、宋及明之理學、清之考證學，四者而已〔註29〕！

考證即考據，其發生卻並非始自清代。徐復觀云：「歷史上只要有學術活動，即有某種形態的考證訓詁工作〔註30〕。」可知我國古代學者時常在進行考據工作，只是沒有形成明確的概念與普遍的風氣。《呂氏春秋》所載：

子夏之晉，過衛，有讀史記者，曰：晉師三豕涉河。子夏曰：非也，是己亥也。夫己與三相近，豕與亥相似〔註31〕。

是最著名的例子。考據眞正成爲普遍的風氣，是從明代中葉以後開始的，至清代乾、嘉之間大盛，所以又被稱爲「乾嘉學風」。溯其原因，一是明代陽明學者末流，大都束書不觀、遊談無根，且道德淪喪、無補國事，爲了挽救時弊，逐漸有人重視取證於經典，自楊愼、陳耀文、胡應麟、梅鷟、陳第、焦竑、方以智等人出，從事經史之實際考證，更確立了考據學風。林慶彰先生云：「明代考據學之意義，在於其爲清學開創諸多途徑，使清人得以由此一學術水平繼續深究〔註32〕。」再經清初諸遺老的大力提倡，至乾、嘉而形成全面性的風氣。這是學術發展的內在原因。其次，清初爲求清弭反側，鞏固統治，採用恩威並施的政策，除了屢開特科、收羅名士、編修大書、抵銷士氣；更屢興文字獄，藉故株連，少者身遭殺戮，多者連千上百。使知識份子不敢再談論國是，相率投入故紙堆中，以寄託心志、消磨精力。章太炎云：「家有智慧，大湊於經，亦以紓死〔註33〕。」正是最佳寫照，這是政治環境的外在原因。此外，乾隆時修《四庫全書》，紀昀總纂其事，高揭漢

〔註28〕繆荃孫《藝風堂文漫存》、辛壬稿、卷三。
〔註29〕梁啓超《清代學術概論》，頁1。
〔註30〕徐復觀《清代學術衡論》，《中國思想史論集續編》，頁516。
〔註31〕《呂氏春秋》、愼行論、察傳篇。
〔註32〕林慶彰《明代考據學研究》，頁583。
〔註33〕余英時〈清代思想史的一個新解釋〉引，《歷史與思想》，頁123。

學大蘗，一時學人，如戴震、邵晉涵、周永年、王念孫等，皆考據名家，延攬入局，參與編纂，對於考據學風的振揚，實在亦有莫大助力。

考據學是考求眞象的學術，任何一個論斷都必須要有充分的證據，故收集資料、尋找證據成爲考據工作中最主要的部分，甚至成爲考據的全部。這些都必須要有豐富的文獻收藏，以供利用。而內府藏書是皇室的私產，非常人所能問津，所以學者不但要自己收藏圖書，更要利用其他藏書家的收藏。藏書家本身又兼考據學者，也不乏其人。例如乾嘉時期著名的史學家錢大昕，在治學過程中，時常與當時的藏書家交往，借閱借鈔書籍。據羅炳綿的統計，多達四十七人〔註34〕。可知考據學蔚爲清代學術主流，對藏書事業的增進，貢獻甚鉅；同時藏書家宏富的藏弆，也促使考據學更加發揚光大。考據學與私人藏書的發展，實互爲因果。洪有豐云：「有樸學之提倡，而藏書之需要亟；有藏書供其需要，而樸學乃益發揚光大〔註35〕。」此實爲研究清代學術不可不重視之處。

五、社會經濟條件的配合

藏書事業的發展，除了政治、文化、學術上的種種因素之外，經濟條件也是不可或缺的。即以清代而論，自康、雍、乾三朝以後，社會漸趨安定繁榮，生產事業恢復，商業發達，正提供了一個良好的成長環境。其中尤其以東南財富之集中，最爲明顯，且對於該地人文、圖書出版及收藏之影響最大。吳晗云：

> 大抵一地人文之消長盛衰、盈虛機緒，必以其地經濟情形之隆詘爲升沈樞紐。……以蘇省之藏書家而論，則常熟、金陵、維揚（揚州）、吳縣四地始終爲歷代重心，其間或互爲隆替。大抵常熟富庶；金陵、吳縣繁饒，且爲政治重心；維揚則爲鹺賈所集，爲乾隆之際東南經濟重心也〔註36〕。

從經濟的觀點來看，更可了解江浙何以能成爲私人藏書重鎭，且歷久不衰。清代亦有不少富商以藏書名家，如汪士鐘、伍崇曜、潘仕成等，亦可見富裕的經濟環境對藏書事業的助益。

〔註34〕羅炳綿〈錢竹汀的校勘學和同時代藏書家〉，《清代學術論集》，頁451。
〔註35〕洪有豐〈清代藏書家考〉，《圖書館學季刊》第一卷第一期，頁42。
〔註36〕吳晗《江蘇藏書家小史·序》。

第三節　日本古代藏書概況

中華文化綿延久遠，長久以來即是亞洲地區的文化中心。四周鄰邦，無不受到中華文化的薰陶、灌溉。換句話說，亞洲各鄰邦，多少都保存著中華文化的寶貴遺產。論到對外來文化的吸收、保存與發揚，當以東鄰日本爲最成功，所以中華文化的東傳，終須以日本爲匯歸。而日本文化是以中華文化爲根砥加以發揚茁壯而形成的，這是人所共知的事實。曾作《日本文化史研究》的日本學者內藤虎次郎，即明白說過：「日本文化，總括一句話，便是東洋文化，亦便是中華文化的延長，是從中國的古代文化一直延續到現在的〔註37〕。」這個事實，即使某些日本人想否認、抹殺，也是不可能的。而中國文化傳入日本的媒介，便是記載了中華文化精神內涵的各種經典、書籍。古代日本人士研讀了這些典籍，才了解了中華文化的博大精深，起了向慕之心，從而建立日本立國的張本。因而日本歷代對漢籍都很重視，妥善加以保存。歷經數千年，往往有中國已經失傳的文獻，卻完整保存在日本。宋代歐陽脩曾作詩云：「徐福行時書未焚，逸書百篇今尚存；令嚴不許傳中國，舉世無人識古文〔註38〕。」用今天的眼光來看：《尚書》亡佚的篇什固然不在日本，但根據宋代以前中日之間曾有密切往來的事實，認爲日本應該藏有許多中國書籍，卻是極合理的推測。到了清代，楊守敬東渡日本，編成《古逸叢書》，正是爲歐陽脩的話，做了最佳的見證。

日本古代既然大量由中國進口書籍，經過漫長的時間，自然也產生了許多收藏書籍的處所，對於漢籍的保存與流傳，有很大貢獻。大致而言，日本古代藏書之所，以寺廟、公家學校及私人文庫爲最主要，這與中國藏書集中於政府、私人兩方面，不太相同。楊守敬在〈日本訪書志緣起〉中，即對此三方面略有述及〔註39〕：

（一）日本收藏家，除足利官學外，以「金澤文庫」爲最。當我元明之間，今日流傳宋本，大半是其所遺。次則「養安院」，當明之季世，亦多宋元本，且有朝鮮古本。（按：以上爲公家學校）此下則以近世狩谷望之「求古樓」爲最富。雖其楓山官庫、昌平官學所儲，亦不及也。又有市野光彥、澀江道純、小島尚質及森立之，皆儲藏之有名者，余之所得，大抵諸家之遺。

（二）日本醫員多博學，藏書亦醫員爲多：喜多村氏、多紀氏、澀江氏、

〔註37〕劉百閔〈從中國經典東傳論日本文化〉引。《中日文化論集》上冊，頁28。
〔註38〕歐陽脩〈日本刀歌〉，《居士外集》，卷四。
〔註39〕吳天任《楊惺吾先生年譜》，頁82引。

小島氏、森氏皆醫員也，故醫籍尤收羅靡遺。《躋壽館目錄》（原注：多紀丹波元堅撰）所載〔註40〕，今著錄家不及者，不下百種，今只就余收得者錄之。（以上私人藏書）

（三）日本崇尚佛法，凡有兵戈，例不燬壞古剎，故高山寺、法隆寺二藏所儲唐經生書佛經，不下萬卷，即經史古本亦多出其中。今茲所錄，仿《舊唐書‧藝文志》之例，收諸家之為釋氏而作者，其《一切經》雖精妙絕倫，皆別記之。（以上佛寺）」

楊氏所述，僅為當時見聞所及的幾處著名藏書所，實則日本古代藏書之所甚多。本節即按三方面擇要加以敘述〔註41〕，以明瞭楊氏在日本訪書的基礎。

一、寺　院

（一）日本的文獻傳入與書籍印刷都與寺院有密切關聯，經籍的典藏自然也由寺院負起主要責任，最早的寺院藏書可以推溯到聖德太子時。原來日本自百濟輸入佛教後，立即在貴族間引起廣大迴響，信眾頗多，推古天皇十二年（西元 604 年），聖德太子當政，制定十七條「憲法」，其中第二條即明定須皈依三寶，正式以佛教為國教。其後太子即建立「法隆寺」，於寺中設夢殿，做為讀書、寫經之地。現在的法隆寺，是天平時代（聖武天皇時）再建的遺構（西元 729 年以後）。所藏有自百濟傳入的曆本、天文、地理、遁甲、方術等書，聖德太子所著《法華經義疏》的手稿本，以及大量佛教經書。其所藏經典均鈐有「法隆寺一切經」的印章。

（二）奈良、平安時代佛教依然興盛，幾乎歷代天皇都曾建築寺院。現擇要列之：

1、東大寺：

聖武天皇天平十五年（唐玄宗天寶二年，西元 743 年）下詔建東大寺，十七年完成。光明皇后發願寫經千部供養，於是於寺中設寫經所，所抄寫以佛經為限。入唐僧玄昉歸國後，即曾供職寫經所。其後，天平末年設「正

〔註40〕躋壽館目錄又名《醫籍考》；丹波元堅字赤柔，號茝庭、精醫術，為醫學館教授。今傳《醫籍考》鈔本，題丹波元胤撰，元胤乃元堅之兄。
〔註41〕本節敘述主要依據資料：
（一）小野則秋《日本圖書館史》。
（二）鄭樑生《元明時代東傳日本的文獻》。
（三）蘇振申《日本紀聞》。

倉院」。孝謙天皇天平勝寶六年（西元 754 年），鑑眞大師設立「戒壇院」。村上天皇天曆年間（西元 947 年～956 年），釋光智建「勝尊院」，設「經藏聖語藏」，凡此皆是收藏佛書之所。明治維新以後，聖語藏獻歸「宮內省圖書寮」，所遺之天平寫經及其他佛典儒書，成立東大寺圖書館。

2、興福寺：

皇極天皇三年（唐太宗貞觀十八年，西元 644 年），藤原氏所立之寺。所藏主要爲佛經，外典鈔本亦甚夥。鎌倉時代且爲「春日版」刊行中心。惜其所藏於治承之亂時（西元 1180 年）被焚燬無餘。

3、石山寺：

當天平間建東大寺時，造寺司又在木材集散地石山造建石山寺。其所藏以光明皇后發願所施之一切經爲基礎，經平安時代、鎌倉、室町、戰國各代陸續增補，因而各種經書完備，具有各時代不同特色的經書抄本，最受學界重視。且因其地居偏僻，不易發生火災，保存也最完好。

4、延曆寺：

桓武天皇延曆七年（唐德宗貞元四年，西元 788 年）創立。主要收藏是入唐僧所請回的經典，如最澄（西元 805 年），有《比叡山最澄和尚法門道具等目錄》。圓仁（西元 847 年），有《入唐新求聖教目錄》。圓珍（西元 858 年），有《智證大師請來目錄》。延歷寺經藏，在 1571（明穆宗隆慶五年，正親町元龜二年）織田信長驅逐足利義昭之役中，焚燬殆盡。江戶時代，漸次補充恢復，現今成立「叡山文庫」保存之。

5、高山寺：

屬眞言宗。早期所藏有空海自唐請來經書的一部分，後來頗有散佚，後鳥羽天皇時（西元 1184 年～1197 年），明慧和尚加以蒐集網羅，又將宋本大藏經安置其中。其藏書編有《高山寺外典目錄》及《高山寺聖教目錄》等。

（三）鎌倉、室町時代，由於國內動亂不安，佛教更形發達，新興的禪宗、淨土宗深入人心，寫經、刻經以求福報的風氣彌漫全國，自然形成寺院藏書的豐富。如前節所述，日本中世、五山叢林以刻印書籍著名，其中亦富於藏書的有：

1、普門院：

在京都東福寺，1236 年（宋理宗端平三年，四條嘉禎二年）由關白九

條通家所創。主要收藏是入宋僧圓爾辨圓（1202～1280）所攜回的經典，後來編成《普門院經論章疏語錄儒書等目錄》。

2、海藏院：

　　亦在東福寺，爲虎關師鍊所創。按：師鍊（西元 1278 年～1346 年）爲鎌倉末期知名的禪僧，師事元僧一山一寧（西元 1274～1317 年），開創五山文學的先聲，著有《元亨釋書》、《禪戒記》、《濟北集》、《聚分韻略》等。海藏院即其晚年駐錫東福寺時所設，所藏兼包儒、釋兩類，可惜藏書在 1382 年（洪武十五年，後圓融永德二年）燬於火。此外，由現存之古書觀察，當時的藏書寺院還有松谷寺、圓覺寺等。

（四）江戶時代，德川氏施行排擊異教，保護寺院之政策，室町末年、戰國時代被損毀的寺廟逐漸恢復，而各地藩主也競相以建寺相誇示。此時幕府特設「寺社奉行」（官名），負責管理全國寺院、僧侶及其領地內居民，同時鼓勵僧侶從事學術活動。於是寺院收集圖書，刊印經籍之風再盛。

1、寬永寺：

　　德川家康時代名僧天海所創立。起先天海於慶長十二年（西元 1607 年），受家康之命，主持比叡山延曆寺，振興佛教，廣收經典，現在「叡山文庫」中所收印有「天海藏」印記之書，即當時所收藏。其後家康逝世，安葬於下野日光山，天皇特於寬永元年（西元 1624 年）下令在江戶忍岡建寺，由天海主持，以奉祀家康。寬永寺慈眼堂所收藏書籍，有高麗版大藏經；慶長、寬永時代和刻的內外典及鎌倉、室町時代的古鈔本，還有自中國輸入明代萬曆、崇禎年間的刊本等。

2、眞福寺：

　　原在尾張國大須北野山，後村上正平五年（西元 1350 年）命度會能信所建。其收藏有宋元版，奈良平安時代之古鈔本達一萬五千卷之多。當時與仁和寺、根來寺合稱「三文庫」。慶長十七年（1612），爲避洪水，遷往名古屋。享保十五年（西元 1730 年），宥海和尚曾編有《大須眞福寺經藏目錄》三卷，文政四年（西元 1821 年）又由尾張之寺社奉行編成《寶生院圖書目錄》二十三冊。由於所藏古鈔本價值連城，今日本政府多指定爲國寶，派專人保護。

3、增上寺：

　　在京都三緣山。至德年間（西元 1384～1387 年）由淨土宗學僧西譽

所建，其後逐漸擴展，到德川家康時，授與寺領一萬零七百四十石，又奉旨為天皇之勅願寺，乃更為昌盛。寺中的慧照院、聽松庵、積善庵等，皆有藏書，而最著名的，就是「三大藏」了。首先是慶長十四年（西元1609年），由奈良「一乘院」請來高麗版大藏經六四六七卷；翌年又從伊豆「修禪寺」請來元版大藏經五三九七卷；慶長十八年，更由近江「菅山寺」，得到宋版大藏經五七一四卷。這三大藏經，於明治卅二年（西元1899年）指定為國寶。

江戶時代的寺院藏書，著名的還有淺草寺、南禪寺金地院、華頂山知恩院、及龍寶寺等，但重要性及流傳數量皆不及前述三寺。

二、公家學校

此處敘述的「公家學校」包括了皇室、公卿諸藩及公立學校等之藏書所。一般而言，古代日本由於階級嚴明，知識教育不普及，只有貴族有藏書的能力，江戶時代，則因社會安定，經濟發達，町人階級（商人）興起，藏書事業才普遍發展，蔚為大觀。

（一）皇室

1、圖書寮：

八世紀初，日本文武天皇頒布大寶令（西元701年），模倣唐令。中央設中務省，下屬有中宮職、大舍人寮、圖書寮、陰陽寮、內藏寮、縫殿寮、內匠寮、畫工司、內藥司、內禮司等。其中圖書寮掌管撰脩國史，收集保存圖書、佛典、佛像等，可謂為日本公立圖書館之始。據《和名抄》一書所列，圖書寮設寮頭一人，總理事務，其職掌為「經籍、圖書、國史脩撰、內典、佛教、宮內禮佛、校寫、裝潢、紙筆墨之供給」等。下置寮助、大少允、大少屬各一人，寫書手二十人，裝潢手、造紙手、造墨手各四人，造筆手十人，使部二十人，直丁二人等。圖書寮到明治時代還存在，只是職掌及組織稍變，今稱「宮內廳書陵部」。

2、冷然院：

也是皇室專屬藏書之所，嵯峨天皇（西元809年～823年）時所建。清和天皇貞觀十七年（西元875年），曾發生火災，將歷代藏書完全燒燬。後來藤原佐世奉命編成《日本國見在書目錄》，記錄了當時藏書大概的情況。冷然院後重建，稱為「冷泉院」。

3、正倉院：

　　確實建立時間不詳，大概在八世紀中葉以後。原來天平勝寶八年（西元 756 年），聖武天皇駕崩，光明皇后為求冥福，將天皇生前御用寶物，捐獻東大寺，並發願寫經。本院創建當在此前後。院中所藏文物數量極多，包括各種圖書、藝術品等，可說是天平文化的博物館。其藏書編有《正倉院文書》六六七卷，是研究天平時代不可缺少的史料。此外，皇室藏書之所，還有御書所、校書殿、蓮華王院等。

（二）公卿諸藩：

1、藝　亭：

　　奈良時代大臣石上宅嗣所立，其成立時代約在天應元年（西元781 年）以前。石上氏世代為皇室祠官，宅嗣幼年即好學問，多涉經史，長善詩文，作品有《經國集》等。晚年篤信佛教，自號藝亭居士，舍宅為寺，並廣置圖書，供好學人士自由閱覽，開公立圖書館的先河。其藏書因無目錄流傳，不能知其詳細內容。

2、金澤文庫：

　　日本中世最重要的公立藏書機構之一，相傳為鎌倉時代名將北條實時所創（西元 1224 年～1276 年），時在西元 1275 年（元世祖至元十二年）。實時雖為武將，但夙好儒學，亦信仰佛教，晚年退居金澤（今橫濱市金澤區），建「稱名寺」，內設文庫，儲藏各種書籍，其子顯時繼承父志，續有增加。金澤文庫的盛名，甚至傳到中國。明人鄭舜功在所著《日本一鑑》中敘述：「中國書籍流彼者多，珍藏山城、大和、下野文庫，及相模金澤文庫，以為聚書之淵藪。」金澤藏書在日本戰國時代中，逐漸散佚。到豐臣秀吉主政時，原址已敗壞荒廢。查考金澤藏書的下落，大致有兩種情形：一是收歸德川氏所建的「富士見亭文庫」（後稱「楓山文庫」），現歸存內閣文庫。二是散入私人之手，如金澤藩主前田綱紀、水戶藩主德川光國均有收藏。江戶時代的私人藏書家如狩谷掖齋「求古樓」等，也有少量藏本。據日本學者足利衍述的調查，現存原屬金澤文庫舊藏的書目，大致如下：（僅列刊本以供參考）

宋槧本	春秋穀梁傳集解		蜂須賀侯爵家收藏
	集韻	九冊	圖書寮收藏缺卷一
	春秋公羊傳正義		見於《羅山文集》卷五十四〈公羊傳跋〉

宋槧本	尚書正義	十七冊	圖書寮收藏
宋槧本	論語註疏	五冊	圖書寮收藏
宋槧本	荀子		求古堂舊藏
	小學		見於新井白石《退私錄》
	後漢書		見於大森金五郎著〈金澤文庫沿革〉
宋槧本	南史　零本	一冊外五葉	稱名寺收藏
宋槧本	太平寰宇記　殘本	二十五冊	圖書寮收藏
宋槧本	南華眞經注疏	二葉	稱名寺收藏
宋槧本	諸病源候論		懷仙閣舊藏
宋槧本	太平聖惠方	四十六冊	尾張（愛知縣）德川侯爵家收藏
宋槧本	楊氏家藏方	七冊	圖書寮收藏
宋槧本	初學記	十冊	圖書寮收藏
宋槧本	錦繡萬花谷　零本	四卷	求谷樓舊藏
宋槧本	錦繡萬花谷　卷目	一卷	靜岡縣龍潭寺收藏
宋槧本	昌黎先生文集		崇蘭館舊藏
宋槧本	柳文　零本	一冊	靜嘉堂文庫收藏
宋槧本	王文公文集	十八冊	圖書寮收藏
宋槧本	崔舍人玉堂類稿附西垣類稿	八冊	圖書寮收藏
宋槧本	大藏經	全部	稱名寺收藏
宋槧本	世說新語		圖書寮收藏，又一本前田侯爵家收藏
宋槧本	新編類要圖註本草		聿修堂舊藏
宋槧本	備急千金要方		上杉伯爵家收藏
宋槧本	外臺秘要方　殘本	十一冊	圖書寮收藏
宋槧本	太平御覽	百十四冊	圖書寮收藏
宋槧本	畫一元龜　殘本	十八冊	圖書寮收藏
宋槧本	宋景文集　殘本	六冊	圖書寮收藏
宋槧本	東坡集　殘本	十七冊	圖書寮收藏
宋槧本	六臣註文選	二十一冊	足利學校收藏
宋槧本	大藏經　殘本	四百六十帖	稱名寺收藏
宋槧本	科註法華經	六冊	稱名寺收藏
宋槧本	大慈恩寺三藏法師傳	八帖	稱名寺收藏
宋槧本	弘明集		稱名寺收藏
宋槧本	重編天臺諸文類集	二冊	稱名寺收藏
	明儒願文集	一冊	稱名寺收藏

3、紅葉山文庫（楓山文庫）：

　　江戶幕府第一代將軍德川家康於慶長七年（西元 1602 年）在江戶城南，建「富士見亭文庫」，開始收集各種圖書，金澤遺本之收藏即在此時。慶長十二年，又脩築駿府城，設「駿河文庫」，為家康私人藏書之所，由大儒林羅山負責管理。寬永十七年（1640），德川家光將富士見亭文庫遷往紅葉山，以後世代為幕府圖書集藏地。分析紅葉山文庫的藏書來源，可概分為：（1）日本舊有藏書；（2）明代刊本（由商船運來），多地方志及戲曲；（3）各地大名、僧侶等的進獻。據元治元年（西元 1864 年）所編的《元治增補御書籍目錄》，當時文庫藏書數量是：（1）四部總計：四五九二部、一四三六九六卷（2）附存部總計：一六五部，二二一〇卷（3）御家部總計：一四七部、三二〇六卷（4）國書部總計：九四三部、一〇八〇七卷。由於幕府管理完善，藏書保存情況良好，明治維新後，亦收歸內閣文庫保管。德川氏好學之士為數不少，在各藩地均有私人文庫，最著名的，有尾張藩的「蓬左文庫」、水戶藩的「彰考館文庫」，紀州藩的「南葵文庫」等。

4、尊經閣文庫：

　　是江戶時代諸「大名」〔註42〕所建文庫中，最著名的一所。乃加賀藩主（即金澤藩）前田利家所創，五代藩主前田綱紀（西元 1643 年～1734 年）加以發揚光大，藏書之豐，足與幕府的紅葉山文庫匹敵。綱紀號松雪，德川光國之甥。天性喜好書籍，十七歲起即開始收藏各種圖書。可以收購者，以金錢收買；不能購得者，則派人手抄。如三條西家的藏書，東大寺百合文書等，都保有抄本。又時常幫助其他藩主脩建文庫，可謂推動日本圖書事業的功臣。尊經閣在綱紀一代，收書即達十萬卷左右，當時號稱「天下書府」，其後歷年雖有散佚，現存尊經閣藏書仍不下十萬冊之多。

5、佐伯文庫：

　　豐後佐伯藩主毛利高標（西元 1754 年～1801 年）所創。毛利氏本為武人出身，至八代高標，好學不倦，藩地雖小，但收藏書籍數量也頗為驚人，如元版《道藏》，日本僅有兩部，毛利家即有其一。文政十一年（西元 1828 年），高標之孫高翰，將當時佐伯文庫藏書計一七四三部、二〇七五八卷，捐獻給幕府，收藏於紅葉山文庫，現歸內閣文庫。

〔註42〕江戶時代的地方藩主，通稱「大名」，見栗田元次《日本近代史》頁 23。

6、黃雪書屋：

近江西大路藩主市橋長昭的藏書所。長昭當時與毛利高標等人，結「文雅社」，相互流通藏書，其收藏特別注重宋元古版。文化五年（西元 1808年）長昭在藏書中選擇宋元精品三十種，獻贈德川幕府，今存藏於宮內廳書陵部。長昭歿後，藏書散佚，一部分流入新見正路「賜廬文庫」，其他則不知下落。

7、新宮城文庫：

新宮城主水野忠央所創。水野忠央號丹鶴，生平喜好漢學，收藏古書甚多，嘗編輯《丹鶴叢書》凡三十部、一百五十八卷，刻印行世，其藏書編有《新宮城藏書目錄》十卷。明治廢藩時，藏書大部分散逸。

江戶時代各地藩主所設文庫，知名的還有蜂須賀氏的「阿波國文庫」，收藏有柴邦彥、屋代弘賢等的舊藏；靜山松氏的「樂歲堂文庫」，以收藏西洋書豐富著名。

（三）學　校：

日本古代唯有官設之太學，私人設校最早的是空海在天長九年（西元 828 年所創的「綜藝種智院」，中世則以足利學校最著名。

1、足利學校：

創始人為足利義兼（？～1199），《分類年代記》云：「足利義兼嘗於足利創設學校，納自中華所將來先聖十哲畫像、祭器、經籍等，世推曰：足利學校〔註43〕。」永享十一年（西元 1439 年），關東管領上杉憲實（西元 1411 年～1466 年），任命僧人快元為首任庠主（校長），重新加以整頓、充實，制定「足利學校置五經疏本條目」，做為圖書保管、閱覽的規章。學校中的學生多為研究儒學的僧侶，所授課程也僅限儒學以內的各種書籍，如四書、六經、史記、文選等。所以此校所收藏中國儒家經書甚多，最重要的是宋版五經注疏（上杉憲實捐贈），今已列為國寶。此外如根本遜志校本論語義疏（邢疏）、太宰純校本古文經等，皆曾有景抄本傳入中國。學校藏書來源，還有各地捐贈的書，幕府賜贈的書等。

2、昌平坂學問所：

又稱「昌平黌」，是江戶幕府最高的學府。最初在寬永七年（西元 1630 年），

〔註43〕關於此校的創設人是誰，日本學界也無定論，唯從校名推測，應為足利氏所創。見蘇振申〈足利學及其所藏中國古籍簡介〉（《日本紀聞》頁 57～65）。

三代將軍德川家光將上野忍岡之地，賜給大儒林羅山（西元 1583 年～1657 年），設置私塾講學，不久又建孔子廟，設立書庫，開始收藏書籍。元祿四年（西元 1691 年），三代孫林鳳岡將私塾及孔廟遷到湯島，成為幕府官學－昌平黌，鳳岡任大學頭（校長），自此林家世襲大學頭之職，而林家世代收藏的圖書，也成為昌平黌最大的財產。學問所之藏書，除林家舊藏外，又吸收楓山文庫藏書，如毛利高翰捐贈的「佐伯文庫」舊藏一萬多冊。天保十三年（西元 1842 年）以後，自中國船舶輸入的漢籍等。此外，學問所也自行出版各種書籍，稱為「官版」。明治十七年，學問所與楓山文庫一併移交「太政官文庫」。

3、和學講談所：

寬政五年（西元 1793 年），幕府應塙保己一之請所設立的，主要是研究日本傳統的學術，在當時儒學風氣之外，獨樹一幟。塙氏世職所長之職，有如林家之世職昌平黌。其藏書所稱為「溫故堂文庫」。編有《和學講談所藏書目錄》，共有三八五五部、一七○三○卷。明治維新後，併入太政官文庫。此外，由多紀安元所創的「江戶醫學館」（原名躋壽館），於 1765 年成立，收藏古寫本醫書甚多，明治初年歸入昌平坂學問所。

三、私人藏書

日本古代所謂私人藏書，只有貴族、大臣及藩主等，皆於「公家學校」項下分述，本項僅略述江戶時代興起的平民藏書家。

（一）吉田篁墩（西元 1744～1798 年）

名漢官，字學儒。其家世為水戶侯醫員，明和（1764～1771）中，擢侍醫，時稱國手。初從井上金峨學，以博洽聞。後專奉漢唐疏傳，首倡考證之學。嗜好藏書，遍集四子六經各種抄本，校勘異同，乃開重惜古本之風。其藏書所名為「留蠹書屋」，著有《活版經籍考》、《近聞寓筆》、《留蠹書屋藏書志》等。

（二）木村孔恭（西元 1735 年～1802 年）

字世肅，號巽齋。博學多藝，詩書畫均長，為人豪放嗜酒，尤喜蒐藏珍籍古畫、金石碑帖，所藏近十萬卷，其藏書所名「蒹葭堂」。享和二年卒，其書畫由官府收購，並賜五百金。著有《巽齋詩草》、《銅器由來記》、《蒹葭堂書目》等，又校訂周易鄭氏注、尚書大傳等多種。

（三）屋代弘賢（西元 1757 年～1841 年）

初名詮賢，晚號輪池，江戶人，其先世爲輪池國學教授。性好校書，遂以校勘名家。文化（1804～1817）中，嘗著《古今要覽》二百餘卷。又精書法文章，爲幕府記室。自奉儉約，餘貲悉以購書，晚年有書三楹，凡萬餘卷，顏其室曰：「不忍文庫」，惜所藏於身後星散。

（四）狩谷望之（西元 1774 年～1835 年）

字雲卿，號掖齋，晚號六漢老人、蟬翁等，江戶人。初學律令，以六典、唐律、太平御覽、通典諸書爲本，上溯漢唐經疏，恍然有所發明；深通小學，撰《和名類聚鈔箋注》。性好藏書及古物，兼及碑刻法帖，晚年卜居淺草，其藏書之所名「求古樓」、「青裳文庫」、「實是求是書屋」等。

（五）澀江道純（西元 1804 年～1858 年）

名令善，號抽齋，江戶人，世爲陸奧弘前藩儒醫。初從伊澤蘭軒習醫，又從市野迷庵、狩谷掖齋習漢學，精鑑別，好藏書。與森立之同撰《經籍訪古志》，記諸家所藏善本古書，經海保漁村點定，並補醫書一卷。他著有《素問識小》、《靈樞講義》等。

（六）向山黃村（西元 1825 年～1897 年）

本姓一色氏，爲向山源養子，通稱榮五郎。初隨千坂莞爾習漢學，後入昌平黌，以文學稱，並因倡開國主義而知名。慶應三年（1867），代駐法公使，維新後，歸隱東京。

（七）新見正路（西元 1791 年～1848 年）

字義卿，江戶幕府家臣。歷任兵部少輔、伊賀守、大阪町奉行等，所至有政績。天保七年（1836），任儲君內樞事，性端嚴，外和順，博通經史，又好聚書，凡一千七百餘部、三萬多卷，號「賜廬文庫」。嘉永元年卒。

附表：日本內閣文庫藏書來源表〔註44〕

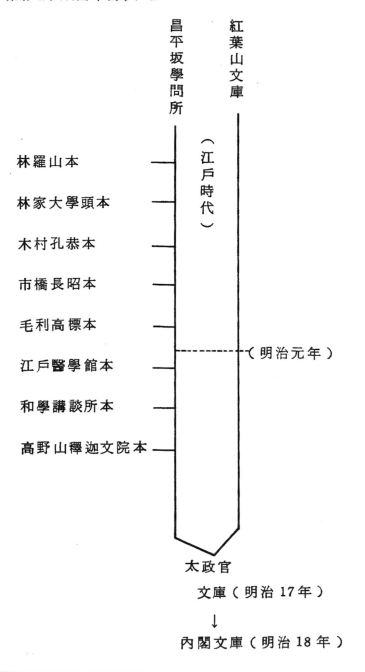

昌平坂學問所

紅葉山文庫

（江戶時代）

林羅山本

林家大學頭本

木村孔恭本

市橋長昭本

毛利高標本

（明治元年）

江戶醫學館本

和學講談所本

高野山釋迦文院本

太政官

文庫（明治17年）

↓

內閣文庫（明治18年）

〔註44〕據 1956 年《內閣文庫漢籍目錄》凡例。

第二章　楊守敬的生平及藏書始末

清末眾多藏書家，雖然各具長處，但大部分仍然以數量相誇示。在內容上，也依遵傳統，以追求宋、元版為主。在這裏面，有一位藏書家，其所藏數量，既不云甚豐，其內容又不以宋、元版之繁多著稱，但在清代藏書家中，足以別開生面，獨樹一幟。他就是觀海堂主人楊守敬。本章將分述楊氏之生平及觀海堂藏書事業建立之經過。

第一節　家世與生平

一、家　世

楊氏曾在民國元年，應日本門人水野元直（號疏梅，字簡卿）的請求，撰《鄰蘇老人年譜》，自述生平甚詳。今以年譜為主，並參考其他文獻，略記如后〔註1〕：

楊守敬，字惺吾，別署鄰蘇老人，湖北宜都人。生於清宣宗道光十九年（1839）四月十五日〔註2〕，卒於中華民國4年十一月二十四日（1915）。年七十六歲。

楊氏先世業商，曾祖與祖父字諱俱無考，年譜中亦未嘗提及，不知是何原因。父名有純，字粹然，生年不可考，卒於道光二十二年（1842），時守敬方四歲。弟名先三，小守敬一歲，卒於光緒六年（1840～1880）。

〔註 1〕所據資料除年譜外，尚有《碑傳集》三編、《日本訪書志》、《書道全集》第二十四卷等。
〔註 2〕楊氏之卒年，各傳記載稍有出入，茲從吳天任撰《楊惺吾先生年譜》之例，用陽曆計算。

咸豐五年，娶李宗允之女為妻，卒於光緒二十七年。光緒四年，娶妾龔氏。楊氏共有三子三女：長子道承，字必鈞，生於咸豐九年，卒於光緒二十三年（1859～1897）。次子德承，同治元年生。三子蔚光，同治十年生，光緒二十九年，官江蘇某知縣，卒年不詳。三女長、次俱無考，最幼者名蓮貞，光緒十九年，嫁給東莞黃燮雲的兒子黃志孚。

孫六人：先棐（光緒十二年生）、先槑（光緒十七年生），長子所生。先齊、先漢（宣統二年），次子生。先梅（光緒十七年生）、先橘（光緒十九年生），三子生。曾孫可考者一人，名世麟（民國2年生）。

二、生 平

守敬早歲喪父，賴祖父養育成人，幼年時曾由母親教以識字讀書。幾歲大時，就喜歡玩弄古錢，可以看出好古的天性。其父粹然公，可能是獨子，因家中經商本有兩家店，粹然公去世後，祖父便歇了一間。守敬十一歲時，因祖父年事已高，需要人協助，便輟學在家，白天在店中習商，晚間仍讀書學文不停。咸豐三年，從朱鳳池讀書，即不喜歡八股文，而愛讀當代名家的文章，應縣考，終覆第十三名。咸豐六年，初應院試，因書法不為主事所喜，三試皆不中。咸豐七年，從朱景雲讀書，十月再應院試，得入學。在朱先生館中開始從譚大勳處聽聞汪容甫的緒論，正式接觸清朝諸大儒之學。同治元年，應湖北鄉試，中第八十名舉人，時年二十四歲。此後屢次進京參加會試，都沒有成功。但每次在北京時，都結交當世的學者，賞奇析疑，學問日進，又利用閒暇，蒐購金石碑版，滿載而歸。日後對金石文字鑑別之精識，便是由此開始培養的。光緒元年，由海道回鄉，途中撞船，險遭不測。二年，在家經營紙行。自本年起，著述相繼付梓，書法也漸為人所重視。光緒六年，應駐日公使何如璋的邀請，東渡日本，任使館隨員〔註3〕。光緒七年，改由黎庶昌出任公使，仍留為隨員。於是助黎編印《古逸叢書》，並多方收購古鈔舊刻，引起日本學界重視。十年，《古逸叢書》刻成，傳入國內，當時人都嘆為精絕。五月差滿歸國，任黃崗縣教諭。十二年，再赴京會試，不中。自此絕意科名，回鄉專力著述。十四年，在黃州築屋藏書，因其地與宋·蘇東坡「雪堂」故址相近，於是號稱「鄰蘇園」，並自署「鄰蘇老人」。十七年，轉黃州府儒學教授。二十五年，應張之洞電邀，任兩湖書院輿地門教習。二十八年，轉任武

〔註3〕根據日本方面的記載，楊守敬是以英語通譯的名義任隨員。見陳固亭譯《明治時代中日文化的連繫》頁121。

昌勤成學堂總教長。三十二年，選授安徽霍山縣知縣，以年老辭去。三十三年，改勤成學堂爲存古學堂，仍任總教長。三十四年，辭教長職。宣統二年，任通志局纂校。辛亥革命事起，避兵遷居上海，以賣字維生。有日本人寺西秀武，請都督黎元洪張貼告示，保護楊氏藏書，幸而未受兵燹。民國元年，因校定《水經注疏》的需要，將所有藏書移運上海。三年，袁世凱堅請任顧問及參議院參政，爲了謀生，只得強行入都，仍以學術著作爲念。不久，由政府出資將上海藏書次第北運。四年一月九日（農曆十一月二十四日），因中風去世。袁政府頒令褒揚，追贈少卿，並且優給卹喪費用，遣員致祭。

綜觀楊氏一生，雖然在仕途上並不得志，但用其全力於學術研究及文獻收藏，對後人有很大助益，倒是守住了自古讀書人的傳統。其個性嚴正，不肯隨時，外貌長身脩鬐，聲如洪鐘。清末重要人物如張之洞、端方、梁鼎芬、沈曾植、羅振玉、陳三立等，都與楊氏有交往而且甚爲推服。梁鼎芬的詩句中有：「夢斷生天雙祭酒，情深觀海一儒師」，下句正是懷念楊氏，可見當時人對楊氏的推重〔註4〕。

第二節　著述與刻書

楊守敬學識宏富，著作等身，尤其以地理、金石、目錄三項爲精絕。兼長書法，日本人最喜愛收藏他的字。生平又推行刊刻古書，不遺餘力，也常代他人刊印流通，這樣的修學好古在清儒中也不多見。其目錄版本學之成就，將詳述於第六章，現就其餘各項分述之：

一、地　理

清代研究輿地之學的風氣，自清初就很盛行，如胡渭作《禹貢錐指》，閻若璩作《四書釋地》；顧祖禹作《讀史方輿紀要》，尤爲精博。這種學風，至清末猶未衰退，其中的殿軍，當屬楊守敬了。楊氏很早就對地理方面發生興趣，年譜咸豐八年（1858）條下云：「是年有太平孫君玉堂避亂宜都，在太平館授徒，其人勤學不倦，因與之交，適餘杭鄭譜香亦避亂至宜都，租余屋居之。因其曬書，得見六嚴輿地圖，假之，而與孫君各影繪，無間昕夕，余成二部，孫君亦成一部，譜香知之，乃大激賞。」當時楊氏年方二十歲。同治二年，入都會試，由陳喬森（一

〔註4〕此詩爲梁氏〈題陳寅谷藏宋搨本醴泉銘〉詩，不見於今本《節庵先生遺詩》，所據爲吳天任《惺吾先生年譜》頁142引。

山）的介紹，認識了精於書法的潘存（孺初）和鄧承脩（鐵香），在學問上受到很大的助益。二人對於守敬從事地理的研究，也非常鼓勵，鄧氏甚至和守敬一起研究。開始著手編撰《代輿地沿革險要圖》，到了光緒二年，才和饒敦秩（季音）一起編纂完成。（此圖共六十九篇，民國 71 年，聯經出版公司有影印本行世。）中年以後，乃集中全力於《水經注疏》的編撰。先是，《水經》自有酈道元注以來，一直沒有善本，明代朱謀㙔作《水經注箋》，合前代各家之長，萃於一書。到了清代，考據家們好古成癖，目標遍及四部。從清初黃儀作《水經圖》開始，後來沈炳巽（作《水經注集釋訂譌》）、王峻（作《水經廣注》）、全祖望（有七校《水經注》）、趙一清（作《水經注釋》）、戴震（輯校大典本《水經注》）、孫星衍（手校本《水經注》）等人都曾致力於《水經注》的研究，《水經》一時成為顯學。但是仍然有許多問題沒有全部解決。而清初劉繼莊、道光間沈欽韓，曾想為《水經注》作疏，可惜都沒有成書。楊氏有鑑於此，乃立志擴清前賢得失，為酈學整理出一個全新面目。其《水經注疏要刪》自序云：

> 自全趙戴校訂《水經注》之後，群情翕然，謂無遺蘊，雖有相襲之爭，卻無雌黃之議。余尋繹有年，頗覺三家皆有得失，非唯脈水之功未至，即考古之力亦疏，往往以脩潔之質，而漫施手潴者，亦有明明斑疣而失之眉睫者。乃與門人熊君會貞，發憤為《水經注疏》，稿成八十卷。

光緒三十年，完成初稿，三十一年，將稿中最重要的部分，先刊成《水經注疏要刪》，和《水經注圖》一起刻印行世，而對於全稿仍然不斷增訂、校改。直到臨終前，仍以全書未能付印為憾。其門人枝江熊會貞（字崮之）發誓為師門竟此遺志，於楊氏逝世後，仍居楊氏武昌菊灣故居，窮二十一年之力，完成全書，自謂「（疏）文楊師三分之二，會貞三分之一」。但此書迄今仍只有稿本影印行世，終未能排版重印，甚為可惜〔註 5〕！據民國汪辟疆撰〈明清兩代整理水經注之總成績〉，曾標出楊氏水經注疏超越前人的成就有四：

第一、全書以明朱謀㙔箋注本為主，附以諸家考證，及自己的見解，但不直接改動原文，以存原書面目，供後人參考。

第二、對於酈注所引用的書、文，全部考查其原出處，並訂正前人之疏誤。

第三、博採經傳雅記，互相參證，以疏通酈注。

〔註 5〕《水經注疏》之修訂本草稿，曾由臺灣中華書局於民國 60 年影印行世，原稿藏中央圖書館。1989 年，江蘇古籍出版社出版由段熙仲點校、陳橋驛復校的排印本《水經注疏》，共三冊。因筆者撰寫本論文期間，其書尚未出版，無由寓目，乃藉修訂再版的機會，附注於此，以供參考。

第四、細按地記圖經，反覆校讎，糾正酈注之失。

此外，楊氏又根據《水經》之經文，舉出許多證據，證明《水經》作者不是漢人桑欽，也不是晉人郭璞，應當是三國時魏人所作，只是久佚其名，不可實考，確定了戴震所提的說法。又平停趙、戴相襲的公案，指出戴震之書也不全然抄襲趙書，立論較爲公允〔註6〕。這兩點也是楊疏的特色，汪氏乃總結稱贊其成就說：

> 自有楊熊二氏之書，而酈注之沈霾千百年間，一旦開朗。即朱全趙戴四家之書，前人妄爲左右袒者，至是可息。……眞同起酈亭於千古，若端拜而共識也，豈非學術界一厚幸哉！

楊氏注疏之作，不但後人讚譽有加。當時人得讀其書的，也甚爲嘆服。潘存題其初稿云：「《水經注疏》神光所照，直與酈亭共語，足使謝山卻步、趙戴變色，文起梅村，未堪比數。」而羅振玉更以楊氏之地理學，與王念孫、段玉裁的小學；李善蘭的算學，相提並論，稱爲「有清三絕學」，更是推崇備至了〔註7〕。

楊氏地理學著作，除上述兩部之外，還有《隋書地理志考證及補遺》共十卷、《漢書地理志補校》二卷、《禹貢本義》一卷、《三國郡縣表補正》八卷、《輯古地志》三十卷、《歷代疆域志》等，在《晦明軒稿》裡面，也有一部分考證地理的文章。

二、金　石

金石之學，始於宋代，至清代大盛。清代金石學主要成就，在於脫離古董保存的鑑賞路線，進而以金石資料考證歷史。清初開創考據學風的大師顧炎武，曾作《金石文字記》，其自序云：

> 余自少時，即好求古人金石之文，而猶不甚解。及讀歐陽公《集古錄》，乃知其事多與史書相證明，可以闡幽表微，補闕正誤，不但詞翰之工而已。

以後，繼起者多到不勝枚舉，試檢容媛所編的《金石學書錄目》，就可見其盛況了。影響所及，至民國以後猶未稍替。楊守敬在此大潮流中，可說是占有一席之地。他對金石的興趣，幾乎是與生俱來的。年譜道光二十三年條下云：「守敬嘗於數錢時，摘古錢而弄之，蓋天性然也。」那時才五歲。同治二年，因入都會試，認識了潘存，開始研究金石之學，得力於潘氏很多，後來他作《平碑記》（同治六年）、

〔註6〕據後人反覆考證，戴震《輯校大典本水經注》中確有許多地方抄襲自趙一清的《水經注釋》。詳見鄭德坤〈水經注趙戴公案之判決〉（《燕京學報》第十九期）；業師于長卿先生〈永樂大典與大典學〉（《理選樓論學稿》頁 406～407）。

〔註7〕見楊氏自訂年譜光緒三十一年條。

《楷法溯源》（光緒三年）等書，都曾受到潘氏的幫助。由於他對金石方面濃厚的興趣，每次進京考試，有空就在北京著名的琉璃廠出入，搜購書籍與碑版文字，回鄉時，常滿載而歸。年譜同治十年條下記載了一段事跡，可以看出他對金石喜好的程度：

> 時在都中搜求漢魏六朝金石文字已略備，而無後魏盧無忌脩太公廟碑。車過汲縣北約數里，路旁有太公廟碑在廟前，田中無碑亭。及車到站，月頗明，乃攜氈墨獨自返太公廟拓之，並拓碑陰，及回店，則同行已鼾睡矣。

由於不斷的搜討研究，對於金石文字的鑑別考證，有獨到的眼光，當時很多名流都請他去鑑定金石收藏品。如官至四川巡撫，清末激起保路風潮的端方（號匋齋），就曾於光緒三十二年、宣統元年兩次請他到家題跋金石藏品。陳衍《石遺室詩話》曾記載：

> 李葆恂字文石，號猛盦……家富收藏，所見既廣，鑑別至精審，與宜都楊惺吾守敬屹爲海內南北兩大家，端匋齋有所得，非請二人鑑定，不自信也。（卷六）

晚年居上海時，各界人士持碑版文字請求鑑定的更是絡繹於途。他的題跋文字，收集成《壬癸金石跋》、《丁戊金石跋》等書。民國五年，其孫楊先梅輯印的《鄰蘇老人手書題跋》中，也有一部分金石題跋。楊氏的金石學，雖然沒有撰成專書，但由各題跋中，可以見其功力。大致說來，其題跋金石之特色有：

（一）以地理知識考證金石。如「隋美人董氏墓志跋」，此爲楊氏之專長。

（二）以史書記載考證金石。如「魏賈散騎墓志跋」。

（三）以書法特色考證金石。如「麓山寺碑跋」。

（四）以多種拓本互校，辨其優劣。如「九成宮醴泉銘跋」。

（五）詳考碑版流傳情況。如「十三行跋」。

此外，考證碑文缺字，辨章碑版體例之處甚多，不一一列舉。楊氏又曾將歷年所收藏的金石拓本，精選輯印成《望堂金石》初、二輯，於光緒二年，宣統二年分別刻印成書。袁同禮〈楊惺吾先生小傳〉云：

> 在都中所搜漢魏六朝金石文字已略備，因念翻刻古碑，以雙鉤之法爲最善，鉤摹之精，能存其神采。乃先以碑之不存者或最舊拓本，付之剞劂，六朝唐碑則以有名之跡附焉，而黃氏易小蓬萊閣及徐氏渭仁隨軒金石文字所收者，俱不復刻。

用雙鉤法摹印古碑，在清代金石書中，確是少見的，這也是楊氏卓識之一。

三、刻　書

　　藏書家兼刻古書以廣流傳的風氣，起源甚早。後蜀毋昭裔刻《文選》、《初學記》，後人因而致富；五代詞人和凝「有集百餘卷，嘗自鏤版以行於世。」（《新五代史》本傳）都是著名的例子。到了明清兩代，由於宋、元版成爲稀世之物，許多有價值的書，往往因收藏者過於秘藏，反而不見天日，終於絕跡於天壤之間。一些有遠見的藏書家，便抱持與人爲善的志向，將自己得到的善本古書翻刻流通。如明末清初毛氏「汲古閣」，刻印古書數百種，影響後人很大，稱爲「毛刻本」或「汲古閣刻本」。乾、嘉以後，盛行刊刻叢書，如鮑廷博《知不足齋叢書》，黃丕烈《士禮居叢書》，張海鵬《學津討源》等，最爲有名。此風降及清末，又有楊氏《海源閣叢書》及劉翰怡（承幹）《嘉業堂叢書》等。而楊守敬在日本時，主持刻印的《古逸叢書》，更是個中翹楚。光緒六年，楊氏應何如璋之邀，東渡日本，七年，駐日大臣換成黎庶昌，楊氏仍留在使館，替黎氏主持刻印《古逸叢書》的事。年譜光緒九年條下曾記述一段經過：

> 　　是年仍經理刻書事，日本刻書手爭自琢磨，不肯草率。而日本人亦
> 服我鑒別之精，每刻一書，先擇其藝之絕高者爲準繩，餘人規模筆法，
> 既成而後使動工，故雖藝之次者，亦有虎賁中郎之似。然吾每至其家，
> 閱工人所刻之板，不用印刷樣本，即以白板分好惡。

這種功力，恐怕很少人能及。《古逸叢書》共收書二十六種，二百卷，內容如表列：

《古逸叢書》目錄

書　　　名	卷　數	備　　　註
1. 影宋蜀大字本爾雅	三卷	楊氏有跋文
2. 影宋紹熙本穀梁傳	十二卷	有跋及校記
3. 覆日本正平本論語集解	十卷	有跋
4. 覆元至正本易程傳	六卷	
附晦庵先生校正繫辭精義	二卷	有跋
5. 覆舊鈔卷子本唐開元御注孝經	一卷	
6. 集唐字老子注	二卷	
7. 影宋臺州本荀子	二十卷	有跋
8. 影宋本南華眞經注疏	十卷	
9. 覆元本楚辭集注	八卷	

附辯證、後語	八卷	
10.影宋蜀大字本尚書釋音	一卷	有潘錫爵跋
11.舊鈔卷子殘本玉篇	三卷	楊氏有跋
12.覆宋本重修廣韻	五卷	
附校記	一卷	黎庶昌撰
13.覆元泰定本廣韻	五卷	
14.影舊鈔卷子本玉燭寶典	十一卷	
15.影舊鈔卷子本文館詞林	十三卷	楊氏有跋
16.影舊鈔卷子本珊玉集	二卷	
17.影北宋本姓解	三卷	
18.覆日本永祿本韻鏡	一卷	
19.影舊鈔卷子本日本國現在書目錄	一卷	
20.影宋本史略	六卷	
21.影唐寫本漢書食貨志	一卷	有跋及校記
22.仿唐石經體寫本急就篇	一卷	
23.覆宋麻沙本草堂詩箋	四十卷	
附外集	一卷	
補遺	十卷	
傳序碑銘	一卷	
目錄	二卷	
年譜	二卷	
詩話	二卷	
24.影舊鈔卷子本碣石調幽蘭	一卷	
25.影舊鈔卷子本天臺山記	一卷	
26.影宋本太平寰宇記補闕	五卷	有跋

　　書刻成後，楊氏對所收書目，並不滿意。年譜光緒十一年條下云：

　　　　《古逸叢書》已成，督印百部，黎公以贈當時顯者，皆驚爲精絕。
　　其實所刻之書，不盡要典。如蔡刻杜詩，廣東尚有刻本；莊子注疏，亦
　　載《道藏輯要》中。而慧琳《一切經音義》、《楊上善太素經》等書皆未
　　刊，頗爲遺恨。然黎公作主，何能盡如我意。

《日本訪書志》卷一「尙書釋音」條又載：

> 余在日本校刊《古逸叢書》，黎君使女婿張君沆得影寫此本，議欲
> 刻之。余謂此書非得之日本，似不必彙入，且此書非陸氏之舊，乃宋人
> 之書，星使駭然。余乃檢《崇文總目》及《玉海》證之，知爲宋開寶中
> 太子中舍陳鄂奉詔刊定。以德明所釋乃古文尚書，與唐明皇所定今文駮
> 異，令鄂刪定其文，改從隸書。故段若膺、盧紹弓於釋文中此二卷，深
> 致不滿。今不能得開寶以前古本，則此不足驚人也。張君意存見好必欲
> 刻之，余亦未便深拒。

因此，楊氏在《日本訪書志》中，一再致意，希望有人能將善本刊印流通〔註8〕。
除了《古逸叢書》外，楊氏也刻印了很多自己的著作，如《望堂金石》、《日本訪
書志》。又代他人刊印的書也很多，如倪模《古今錢略》，魏源《詩古微》，吳榮光
《筠清館金石文字》，黃易《小蓬萊館金石文字》等。

四、書　法

楊氏勤習書法，可能和早年的一段際遇有關，年譜咸豐六年條下云：

> 高要馮展雲（雲驤）爲湖北學政，時已三屆未開考。八月院試，守
> 敬請於祖父赴府補考，三就院試，皆不售。及歸，閱已售者之文，均不
> 出守敬右，何以屢不得？因思馮學使工小楷，頗重字學，而守敬書法草
> 率，故爾見擯。

經此刺激，當然力求改進。年譜咸豐七年條下接著說：「時江陵朱先生槐卿，工書，
在許姓家教字，兼課文，守敬乃私倩人介紹，從朱先生附讀。……十月院試，入
學，仍馮學使也。」一年之內，結果大不相同，書法的改進，不能不說是一大原
因。此後，因結識精於書道的潘存等〔註9〕，在書法上進步很多。又積極尋訪各種
碑帖，擴大眼界，終於成爲大家。他的書學專著，有《書學邇言》、《平碑記》、《平
帖記》〔註10〕、《楷法溯源》等。大致說來，他主張學書應由漢魏入手，以碑書爲

〔註8〕如《訪書志》卷一「南宋閩人模刊春秋經傳集解」條下云：「余在日本曾勸星使黎
　　　公刻之，以費不足而止。竊羨閩人以校官慫恿當事者，既刻此書又修五經版；余亦
　　　校官，攜此書歸來數年，口焦唇乾，卒無應之者！」
〔註9〕按：潘存，字孺初，廣東文昌人，咸豐二年舉人。官戶部主事，爲人冷面熱腸，好
　　　提攜後進。其學宗顧炎武、閻若璩，書法宗北碑，雖作小字亦必懸腕，然不自寶愛，
　　　傳世極少。光緒十八年卒，鄉人爲立祠紀念。（《書道全集》第二十四卷）
〔註10〕民國73年華正書局景印陳上岷《書學邇言注》，於所附楊氏自序後註云：「原稿平
　　　碑記一冊、平帖記二冊，現尚藏湖北省博物館。」

基礎，〈平碑記自序〉云：

> 金石之學，以考證文字爲上，玩其書法次之。顧淹雅之士，未暇論
> 及點畫，而染翰之家，又或專注集帖，不復上窺漢魏。余謂天下有博而
> 不精者，未有不博而能精者也。宋元以來，書家林立，惟行草差可觀，
> 而眞書云絕，無論篆隸。良由精於簡札，略於碑版，故特著此篇，以矯
> 其弊。

前面曾說到：清代金石學之盛，遠過前代。當然除了史料、文字的考證之外，在
書法藝術上也推動了風氣的改革，嘉、道以後，碑學一時大盛，名家輩出，如阮
元、鄧石如、吳熙載、徐三庚、趙之謙等。在當時的潮流中，楊守敬受到影響，
而有這樣的主張，是不難理解的。但是他不獨主張書法在文字形象上的鍛鍊，更
主張精神內涵的修養。《書學邇言‧緒論》中說到：

> 梁山舟答張芑堂書，謂學書有三要：天分第一，多見次之，多寫又
> 次之，此定論也。……而余又增以二要：一要品高，品高則下筆妍雅，
> 不落塵俗；一要學富，胸羅萬有，書卷之氣，自然溢於行間。古之大家，
> 莫不備此，斷未有胸無點墨而能超軼等倫者也。

這在藝術理論不發達的古代，確可算是難得之見了。楊氏的書法，對日本人的影
響很大，在日本的評價也比較高。（按：這從我國出版的書法史方面的書，幾乎沒
有提到楊守敬的，而日本的《書道全集》，卻對楊氏生平及書法成就有詳細說明可
知）因爲楊氏在日本時，除了收訪逸書之外，更和日本文人相互往來，談天論藝，
這在當時也是很普遍的風氣〔註11〕。年譜光緒八年條下云：

> 守敬日與刻工磋磨善惡，又應接日本文學之士，夜則校書，刻無寧
> 晷，日本人詫爲萬夫之稟。

當時與楊氏交往最密切的有三人，簡介如后：

1、巖谷脩（西元 1834～1905），字誠卿，號一六，迂堂，古梅等。日本天保三
年（道光十四年）生，明治三十八年（光緒三十一年）卒，年七十二歲。歷
任總裁局史官，修史館一等編修，內閣書記官等。通醫術、詩文、繪畫等。
其書法初學趙子昂，及從楊守敬遊，乃以天分超卓，創新奇飄逸之體，自成
一家。常應人請求，即席揮毫。卒後，友人日下部鳴鶴爲書神道碑，並由楊
守敬篆額〔註12〕。

〔註11〕參見《明治時代中日文化的連繫》第一、二章。實藤惠秀著、陳固亭譯。
〔註12〕此碑見於《書道全集》第二十五卷。

2、日下部鳴鶴（1839～1922），名東作，字子暘，別號鳴鶴，日本近江彥根人。天保九年（道光十八年）生，大正十一年（民國11年）卒，年八十五。書法名家，其書法初以日本入唐諸大家書蹟爲本，及從楊守敬問金石碑帖之法，乃棄所學，自漢魏古碑入手，其書大抵用筆宗北碑之峻拔，而結構則採唐初之端整。明治二十四年（光緒十七年）曾到中國，與俞曲園、吳窓齋、楊見山等人交游。至今其書法仍受日本人推重，與巖谷脩、長三洲合稱「明治三家」。

3、岡千仞（1831～1913），字振衣，號鹿門，天保二年（道光十一年）生，大正二年（民國2年）卒，年八十二歲。弱冠就學昌平黌，與重野成齋、松本奎堂等同窗，在大阪組「雙松岡塾」，倡導尊王攘夷之論。明治維新後，歷職太政官，修史局等。明治十七年（光緒十年）與楊守敬一起返國，遍遊中土，嘗晉見李鴻章，出示所作〈支那改革論〉，鴻章深服其論。其人博學強記，詩文俱長，著有《觀光紀遊》、《尊攘記事》、《涉史隨筆》等。

　　楊氏回國以後，還有許多日本人慕名前來中國，求列門下學書，如山本由定、水野元直等，其《書學邇言》就是寫給水野的。傳入日本後，曾有疏釋本行世〔註13〕。《石遺室詩話》卷六載：「惺吾去歲在滬正窘，而日人爭購檻帖七百對，得餅金千四百圓。」可見楊氏書法受日本人重視的程度。

楊守敬著述刻書表

一、楊氏生前完成者

年　　代	著　述　與　編　纂	刻　印　流　通	備　　　考
同治六年	平碑記二卷		未刻，原稿今存湖北省博物館
	平帖記一卷		同上
同治八年	論語事實錄		未刻
光緒二年	望堂金石初集		共六冊
光緒三年	楷法溯源十四卷		原爲潘存編
		古今錢略卅三卷	倪模編
		景刻宋淳熙本古文苑九卷	

光緒六年	集帖目錄十六卷		與黃變雲同撰
光緒八年	初輯寰宇貞石圖		
光緒十年	古逸叢書二百卷		在日本刻
光緒十一年		詩古微九卷	魏源著
光緒十四年	古詩存一百廿卷		未刻
光緒十七年	補古文存廿卷		
光緒十八年	鄰蘇園帖八冊		
光緒廿一年	隋書地理志考證九卷		
光緒廿四年	隋書地理志考證補遺一卷		
光緒廿六年	漢書地理志補校二卷		
		宋刊山谷詩集注卅九卷	合內、外、別集
		大觀經史證類本草卅一卷	爲柯逢時刻
光緒廿七年	日本訪書志十六卷		
	留眞譜初編十二卷		
	續編十二卷		
	晦明軒稿二卷		
	續 稿十卷		
光緒廿八年	叢書舉要廿卷		民國六年由李之鼎續輯刊成
光緒廿九年	壬癸金石跋		
光緒三十年	水經注疏八十卷		稿成未刊
	古泉藪十六冊		
	前漢地圖		
光緒卅一年	水經注圖四十卷		
	水經注疏要刪四十卷		
	補遺四十卷		
光緒卅二年	禹貢本義一卷		
	重訂歷代輿地沿革險要圖六九種		
	春秋地圖		
光緒卅三年	三國郡縣表補正八卷	雙鉤本匡喆刻經頌十二卷	

	三國地圖	泰山石經峪刻字六卷	
宣統元年	續輯寰宇貞石圖		與初輯共六冊
		雙鉤高麗好大王碑	
宣統二年	魏書札記一冊		未刻
	西魏書札記一冊		未刻
	輯古地志三十卷		未寫定
	望堂金石二集		
	三續寰宇訪碑錄十六卷		
	丁戊金石跋		
	己庚金石跋		
	補漢書古今人表四卷		
宣統三年	留學邇言一卷		
	鄰蘇老人年譜		

二、由後人收輯成書者

年　代	著述與編纂	刻印流通	備　考
民國五年	鄰蘇老人手書題跋二卷		楊先梅輯
民國十九年	日本訪書志補		王重民輯

三、成書或刊行年分不詳者

年　代	著述與編纂	刻印流通	備　考
	藏書絕句三十首〔註14〕		
		筠清館金石文字五冊	
		小蓬萊館金石文字五冊	
		隸篇十冊	
		湖北金石志十四卷	
	漢唐經籍存佚考		

〔註14〕關於《藏書絕句三十二首》的作者，曾有人懷疑不是楊守敬，但證據不足。詳見〈藏書絕句著者之疑問〉（原載《浙江圖書館館刊》第三卷第三期，1934年六月，附見於1957年古典文學社重排本《藏書絕句》之後）。

日本金石文字四冊		
鐘鼎彝器磚瓦拓本四卷		
鄰蘇漢印譜八冊		以上四種見蕭一山〈清代學者著述表〉
印林六冊		
唐宋類書引用書目考八卷		
隋書經籍志補證四卷		
重訂說文古本考四卷		以上三種存序,見《晦明軒稿》
鄰蘇老人手書墓志銘四卷		見支偉成《清代樸學大師列傳》
	錢錄	
	瀛寰譯音異名記四冊	以上二種見吳天任撰《楊惺吾先生年譜》
歷代疆域志		見梁啟超《清代學術概論》
經籍沿革考		
續群書拾補		
古刻源流考		以上三種均見《日本訪書志》引
聿脩堂醫學叢書		見謝利恒《中國醫學源流論》

第三節　東瀛訪書的經過

　　楊守敬的觀海堂藏書,主要的部分便是在日本的四、五年間所搜羅到的。所以對這一段經過,有特別說明的必要。

一、適逢明治維新的衝擊

　　清同治七年（1868 年）,日本明治天皇接受德川幕府的「奉還大政」,於八月即位,改元明治,史稱「王政復古」,接著展開一連串統一全國的工作。首先頒布「五條誓文」做為日本以後建設的準則,其中對日本社會文化影響最大的是第四條:「破除舊來陋習,一切基諸天地之公道。」及第五條:「廣求知識於世界,以振皇基。」這不啻宣布此後日本文化的發展,將由受中國文化薰陶的傳統,走向西化的新方向。於是

　　　　在這種西洋文化的吸攝過程中，日本已邁進了近代黎明的思想啓蒙
　　時代。但由於其速度頗爲急激，因之與舊有封建社會所遺留下來的保守
　　思想、傳統文化形成一顯著對比，傳統的東西，悉被認爲是舊弊、因循、
　　姑息而受到排斥〔註15〕。

此外，1871 年（明治四年），廢藩置縣，確立中央集權政府以後，又推行新學制，
全國普設公立中小學、停止私塾，使用新的教科書〔註16〕，以往的儒家經典，漢
文書籍，因而受到輕視。楊氏適逢其會，〈訪書志緣起〉云：「日本維新之際，頗
欲廢漢學，故家舊藏，幾於論斤估值。」吳天任撰年譜光緒八年條下云：「是時日
本正值明治變法，百度更新，國人於漢學舊籍，棄如敝屣，先生日游市中，頗多
未見珍本，因出所攜碑版古錢，以有易無。」陳衍〈楊守敬傳〉中也說：「時日本
維新伊始，唾棄舊學書……」，千百年來的佚書遺文，因此契機復歸中土，豈不是
文獻之大幸？

二、得到前人的啓示

　　在楊守敬以前，已經有很多人注意到從日本找回失落古書的可能。如宋代歐
陽脩曾說：「徐福行時書未焚，逸書百篇今尚存〔註17〕。」比楊守敬先到日本的黃
遵憲，即曾勸楊氏留意收集，其〈日本雜事詩〉第七十九首云：

　　　　鐵壁能逃劫火燒，金繩幾縛錦囊苞。
　　　　彩鸞詩韻公羊傳，頗有唐人手筆鈔。

注云：

　　　　佛寺多以石室鐵壁藏經，秘笈珍本，亦賴之以存。變法之初，唾棄
　　漢學，以爲無用，爭出以易貨，連檣捆載，販之羊城。余到東京時，既
　　稍加珍重，然唐鈔宋刻，時復邂逅相遇。及楊惺吾廣文來，余語以此事，
　　並囑其廣爲搜輯，黎蒓齋星使因有刻《古逸叢書》之舉，此後則購取甚
　　難矣。

受到這些啓發，楊氏便獨具慧眼的在外交事務之餘，展開保存文獻的工作。〈訪書
志緣起〉云：

　　　　庚辰東來日本，念歐陽公百篇尚存之語，頗有收羅放佚之志，茫然

〔註15〕陳水逢《日本近代史》頁 69〜70。
〔註16〕陳固亭等譯《日本明治維新史》頁 271〜273。
〔註17〕歐陽脩〈日本刀歌〉（《居士外集》，卷四）。

無津涯，未知佚而存者爲何本。乃日遊市上，凡板已毀壞者皆購之，不
一年，遂有三萬餘卷，其中雖無秦火不焚之籍，實有翕然未獻之書。

三、訪書的途徑

楊氏最初只是自己隨機搜購，原則是「凡板已毀壞者皆購之。」（見〈訪書志
緣起〉），後來得到日本人森立之的協助，才有明確的線索。〈訪書志自序〉云：「旋
交其國醫員森立之，見其所著《經籍訪古志》，遂按錄索之。」〈訪書志緣起〉云：
「日本舊有鈔本《經籍訪古志》七卷，近時澀江道純、森立之同撰，所載今頗有
不可蹤跡者，然余之所得，爲此志之所遺，正復不少。」

四、求書的方法

楊氏在日本搜書的方法，約有四種：
1、購買：如《訪書志》卷二「宋刊監本論語集解」條下云：「此本書佶從西
京搜出，前後無倭訓，至爲難得，余以重價得之。」卷一「足利活字本七
經」條云：「余至日本之初，物色之，見一經即購存，積四年之久，乃配
得全部。」
2、交換：年譜光緒八年條下云：「先是余初到日本，游於市上，觀書店中書，
多所未見者，雖不能購，而心識之。幸所攜漢魏六朝碑版，亦多日人未見，
又古錢古印爲日本人所羨，以有易無，遂盈筐篋。」《訪書志》卷三「北
宋刊廣韻」條下云：「原爲日本寺田望南所藏，後歸町田久成，余多方購
之未得。會黎公使欲重刻之，堅不肯出，而町田久成喜鑴刻，見余所藏漢
印譜數種，亦垂涎不己，因議交易之。」又〈北齊人書左氏傳跋〉云：「此
卷爲柏木政矩所藏，余初至日本，見之，驚爲絕帙……屢欲得之，而柏木
堅不肯割。及余將歸國，臨行時以情說之……柏木始心動，乃以宋畫漢甘
泉宮圖，舊拓武梁祠畫像及古印古錢等數十事易得之。」
3、贈送：如卷四「高麗藏本一切經音義」條下云：「余初至日本，有島田蕃
根者持以來贈，展閱之，知非玄應書，驚喜無似。」《留眞譜初編・自序》
云：「余於日本醫士森立之處，見其所摹古書數巨冊（或摹其序，或摹其
尾，皆有關考驗者）使見者如遘眞本面目，顔之曰：留眞譜，本〈河間獻
王傳〉語也。余愛不忍釋手，立之以余好之篤也，舉以爲贈。」
4、借鈔：卷一「春秋左傳集解」條云：「初森立之爲余言，日本驚人秘笈以

古鈔左傳卷子本爲第一，稱是六朝之遺，非唐宋本所得比數，此書藏楓山官庫，余託書記官嚴谷脩訪之。忽一日來告云此書無恙，余即欲借出一觀，……即徧商之掌書者，借出限十日交還，余乃倩書手十人至寓館，窮日夜之力，改爲摺本影鈔之。」

五、求書的堅毅

楊氏在日本收書，往往也會遇到困難，但憑著對文獻的喜愛，總能達到目標，《訪書志》卷一「宋刊尙書注疏」條下云：

余至日本，竭力搜訪，久之乃聞在西京大阪收藏家，余囑書估信致求之。往返數回，議價不成。及差滿歸國，道出神戶，迺親乘輪車至大阪物色之，其人仍居奇不肯售。余以爲日本古籍有所見，志在必得。況此宋槧經書，爲海內孤本，交臂失之，留此遺憾！幸歸裝尚有餘金，迺破慳得之，攜書歸。時同行者方詫余獨自入大阪，及攜書歸舟，把玩不置，莫不竊笑癖而且癡，而余不顧也。

對照前面「其不可以金幣得者，易之以古泉文字」，可見楊氏求書的堅毅。

六、求書之外又勸人刻書

守敬在日本不但自己購求不已，見到稀有善本，不肯秘藏，汲汲四處勸人刻印行世，其胸襟也非一般藏書家可比。《訪書志》卷一「南宋聞人模刊春秋經傳集解」條云：「余在日本，曾勸星使黎公刻之，以費不足而止。」卷四「高麗藏本一切經音義」條云：「初得此書，即勸黎純齋星使刻之，以費繁而止，厥後中江李眉生廉使欲刻之，已措資矣，會余差滿將歸，遂輟議。」在日本不能刻行，回國後仍不忘託人代印，卷一「北宋本尙書正義」條云：「乃從書記官嚴谷脩借原本，用西法照出，意欲攜歸釀金重刊，久不能集事。丙戌（光緒十二年）又攜入都，以付德化李木齋（按：即李盛鐸）許以重刊。旋聞木齋丁艱，恐此事又成虛願也。」

七、收書的總數量

楊氏在日本四年，所蒐求到的書，據喬衍琯先生〈日本訪書志敍錄〉：「不一年遂有三萬餘卷。」而守敬自己在〈北齊人書左氏傳跋〉中說：「東瀛一行，著錄數萬卷」，容肇祖在〈史地學家楊守敬〉一文中，引楊氏給黃蕁的信中說：「弟現在所藏書，已幾十萬卷，其中秘本亦幾萬卷，就中有宋版藏書五千六百冊。」其

確實數量，卻一直沒有定論（詳見第四章第一節）。總之，守敬在日本訪得的書籍，正如陳衍撰〈楊守敬傳〉中所說：「所有善本，守敬賤價得之殆盡，滿載海舶。」是非常豐富的。

八、幫助蒐訪的日本友人

在《訪書志》及各序跋中，提到的日本友人，大略介紹如下：

1、森立之（生卒年不詳），字養竹，其家世代爲備後國福山藩侍醫。年青時曾從江戶大儒狩谷望之習漢學，助其父森雲竹爲狩谷氏校刊《和名類聚抄箋注》，又精本草學，著有《神農本草經校注》、《本草經藥和名考》等。森氏除了幫助楊守敬訪書外，自己的藏書也有不少流入觀海堂〔註18〕。

2、島田重禮（1837～1898），字篁邨，一字敬甫，武藏大埼人。初從海保漁村、安積艮齋遊，後入昌平黌。明治初年，受聘爲村上侯藩學督導，又創「雙桂精舍」以授徒。明治二十一年，受文學博士之號，二十五年入選東京學士會院會員。生平嗜好藏書，多至二萬卷，精於考據。爲學大抵主漢宋調和之論。其子島田翰，亦爲知名漢學家，著有《古文舊書考》、《皕宋樓藏書源流考》等。

3、町田久成（1837～1897），號石谷道人，鹿兒島人。壯年曾隨林鶯溪習漢學，明治初，任參議，歷任帝國博物館長，元老議員等。其人精鑑別古書畫器物，晚年好佛，悉賣所藏出家，世視爲奇人。

此外，如巖谷脩（生平見本章第二節），助益最多；高根虎松幫助校抄書籍（如卷四，影宋刊集韻）；松崎明復、柏木政矩、杉本仲溫等人也都曾幫忙蒐訪書籍。

九、得書來源表

楊守敬在《訪書志》中，時常記載所得書籍的原收藏者，對於了解日本私人藏書的概況很有幫助，現列表如后，因書名甚繁，只錄部數〔註19〕。

〔註18〕森立之的藏書後歸楊守敬所有，見於《訪書志》者，共有六種：
　　　　卷一　明沈辨之刊本詩外傳十券
　　　　卷一　日本覆宋本春秋經傳集解三十卷
　　　　卷五　日本鈔本國語補音一卷
　　　　卷七　日本鈔本靈棋經一卷
　　　　卷八　明刊本王子年拾遺記十卷
　　　　卷十二　古鈔卷子本文選一卷
〔註19〕表中所列，僅爲《訪書志》中有著錄者，非觀海堂之全部。又部分原收藏者之傳略，

原 收 藏 者	部　數	原 收 藏 者	部　數
小島學古	十　部	丹波元堅	一　部
森立之	六　部	後滕正齋	一　部
狩谷望之	六　部	水野忠央	一　部
向山黃村	三　部	島田藩根	一　部
寺田弘	二　部	吉田篁墩	一　部
町田久成	二　部	源弘賢	一　部
柏木政矩	二　部	新見義卿	一　部
		柴邦彥	一　部

可參見第二章第四節。

第三章　楊氏觀海堂藏書的現況

在筆者撰寫本文之初，即發覺欲探討有關楊氏觀海堂藏書的各項問題，必須先了解兩件事：一是觀海堂藏書的總數量；二是觀海堂藏書的詳細內容。但是由於兩個困難因素，使前述問題無法解決：

第一：楊氏本人或其後人從未編成觀海堂藏書的總目錄，因而使楊氏藏書的全貌無法探知。

第二：楊氏的藏書在其生前及身後已頗多散佚，輾轉流傳之後，其去向亦不易蹤跡。僅有一部分流入其他藏家之手，幸而獲得保存。

因此，吾人僅能根據現存的觀海堂舊藏，對楊氏的學術及藏書事業進行分析研討。本章將先試行觀察觀海堂藏書的現況。

第一節　故宮博物院藏本

一、遞藏源流

民國 4 年，楊守敬逝世後，有關其藏書下落最早的記載，見於袁同禮〈楊惺吾先生小傳〉。他說：

> 其藏書以七萬餘金鬻諸政府，藏於政事堂，日久頗多散佚。7 年冬，徐總統（按：即徐世昌）以一部分撥付松坡圖書館，約十之五六，所餘者儲於集靈囿。13 年秋，余由歐返國，供職國務院，曾以公開閱覽，進言於黃君膺白，未幾黃君去職，事遂寢。本年（按：民國 15 年）一月，由國務院撥歸故宮博物院保存，儲於景山西之大高殿，為故宮博物院圖

書分館〔註1〕。

由袁氏的記載，可知楊氏藏書已有散佚，並分成兩部分，一部分在故宮，一部分歸松坡圖書館。至於由國務院撥歸故宮的情形，據那志良《故宮四十年》一書中的記載是：民國15年，國務院將原存於集靈囿的清代軍機處檔案移交故宮博物院，同時將楊氏觀海堂藏書亦一併移交。書檔均先儲存神武門外大高殿。17年，「故宮博物院組織法」通過，故宮圖書館亦正式成立，特設「觀海堂書庫」以保存之〔註2〕。

其次是民國19年，孫楷第《日本訪書志補・序》：

> 民國己未（8年），觀海堂書將出售，吾師沅叔先生時長教部，慫恿
> 當局買之，書遂爲國有。初度於集靈囿，旋歸故宮圖書館〔註3〕。

由孫氏的記錄，又可知楊氏藏書是由傅增湘主持收購的，而時間是民國8年，與袁傳有所不同。

民國21年，故宮圖書館整理楊氏藏書，出版《故宮所藏觀海堂書目》，由何澄一主編。當時任館長的袁同禮在序中說：

> 其藏書全部以國幣三萬五千元鬻諸政府，己未，徐總統以一部分撥
> 交松坡圖書館，所餘者儲於集靈囿。丙寅（十五年）一月，撥歸故宮博
> 物院保存，藏於大高殿，爲故宮圖書分館。己巳冬（十八年）移於壽安
> 宮，專室度藏，公開閱覽。今就故宮所藏者由何君澄一編成簡目，聊備
> 稽考而已〔註4〕。

袁序與小傳記載差異處，一是購書的經費，二是撥交的時間。對照孫序，應以民國8年較確。而這一份書目，也是目前唯一的一份觀海堂藏書目。

此後，故宮所藏的觀海堂舊籍，一直與故宮文物同行止，直到大陸易幟，渡海來台，至今仍妥善保存於故宮的善本書庫中。民國56年，故宮出版《國立故宮博物院善本書目》，上編爲「文淵閣四庫全書」與「摛藻堂四庫全書薈要」，下編爲「宛委別藏」，觀海堂舊籍與中央博物院舊藏。全部依四部分類法，混合編排；另外又有《故宮博物院普通本舊籍書目》，收錄清代以下普通本線裝書。

二、藏本數量

由於新目（故宮善本書目）是將所有善本混合編排，並未標明何者爲觀海堂

〔註1〕見《圖書館學季刊》一卷四期。
〔註2〕那志良《故宮四十年》，頁21。
〔註3〕見《日本訪書志》補卷首。
〔註4〕此書目收在嚴靈峰主編《書目類編》第三十八冊。

舊藏，而典管善本收藏的庫房，又將善本書登錄的「底冊」視爲機密，不能對外公開，因此無法統計故宮現存的觀海堂舊籍總數有多少。然經筆者訪查各種資料，所得的數據卻各有不同，現臚列於後，以供參考。

（一）周駿富《中國圖書館簡史》引袁同禮民國 19 年的調查：楊氏觀海堂藏書「一五九三部〔註5〕」。

（二）莊文亞《全國文化機關一覽》民國 23 年調查，引故宮博物院 20 年報告：觀海堂書庫藏書共「一六七一部、一五九一九冊〔註6〕」。

（三）那志良《故宮四十年》記錄有二：一是抗戰開始時疏散到後方的數量，是「六十二箱，一五五○○冊，」一是三十八年遷台時的數量，是「五十八箱，一五五○○冊」。可見箱數雖略有差異（蓋因箱子大小不一樣），但數量未變〔註7〕。

（四）吳哲夫先生〈故宮善本舊籍圖書的典藏、維護及宣揚〉一文中統計：共計一六六六部〔註8〕。

（五）筆者在故宮圖書館做調查時，承庫房的趙先生以底冊所記載者相告，總數爲：一五四九一冊。

（六）由於各種說法不同，筆者乃根據民國 21 年的《故宮所藏觀海堂書目》所載，不厭其煩，詳細計算，所得結果爲：〔註9〕

	經　部	史　部	子　部	集　部	合　計
宋　刊	二部	三部	二部		七部
翻宋刊	三部	二部	四部	一部	十部
元　刊	十八部	十一部	二十四部	九部	六十二部
翻元刊				三部	三部
明　刊	五十八部	五十部	二百二十部	九十八部	四二六部
翻明刊		一部			一部
清　刊	二二六部	三九一部	六九二部	三三八部	一六四七部

〔註5〕見《中國圖書文獻學論集》頁 85。
〔註6〕見中國出版社民國六十二年翻印本，頁 224。
〔註7〕那志良《故宮四十年》頁 49、56，頁 121。
〔註8〕見《故宮文物維護》頁 9～22。
〔註9〕舊目因將各叢書所收者，分別歸入各類屬之中，故此處所列部數，實已包括叢書在內；至於卷數、冊數，由於舊目所列並不清楚，新目又未收全，故實在無法統計。

日本刊	五三部	四六部	一六三部	四三部	三〇五部
日本鈔	八九部	四十四部	二四七部	三九部	四一九部
舊鈔本	三部	九部	十二部		二十四部
朝鮮刊	三部	三部	八部	六部	二十部
合　計	四五五部	五六〇部	一三七二部	五三七部	二九二四部

　　這個結果雖然不敢說與現存觀海堂舊藏的情況完全相符〔註10〕，但卻是唯一能推測得出的結果。如果要真正了解故宮所藏觀海堂舊籍的實際狀況，恐怕只有寄望於負責典守的故宮人員能從事徹底的清查了。

三、藏本現況

（一）外觀：筆者在故宮圖書館所借閱過的觀海堂舊籍，幾乎完全保持原來的
　　　　面貌。即使有破損或蟲蝕的痕跡，也並未重新裝裱。每書之前，多附有
　　　　楊守敬畫像一幀，望而即知是觀海堂舊物。

（二）藏書印記：據筆者所見，楊氏之藏書印約有下列幾種：
　　　　「星吾海外訪得秘笈」（朱文方形）
　　　　「星吾東瀛訪得秘笈」（朱文方形）
　　　　「宜都楊氏藏書記」（白文方形）
　　　　「飛青閣藏書印」（白文方形）
　　　　「楊印守敬」（白文方形）
　　　　「激素飛青閣藏書記」（白文方形）

　　其藏書印記多用於書首，或每冊之首頁，用於書末的很少。由於其藏書多得自於日本，所以常會見到日本藏書家的印記。較多者如森立之、小島尚質、狩谷望之等人。此外，有些還蓋有「朱師轍觀」字樣的印記。按：朱氏曾於民國15、6年間，參與撰修清史的工作，或許即是當時借閱國務院檔案資料時留下的（因觀海堂書尚未撥交故宮）。以公藏之書而加蓋私人印記，實在有欺世盜名之嫌，特在此表而出之〔註11〕。

〔註10〕吳哲夫先生著錄的版本分類則是：宋刊本十三種、元刊本五六種、明刊本三五八種、
　　　　清刊本四五〇種、鈔本二四種、日本刊本三三〇種、日本鈔本四〇七種、韓國刊本
　　　　二八種。
〔註11〕參見《民國百人傳》、朱師轍《清史述聞》。

第二節　中央圖書館藏本

一、遞藏源流

　　楊守敬的藏書，雖然在其身後蒐售於政府，但生前已經有流通的情形。在《日本訪書志》裡，有些題記後面記載了藏書的去向。列舉於後：

△　卷一南宋刊《尚書注疏》：「此書今歸南皮張制府。」

　　按：張制府即張之洞（1837～1900）。此書今藏於北京圖書館，該館《善本書目》頁8著錄。

△　卷一南宋刊《周禮鄭氏注》：「江陰繆筱珊編脩愛不釋手，乃影摹一通，而以原本歸之。」

△　卷五北宋刊《五代史記》：「此本今歸繆筱珊編脩。」

　　按：繆筱珊即繆荃孫（1844～1919），其「藝風堂」藏書，民國初年散出，多歸涵芬樓，二十一年燬於松滬之戰。

△　卷一覆宋刊《春秋經傳集解》：「冊尾市野光彥亦有跋，稱此外唯狩谷望之藏一本，而余乃並得之，以一部與章君碩卿。」

△　卷二宋刊監本《論語集解》：「余攜此書歸時，海寧查君翼甫不惜重金力求，余不之與。章君碩卿酷愛之，余與約能重刻餉世則可，碩卿謂然，乃跋而歸之。後章君罷官，以抵關君季華夙債。關君攜之都中，又轉售于李君木齋。」

　　按：繆荃孫《藝風堂文漫存》卷二，有章碩卿傳，稱其好藏書籍碑版，刻有《式訓堂叢書》等。李木齋，即李盛鐸（1859～1935）。其「木犀軒」藏書，民國28年售歸北京大學圖書館〔註12〕。

　　除了這些由楊氏自己著明下落的藏書之外，由現存觀海堂舊籍裡的藏書印記，以及近代各家藏書志中，也可追尋出一部分楊氏藏書輾轉收藏的情形。

　　抗戰期間，我國東南舊家藏書，大量散出，中央圖書館乃以保存民族文化命脈爲職志，於上海、香港兩地，展開搜購工作。當時搜購的大宗，主要有下列幾家：劉世珩「玉海堂」、莫伯驥「五十萬卷樓」、鄧邦述「群碧樓」、嘉興沈氏「海日樓」、廬江劉氏「遠碧樓」、順德李氏「泰華樓」、順德鄧氏「風雨樓」等。但其

〔註12〕參見蘇精《近代藏書三十家》頁28。

中最重要的兩家，則是劉氏「嘉業堂」與張氏「適園」。

　　劉承幹，字翰怡，曾獲清廷「欽若嘉業」匾額，因號其藏書樓爲「嘉業堂」。藏書數量共一萬二千四百餘部、十六萬多冊，爲近代私人藏書之冠。其中明代史料最爲完整，爲嘉業堂精華所在。民國 30 年四月，以二十五萬五千元的代價，將其中的明刊本一千二百餘部、抄校本三十餘部，出售給中央圖書館，成爲該館的特色之一。

　　張鈞衡，字石銘，號適園。藏書以宋、元本之多著稱。其長子乃熊，字芹伯，又字菦圃，蒐求更勤，民國 29 年，編成《菦圃藏書目錄》待價而沽，其中宋本八十八部，元本七十四部、明本四〇七部、黃丕烈跋本一〇一部。三十年十二月，終於全部以七十萬元，由中央圖書館收購。

二、藏本現況

　　從現行的中央圖書館《善本書目》中可看出，標明有楊守敬題記的，有二十部。經筆者覆查，其中只有楊氏藏書印記，而無他家印記者，有古寫本周易等八部，其餘十二部皆有他家印記。今彙列如後：

（一）傳鈔日本古寫本《毛詩》：菦圃收藏、福海長春署齋、子□校勘之學、鴻寶署齋。

（二）影鈔日本古卷于本《春秋經傳集解》：鴻寶署齋、鴻寶經學、福海春長之署、周守藏、德福壽安寧周氏珍藏書。

（三）影寫日鈔本新撰《字鏡》：鴻寶署齋、福海春長之署、韓侯周氏校讎之學。

（四）日本鈔本《篆隸萬象名義》：菦圃收藏、福海春長之署、韓侯周氏校讎之學、韓侯聲音訓詁之學、讀未見書齋。

（五）明刊本《黃帝內經・素問》：眞州吳氏有福讀書堂藏書。

（六）影鈔古寫本《黃帝內經・太素》：福海長春署齋、子□校勘之學、鴻寶經學。韓侯、周印懋琦、子瑜。

（七）明刊本《婦人良方大全》：朱師轍觀。

（八）南宋建刊十行本《唐宋白孔六帖》：菦圃收藏。

（九）明刊本《山海經》：靁翁。

（十）朝鮮覆宋本《山谷詩集注》：有「希逸」題記。

（十一）日本鈔本《淨土三部經音義》：菦圃收藏、福海春長之署。

（十二）宋紹興刊本《三蘇先生文集》：菦圃收藏、歸安陸樹聲叔桐之印。（又

有陸氏題跋）

其中可考知者有：菦圃收藏（張鈞衡長子張乃熊，字芹伯，號菦圃）、希逸（張鈞衡之孫張珩，字蔥玉，別署希逸）、陸樹聲（陸心源之子）等。

明刊本婦人《良方大全》，又有「國立北平圖書館收藏」印記，則是原屬於北平圖書館所有，民國 30 年，因避日禍，該館將善本圖書兩萬餘冊，託美軍艦運往美國暫時保管，54 年由美運回，交中央圖書館保管〔註 13〕。

此外，由其他藏書家的藏書志中，又可尋出一部分下落。

（一）張氏《適園藏書志》〔註 14〕

《舊鈔本周易》六卷（有楊氏題記）

《傳鈔本古文尚書》十三卷（有楊氏題記）

《附釋音尚書注疏》二十卷

《附釋音毛詩注疏》二十卷

《傳鈔本禮記》二十卷（有楊氏題記）

《附釋音禮記注疏》六十三卷

《附釋音春秋左傳注疏》六十卷

《孝經正義》九卷〔註 15〕

《爾雅》三卷（日本翻宋本）

《傷寒論》十卷（日本寫本）

《經史證類大觀本草》三十一卷（元刊本）

《本草衍義》二十卷（元刊本，楊氏題記）

（二）鄧氏《群碧樓善本書目》卷一

宋書棚本《李推官披沙集》〔註 16〕

鄧氏題記：「此書初為東瀛所收，鄰蘇老人攜以歸國。老人歿後，張菊生前輩購藏之於涵芬樓。沅叔告余何不為三李之合，因代請於菊翁，慨然允之，遂歸余齋。」

按：此書《訪書志》卷十四著錄，今藏中央研究院。

〔註 13〕見包遵彭《國立北平圖書館善本書目序》。

〔註 14〕此處所著錄者，現均收藏於中央圖書館，其藏書印記，限於時間，尚未一一核對。

〔註 15〕以上各經注疏，為宋刊明脩補本，原為日本島田重禮所藏，島田事蹟參見第二章第四節。

〔註 16〕鄧邦述，字孝先，江蘇江寧人。其《群碧樓藏書》於民國 16 年及 29 年，分別售歸中央研究院與中央圖書館。見蘇精《近代藏書三十家》頁 69～74。

（三）余嘉錫《四庫全書提要辨證》卷八

　　《大唐西域記》：「楊氏所藏宋藏本西域記，後歸江安傅氏，涵芬樓據以
　　影印入《四部叢刊》。」

第三節　北京圖書館藏本

一、松坡館藏書下落推測

　　如前節所述，楊氏觀海堂藏書售歸政府後，分爲兩批，一歸故宮博物院，一
歸松坡圖書館。松館是民國 12 年，由梁啓超主持在北平成立的，館址在北海快雪
堂〔註17〕。松館所得楊氏舊藏，據袁同禮《楊惺吾先生小傳》，其數量爲全部的「十
之五六」。其內容迄無正式文獻記載，據故宮博物院前院長蔣復璁先生的說法，則
是「大部分舊鈔本撥交故宮，刊本則分給松坡圖書館〔註18〕。」

　　至於松館後來的情況，一直缺乏記錄。有一個說法是：松館因經營情形不良，
合併於北京圖書館〔註 19〕。這個說法雖不能直接證實，卻可以從幾個方面看出一
些端倪：

（一）大陸易幟後，許多藏書家的後人，在中共的壓力下，不能繼續保有先人
　　　遺澤，紛紛以「捐獻」的名義，將藏書交出，由北京圖書館負責典藏。
　　　如瞿氏「鐵琴銅劍樓」後人瞿濟蒼、傅氏「藏園」後人傅忠謨、潘氏「寶
　　　山樓」後人潘家多等，所捐數量都很多〔註 20〕。則私人興辦的松館，被
　　　合併於北京圖書館，是很有可能的。

（二）民國 48 年（1959），北京圖書館出版《北京圖書館善本書目》，其中有許
　　　多部書標明有「楊守敬跋」字樣，可以確定曾經楊氏之手。但究竟是生
　　　前已散入他家而輾轉歸於京館，還是原屬松館的一部分，目前沒有辦法
　　　知道了。

（三）據蔣復璁先生之說，楊氏在日本購得的宋刊本《安吉州思溪法寶資福禪

〔註17〕見蘇精《近代藏書三十家》頁 105。
〔註18〕見阿部隆一《中華民國國立故宮博物院藏楊氏觀海堂善本解題》自序，頁 8 引。
〔註19〕同上註。
〔註20〕列名於《北京圖書館善本書目》中的捐贈人，共有四十七人，著名的藏書家還有潘
　　　　氏寶禮堂、丁福保、張元濟、鄭振鐸等。

寺大藏經》四千多冊，當初分給了松舘〔註21〕，此書現在正著錄於北京圖書舘善本書目。（但大藏經目錄今存中央圖書舘）如蔣先生所說正確，則松舘合併於京舘之說即可無疑了。

　　至於觀海堂藏書的全貌，楊氏自稱「現在所藏書已幾十萬卷，其中秘本，亦幾萬卷〔註22〕。」袁同禮則說撥歸松舘者居十之五六，可知今日存藏於台灣者，僅爲楊氏舊藏之精華，其全部藏量之豐，可以想見。

二、藏品擬目

　　北京圖書舘藏書既無由目見，只有依據其善本書目，略加推測而已。

（一）著明楊守敬校跋者

《尙書正義》二十卷	宋兩浙東路茶鹽司本
《周禮注》十二卷	宋婺州市門巷唐宅刻本
《儀禮圖》十七卷	日本鈔本
《春秋經傳集解》三十卷	日本刻本
《春秋經傳集解》三十卷	日本刻本（手校並跋）
《廣韻》五卷	元刻本
《補晉書藝文志》四卷	清無錫文苑閣活字本
《南齊書》五十九卷	宋刻元明遞脩本
《渚宮舊事》五卷	清鈔本（楊氏題款）
《大唐六典注》三十卷	日本享保九年（1724）家熙刻本
《寶刻叢編》二十卷	清抄本
《舊注蒙求》三卷	日本寬政十二年（1800）刊本
《彌勒菩薩所問本願經》一卷	日本康治元年（1142）抄本
《盧山復教集》二卷	高麗刊本〔註23〕
《老子道德經古本集註直解》二卷	宋刻本（有繆荃孫、楊守敬等六人跋）
《極玄集》二卷一冊	明刊本（楊氏題款）

〔註21〕同註18。
〔註22〕見容肇祖撰《史地學家楊守敬傳》引〈與黃蕚書〉。
〔註23〕此書有沈曾植、楊守敬、傅增湘三人跋語，捐贈者爲周叔弢，蓋即楊氏售出之書。

（二）《日本訪書志》著錄而今目未載者

《中庸集略》二卷 　　　　　　　　　　　　日本銅活字本

《集韻》十卷 　　　　　　　　　　　　　　　宋刊本

《大明律例附解》十二卷 　　　　　　　　　　明刊本

《玉燭寶典》十二卷 　　　　　　　　　　　　古逸叢書本

《楊氏家藏方》二十卷 　　　　　　　　　　　日本鈔本

《墨子》六卷 　　　　　　　　　　　　　　　明萬曆九年（1581）書林童思泉刊本

《湖海新聞夷堅續志》前集十二卷 　　　　　　元刊本

《事類賦注》三十卷 　　　　　　　　　　　　宋紹興十六年（1146）刊本

《新編排韻增廣事類氏族大全》十集十卷 　　　日本刊本

《安吉州思溪法寶資福禪寺大藏經》 　　　　　宋刊本

《感山雲臥紀談》二卷《雲臥庵主書》一卷 　　日本刊本

《人天寶鑑》一卷 　　　　　　　　　　　　　日本刊本

《禪苑蒙求》三卷 　　　　　　　　　　　　　日本寬文九年（1669）刊本

《楚辭章句》十七卷 　　　　　　　　　　　　明隆慶五年（1571）翻宋本

《晞髮集》十卷二冊 　　　　　　　　　　　　明萬曆四十六年（1618）郭鳴琳刊本

第四章 觀海堂藏書的特色

　　在清末民初的眾多藏書家中，楊氏觀海堂既不以數量之多著稱（近代藏書數量最多的是劉承幹「嘉業堂」），也不以宋元舊本之富出名（傅增湘「雙鑑樓」即以宋本之多，獨步一時），然則觀海堂藏書究竟有些什麼特色值得研究呢？袁同禮的〈觀海堂書目序〉中說：

　　　　竊念此目雖非觀海堂藏書之全部，然其著錄為其他書目所不及者有
　　二：一曰古鈔本，二曰醫書。

其實楊氏觀海堂藏書的價值尚不止此，以下各節將分述之。

第一節　中土久佚之書

　　蔣復璁先生在〈中日書緣〉一文中，曾經指出：

　　　　中國經籍散入鄰邦，以日本為最多，亦惟日本保存的中國經籍，能
　　補充吾人所不足[註1]。

日本人神田喜一郎與長澤規矩也合撰的〈佚存書目〉，著錄中國所佚而保存於日本的書，有一百四十餘種，另有附載類兩百餘種，其中雖有未佚而少見的書，但也可證明日本保存中土佚書之多[註2]。楊守敬在日本訪書四年之久，自然得到許多久已失傳的古書，但日本保存的中國古書也不全是中土已完全亡佚了的，也有因版本不同，流傳有異而其內容足以核補中土傳本之不足的，仍然有其重要性。此即楊守敬在〈訪書志緣起〉所謂：「以諸家譜錄參互考訂，凡有異同及罕見者，皆

〔註1〕見《中日文化論集》續編第二冊，頁339。
〔註2〕此目今收於嚴靈峰編《書目類編》第一百冊。

甄錄之。」現以《訪書志》所載爲本，分類舉例說明之。

一、久已失傳之書

（1）卷一宋刊本《尚書注疏》：「南宋紹熙間，三山黃唐題識稱……云云，故各經
　　　後皆有此跋，是合疏於注，自此本始，十行本又在其後。十行本版至明猶存，
　　　世多傳本，此則中土久已亡，唯日本山井鼎《七經孟子考文》得見之，以校
　　　明刊本，多所是正。」

　　　按：經書之注與疏，本各自單行（如北宋國子監所刻諸經，皆單疏本）。到
　　　　　南宋時，才有合疏於注者。世傳經注合刻可考者六種，有三種（周禮、
　　　　　論語、孟子）今藏故宮博物院，而《尚書注疏》見於《楊志》，楊氏在
　　　　　此條後註明「此書今歸南皮張制府（張之洞）」。今查《北京圖書館善本
　　　　　書目》著錄有此書，並有楊氏題記〔註3〕。又經注合刊之始，阮元撰〈十
　　　　　三經校勘記〉，引山井鼎之說，以爲始於南北宋之間，而楊守敬據此《尚
　　　　　書注疏》之跋，末題紹熙壬子，以爲阮氏爲山井所誤，《書林清話》卷
　　　　　六有訂正之處。

（2）卷四日本刊《韻鏡》：「其書不著撰人名氏，紹興辛巳，張麟之得其本，別爲
　　　之序刊之。初名《指微韻鏡》，逮嘉泰三年，麟之又重爲之序，蓋即鄭樵漁
　　　〈七音略序〉所云《七音韻鑑》者也。是宋代已經三刊，不知何故，元明以
　　　來逐無傳本，著錄皆不之及。」

　　　按：此書我國久無傳本，自楊氏得之東瀛，刊入《古逸叢書》後，始又引起
　　　　　國人注意。以後研究中古等韻之學者，無不以此書爲津梁，如民國黃季
　　　　　剛先生證明古本音十九紐，即有取於此書。

（3）卷四《慧琳一切經音義》：「唐沙門慧琳《一切經音義》百卷，余初至日本，
　　　有島田蕃根者持以來贈。展閱之，知非玄應書，驚喜無似。據《宋高僧傳》
　　　稱：周顯德中，中國已無此本；又行瑫傳亦稱慧琳音義不傳。此本從高麗藏
　　　本翻出，原本爲蝴蝶裝，余曾於日本東京三緣山寺見之。」

　　　按：據李慈銘《越縵堂日記》光緒九年十一月十四日及十七日所記：慧琳此
　　　　　書於石晉覆滅時，流入契丹，輾轉經朝鮮傳入日本，故中國久佚。自楊
　　　　　氏自日本搜回，漸成清季顯學，陶子珍輯補《字林考逸》、《倉頡篇》，

〔註3〕見《書目叢編》第十九冊，頁7760。

即曾利用此書〔註4〕。

（4）卷八古鈔本《冥報記》：「唐臨《冥報記》，唐書本傳及兩唐志并云二卷，唯日本藤原佐世《現在書目》作十卷。宋以下不著錄，蓋亡佚久矣。」

　　按：此書宋以後無單行本，僅在《法苑珠林》、《太平廣記》等書中有採錄，楊氏另有輯本。

（5）卷八日本鈔本《游仙窟》：「此書中土著錄家皆未之及，首題寧州襄樂縣尉張文成作，日本人皆以爲張鷟，即著《朝野僉載》者。」

　　按：此書於唐時即已流行於日本，而《太平廣記》未載，對於日本古代文學卻有甚深影響。據後人考證，八世紀時，日本詩人山上憶良已引用此書之文字，日本最古的詩集《萬葉集》中，亦有辭意相同之句，可見其對日本文學影響之大〔註5〕。

（6）卷十一日鈔《類篇群書畫一元龜》殘本：「存丁部二十一至二十三，皆樂門，二十四歌舞門，共四卷。體例略同《太平御覽》，而所分子目尤繁碎，其全書當不在千卷下。所采大抵六經子史文選，不采讖緯說部，然間亦有逸書。……此書《日本訪古志》亦不載。」

　　按：此書僅明《文淵閣書目》有著錄。

（7）卷十二《文館詞林》殘本：「余按太平興國中，輯《文苑英華》，收羅至博，而此書不見采錄，故《崇文總目》僅載《文館詞林彈事》四卷，《宋史・藝文志》僅載《文館詞林詩》一卷，是皆零殘之遺，若其全書則已爲北宋人所不見（《通志略》載《文館詞林》一千卷，僅據唐志入錄，實未見原書）。此十四卷中，雖略有見於史書文選及本集者，而其不傳者十居八九，可不謂希世珍乎？」

　　按：此書在一八一〇年（嘉慶十五年）完成的《佚存叢書》（日本林述齋編）中收錄四卷，傳入中國，國人始知有此書。

二、雖未亡佚，但在中土流傳甚少之書

（1）卷一宋余仁仲刊《春秋穀梁傳》：「余仁仲萬卷堂所刻經本，今聞於世者：曰周禮、曰公羊、曰穀梁。公羊揚州汪氏有繙本；周禮舊藏盧雅雨家；惟穀梁僅康熙間長洲何煌見之，然其本缺宣公以前，已稱爲稀世之珍。此本首尾完具，無一字損失，以何氏校本照之，有應有不應，當由何氏所見爲初印本，

〔註4〕見《越縵堂讀書記》頁110。
〔註5〕參見汪國垣編、朱沛蓮校訂《唐人小說》頁271。

此又仁仲覆校重訂者，故於何氏所稱脫誤之處，皆挖補擠入。」

（2）卷五明刊本《國語》：「此爲明嘉靖戊子吳郡金李仿宋刊本，韋敘後有『金李校刻于澤遠堂』記。中間宋諱並缺筆，故知原于宋本也。按：宋元憲公序作《國語補音》，取官私十五六本參校，今以此本校補音皆合，則知此即公序定本。自明人穆文熙等刻《國語》，以補音注于當文之下，時多謬誤，而公序定本並補音單行本皆亂。國朝黃堯圃士禮居刻天聖明道本，而公序本遂微。……今明道本有武昌書局重刊，而公序本竟如星鳳。」

（3）卷七明萬曆本《武經直解》：「明劉寅撰。凡《孫子》三卷，《吳子》一卷、《司馬法》一卷、《李衛公問對》二卷、《尉繚子》二卷、《三略》一卷、《六韜》二卷。……四庫僅著其《三略》一種，阮文達《四庫未收書目》著其《司馬法》、《尉繚子》二種，知其書流傳甚罕。」

（4）卷九影宋何氏本《脈經》：「顧《脈經》雖一刊於熙寧，再刊於紹聖，三刊於廣西漕司，四刊於濠梁何氏，元泰定間又刊於龍興儒學，而傳者終稀（原註：由諸家敘錄可見）。」

　　　按：後世流傳之脈經，多爲《脈訣》，非王叔和原書。如孫鼎宜《脈經鈔序》所云：「著脈經者不一，王叔和所撰集者，則祇一書，無副本也。自五代高陽生《脈訣》出，而世以爲叔和，而《脈經》遂隱〔註6〕。」

除上述幾種之外，如《類聚名義抄》、《景祐天竺字源》、《史質》、《醫方考》、《古樂苑》、《禪苑蒙求》等，也都是中土罕見，各種書目、書志幾乎沒有著錄的。

三、中土傳本不同，足供校補之書

（1）卷二日本正平刊本《論語集解》：「驗其格式字體，實出於古卷軸，絕不與宋槧相涉。其文字較之《群書治要》、唐石經，頗有異同，間有與漢石經、史漢、說文所引合，又多與陸氏釋文所稱一本合。彼邦學者皆指爲六朝之遺，並非唐初諸儒定本，其語信爲不誣。」

　　　按：正平本《論語》刊行於正平十九年（元順帝至正廿四年，1364），其版片至今猶存。明代曾有影鈔本傳入中國，錢曾《讀書敏求記》著錄，誤認爲朝鮮刊本。然而據近人考證，其本實據宋本而非六朝舊籍〔註7〕。唯其中可校訂通行本者仍頗具價值，楊氏稱之是也。

〔註6〕詳見《宋以前醫籍考》頁123～127。
〔註7〕參見楊維新《日本早期雕印之佛經與漢籍》。

（2）卷五日本鈔本《唐六典》：「案此書今著錄家不見有宋元本，僅傳明正德乙亥蘇州所刻，首有王鏊序，末有宋紹興四年張希亮詹棫校刊題跋。篇中墨丁空缺觸目皆是，幾不可讀，而流傳亦少。日本享保甲辰（當雍正二年），其攝政大臣家熙爲之考訂，凡原書空缺者，擬補於其下。……後乃從書肆得古鈔本，其本紙質堅紉，兩面書寫，末無張希亮等題識。相其筆跡，當亦七八百年前之書，凡明刻所缺皆不缺。今以對校之，家熙所補十同七八，其有不同者，皆以此本爲是。」

（3）卷十二汲古閣本《中興間氣集》：「此日本人以汲古閣本過錄者。所選詩凡二十六人，共一百三十二首。以毛本校之，或次第異、或多寡異、或題同而詩異、或詩與題俱異。至於字句之異尤不勝枚舉。又毛本缺張眾甫、章八元、戴叔倫、孟雲卿、劉灣五人評語，此本皆在焉。」

　　此外，如影宋本《禮部韻略》、日鈔本《貞觀政要》、影宋本《諸病源侯論》等，因底本較古，皆足以訂正中土流傳之本。有關楊氏校勘學部分，詳見第六章第三節。

第二節　中國古代醫書

一、日本漢醫源流

　　中國醫學之傳入日本，是與中日交通的進展息息相關的。隋唐以前，中國醫學也是通過朝鮮而傳入日本。據日本史書記載：雄略天皇（457～479）與欽明天皇（540～571）均曾多次向朝鮮聘請醫藥師。如雄略天皇時應徵渡日的百濟醫師德來，抵日後定居難波（今大坂），其子孫世代業醫，稱「難波藥師」。西元 651 年（陳文帝天嘉二年，欽明天皇廿二年）。中國吳僧知聰攜帶《明堂圖》等醫藥書籍約一六〇卷到日本，是中國醫藥正式傳入日本之始。隋唐時代，日本派出歷次的遣隋使、遣唐使，都有醫師同行，其中也有專程來中國習醫的留學生，如西元 623 年（唐高祖武德六年，推古天皇三十一年）由中國學成歸國的惠日、倭漢直福因等，均爲藥師。而唐玄宗天寶十二年（753 年）東渡日本的高僧鑑眞，因爲精於醫術，乃將中國醫學大量傳入日本。日本《皇國名醫傳》記載：「鑑眞又能醫，治療皇太后弗豫有功，任大僧正，賜備前水田一百町。時未能精西土藥品，鑑眞爲辨定之。邦人效之，醫道益闊。世傳〈鑑上人秘方〉。」直到十四世紀，日本醫界

猶奉鑑眞爲醫藥始祖〔註8〕。以後日本醫藥設施，皆仿效中國。至江戶時代，盛行朱李醫學，即用藥專東垣（李杲，號東垣老人），辨治師丹溪（朱震亨，號丹溪先生）〔註9〕；仍是深受中國醫學之影響。明治維新以後，西方醫學輸入，漢醫始衰。

二、收藏經過

　　日本人重視收藏中國醫學書籍是由來已久的。鄭若曾《籌海圖編》卷二云：「（倭人）重佛經、無道經，若古醫書，每見必買，重醫故也〔註10〕。」是說明代中日通商時的情形，在此之前，醫書輸日的亦絡繹不絕。此外，日本醫界因皆爲世襲之業，往往數代經營，藏書之富，自不待言。日本醫界另一特色，即是醫者多同時精習儒學。因日本醫書多出自中土，非通達漢文不易誦習，所以著名的醫士往往也是知名的漢學家。如江戶時代的名醫伊澤蘭軒（名信活），即以精儒學、富藏書，與市野光彦、狩谷望之等漢學家齊名〔註11〕。

　　楊守敬〈訪書志緣起〉云：

　　　　日本醫員多博學，藏書亦醫員爲多。喜多村氏、多紀氏、澀江氏、

　　小島氏、森氏，皆醫員也，故醫籍尤收羅靡遺。

楊氏觀海堂中收藏的古代醫書五百餘種，約兩千四百冊，大多數即得自上述幾家舊藏。其中又以得自小島氏的爲多。多紀氏、澀江氏、森氏已見於第二章第四節。今簡介另兩家如后：

　　小島學古（生卒年不詳），名尚質，號寶素。三世以醫鳴於日本，與喜多村直寬、多紀桂山等齊名。精於校勘醫書，著有《宋重醫藥表》等。

　　喜多村直寬（1802～1876），號栲窗。初從安積艮齋習經義古文，後入江戶醫學館，天保間任醫學教諭。編有《醫方類聚》、《傷寒金匱疏義》等。

三、藏品分析

　　由現存的觀海堂藏書目錄加以統計，其醫書共有五一二種〔註12〕。其版本分

〔註8〕本段主要參考《中國醫藥史話》頁356～359。
〔註9〕見《中國醫藥學史》頁372。
〔註10〕鄭梁生《元明時代東傳日本的文獻》頁104引。
〔註11〕見淺田惟常《皇國名醫傳》。
〔註12〕吳哲夫先生〈故宮善本舊籍圖書的典藏維護與宣揚〉一文中作408種。此處的數目
　　　乃筆者依據民國廿一年之《故宮所藏觀海堂書目》計算所得。

類如下表〔註13〕：

　　　　宋刊　無（仿宋刊二部）

　　　　元刊　十三部（仿元刊一部）

　　　　明刊　一一八部

　　　　清刊　七十八部

　　　　日刊　八十三部

　　　　日抄　一八七部

　　　　韓刊　六部

　　由上表可看出，日本鈔本之多是其特色。此類鈔本絕大部分即得之於日本醫家，但觀海堂之醫書不僅以量多著稱，更有兩項特色：

　　一、我國歷代名醫之著作幾乎包羅無遺，又有許多日本著名醫學著作亦網羅齊全。例如森立之著《本草經考註》十八卷十九冊，乃著者清稿本，連日本國內也無傳本。

　　二、許多古代醫書在中國久已失傳，或因後人增刪改訂，已非本來面目，經楊氏自日本搜得古鈔本、古刊本，足以勘定今本，對於研究中國醫學史，有重要意義。如影鈔北宋本《外臺秘要方》，日本原來僅有兩部，其中一部今存官內廳書陵部，另一部即爲楊氏所得，今藏故宮。（《訪書志》卷十有著錄）現錄《訪書志》若干條，以供參考〔註14〕。

（1）卷九影鈔古卷子本《黃帝內經‧太素》：「按李濂《醫史》、徐春甫《醫統》並云：楊上善隋大業中爲太醫侍御，述內經爲太素。顧《隋志》無其書，《新舊唐志》始著楊上善《黃帝內經太素》三十卷，《黃帝內經明堂類成》十卷。《崇文總目》、《郡齋讀書志》、《書錄解題》均不著錄。知此書宋代已佚，故高保衡、林億等不及見。《宋志》楊上善注《黃帝內經》三卷，不足據也。日本藤原佐世《見在書目》有此書，著唐代所傳本。……是書合靈樞、素問纂爲一書，故其篇目次第與二書皆不合，而上足以證皇甫謐，下足以訂王冰，洵醫家鴻寶也。」

　　按：此書以往未有刊本，僅有傳鈔本，皆自日本出。清末始有刊本，蓋由楊

〔註13〕本表分類主要依據舊目（即故宮所藏觀海堂書目），新目（故宮善本書目）有脩正者從之。

〔註14〕部分未標明時代之刊本、鈔本歸之。

氏傳入者〔註15〕。

（2）卷九日本舊鈔本蕭世基《脈粹》：「此書晁氏《讀書後志》著於錄，言治平中姚誼序之，書錄解題、宋志皆不載。此日本永正五年鈔本，首有治平三年姚誼序，與晁氏說合；次有嘉定癸未李撰跋，蓋又南渡後崇川王進甫重刻，并附王叔和脈賦（原注：此偽書），今只存《脈粹》一書。係小島學古舊藏，森立之《訪古志》亦不載。據姚李二序，知世基字處厚，吉州龍泉人。」

按：此書日本《經籍訪古志》著錄作《診脈要捷》，楊氏失於詳檢。

（3）卷十影宋鈔本《楊氏家藏方》：「按此書四庫不著錄，本朝諸家目錄亦無之。宋槧本今藏楓山官庫，此蓋自彼影鈔云。據《訪古志》又有元板，序後有阮仲猷刊于種德堂木記，余未之見。據延聖跋，此與洪氏集驗方，顧氏（按：顧當作胡，見《宋史‧藝文志》）經驗方同刻，今洪胡二書亦無著錄者。」

第三節　日本古鈔本

一、鈔本源流

印刷術發明以前，流通書籍的唯一方法，就是鈔寫。即使印刷術發明以後，因古代科技不發達，刊本書籍仍然不能普遍供應，中下之家要覓書來讀，也只有借藏書家的書來鈔寫。如《南史》所載：齊衡陽王蕭鈞手自細寫五經，部爲一卷，置於巾箱中，是爲「巾箱本」之始〔註16〕。也有自己鈔書鈔多了，竟然成爲藏書家的，如明代趙琦美「脈望館」，祁承爜「淡生堂」，毛晉「汲古閣」等，不但所傳鈔本極爲有名，也以收藏鈔本之富著稱一時。

有時候因爲書的刊刻稀少，全仗有鈔本流傳才不致亡佚，如宋王禹偁《小畜集》，明代無刻本，幸而有鈔本才傳下來。又宋元舊刻，固然珍貴，但並非人人有機會得到，也只有精心的摹鈔下來，藉以研讀。如黃丕烈所云：

　　大凡書籍安得盡有宋刻而讀之？無宋刻則舊鈔貴矣。舊鈔而出自名
家所藏，則尤貴矣〔註17〕！

黃氏「士禮居」鈔本，也以校讎精善，爲後人所重視。由此可見，鈔本的價值決

〔註15〕詳見《宋以前醫籍考》頁47。
〔註16〕見《書林清話》卷二引。
〔註17〕見《蕘圃藏書題識》集部《李群玉詩集》。

不在刊本之下。

　　日本的文化發展，一向承受我國的影響。由於古代中土經典的大量東渡，推動了日本文化的進步（已見於第二章之敘述），而日本讀書人傳鈔書籍的情形，與中國也甚爲接近。如日本在印本書籍流行以後，舊鈔本因日益稀少而顯得珍貴，十二世紀時，大臣藤原賴長，曾以重金和摹鈔本交換從宋朝得到的經摺裝鈔本《禮記正義》〔註18〕。自天平時代留傳下來的手寫佛經，更被視爲國寶，保存在各大寺廟中。直到江戶時代，收集古鈔、舊鈔，仍是一般藏書家的興趣。楊守敬在〈日本訪書志緣起〉中，曾談到日本流傳古鈔本的情形：

（一）「日本古鈔本以經部爲最，經部之中又以易、論語爲多，大抵根源於李唐，或傳鈔於北宋，是皆我國所未聞。」（原第五條）

（二）「日本氣候，固無我江南之多霉爛，亦不如我河北之少蠹蝕，何以唐人之跡，存於今者不可勝計？蓋其國有力之家，皆有土藏，故雖屢經火災而不燬。至於鈔本，皆用彼國繭紙，堅韌勝於布帛，故歷千年而不碎。」（原第九條）

（三）「日本崇尚佛法，凡有兵戈，例不燬壞古刹，故高山寺、法隆寺二藏所儲唐經生書佛經，不下萬卷。即經史古本，亦多出其中。」（原第十二條）

　　由此可知，日本保存了豐富的古代寫本文獻，不但有其自然條件，更有良好的社會條件配合。楊氏因而能在千百年之後，得到空前的收穫。

二、藏品分析

　　據《故宮所藏觀海堂書目》的著錄，日本古鈔、舊鈔本的數量是四一九部。就藏書量的全部而言，所占比例雖然不是很多，其中卻有不少難得的珍品，現分述如下：

（一）影鈔古寫本

　　關於日本存藏我國古代寫本的情形，《訪書志》中有兩條說明得很清楚：

（1）卷十六唐鈔卷子本《須賴王經》：「按《日本書記》，其國入唐求法僧不絕於道，釋空海其最著者。其齎唐人寫經渡海，何止法顯、宋雲、玄奘千百？若天平十二年（740），藤原皇后施舍一切經全部，至今卷子本往往見之，雖不題唐人年號，固可望而知之也（余所得經有題乾寧元年（894）者）。藤原朝

〔註18〕見《御堂關白記》康治二年（1143）十一月三日條，大庭脩「漢籍傳來日本的經過」引。

臣位長百寮，力能布施，當時所捨，必不此一卷，今但存此耳。經末題識，筆勢究與本經不同，其相似者則風氣使然，不獨此卷尾效之也。且書之工不工，何分彼我，而余堅持此說者，日本當唐代所產紙質皆白麻，理鬆而文皺，今其國存釋空海、小野道風、嵯峨天皇諸人書皆可證。此則黃麻堅韌，與中土所存《鬱單越經》(在中江李氏)，《轉輪王經》(在福山王氏)，紙質無二，則知此為唐人書無疑也。」

同卷《佛說大孔雀咒王經》：「或疑此類皆日本人書，未必千載遺翰，紙墨如新。余按其國史，遣唐之使不絕於道，其稱聖僧空海者，亦入唐求法，歸國所攜，著為《齎來錄》，手迹尚存。以余所見：《文館詞林》有神龍之題(在柏木政矩家)，《華嚴義疏》載光化之號(為余所得)，更有北魏元龜(藏西京沙門徹定)、大齊天統(藏黑田忠直)，年世悠遠，尤駭聽聞。況黃麻堅韌，舊唯唐製，今中土所存，若鬱單、轉輪、兜沙、靈飛皆硬黃卷軸，可對勘也。……其書法與房山石刻運筆結構不爽毫髮，則稱為唐人之作，當非燕說。」

按：此二條根據紙質、書體與史實，證明日本多藏中土唐鈔之不訛。故楊氏據日本流傳古卷子本所影鈔之書甚多，其價值不在宋本之下。以下舉一、二例以明之。

（2）卷七影寫古卷子本《莊子郭注》殘本：「余此三卷即小島學古所傳錄之本也。界長七寸六分，幅七八分，每行十六七字不等，注雙行。此卷字體細瘦，相其筆意當在七、八百年間，而其根源則在六朝。」

（3）卷九影古鈔卷子本《黃帝內經‧太素》：「日本藤原佐世《見在書目》有此書，著唐代所傳本。文政間，醫官小島尚質聞尾張藩士淺井正翼就仁和寺書庫，鈔得二十餘卷，亟使書手杉木望雲就錄之以歸，自後乃有傳鈔本。此本每卷有小島尚質印，楣上又有據諸書校訂，亦學古親筆，蓋初影本也。」

（4）影古寫本《漢書‧食貨志》：「右古寫卷子本〈漢書食貨志〉上卷，末附鄧通傳殘字六行，日本醫官小島春沂所影摹者，今據以入木。結體用筆，望而知為唐人手書，不第缺文皇高宗兩諱也。」

（二）影鈔古刊本

宋、元舊刊，流傳至今，數量本已不多，則古人影鈔之本，可以視為原刊，其價值固未減少。

（1）卷一舊鈔本《春秋左傳》：「此本不載經文，唯第三十卷載經文，其分卷與唐石經同，中缺北宋諱，當是據北宋經傳本錄出。……凡傳文多與石經與沈中賓本合(沈本之顯然訛誤者，此亦不與之同)，而間有與諸本絕異之處，則

　　往往與山井鼎所記異本合，洵爲北宋善本也。」

（2）卷四影寫宋本《禮部韻略》：「宋元祐五年官刊本。首列元祐庚午禮部續降韻
　　　略條制，即《提要》稱博士孫諤所上者。凡四葉，每半葉十二行，行二十一
　　　字，摹寫精整，想見原刊之善。……案：此書今時著錄家只有歐陽德隆之《押
　　　韻釋疑》，及紫雲山民郭守正增脩本，而當時原書竟不可見，此則的爲元祐
　　　官刊正本，尤可寶也。」

（3）卷七影北宋本《齊民要術》殘本：「北宋天聖刊本，高山寺藏，見存卷五卷
　　　八二卷，又卷一殘葉二紙。……余所得係小島尚質以高山寺本影鈔，精好如
　　　宋刻。」

（4）卷十影鈔北宋本《外臺秘要方》：「原本藏紀藩竹田氏。森立之《訪古志》曰：
　　　此本嘉永己酉，官下命郵致使於醫學影鈔，凡二通，一納楓山官庫，一藏醫
　　　學。……影摹之精，下眞宋刻一等，無怪立之言以五人之力，三年乃成也。」

（三）稿本及手稿本

　　無論刊本如何之精，總不如原作者自書的手稿爲眞實，故手稿本之重要性往
往超過刊本。楊守敬所收藏的日本學者手稿本，以醫學類爲多，其他各部亦有少
部分。有些稿本甚至日本也沒有流傳，其價値可以想見，今就《訪書志》所見舉
例以明之。

經　部：

　　　《韓詩外傳考》不分卷四冊　岡木保孝撰　清抄稿本

史　部：

　　　《醫籍考》存四一卷十一冊　丹波元胤撰　聿脩堂稿本

　　　《座右筆記》一卷一冊　小島尚質撰　手稿本

　　　《醫籍著錄》二卷二冊　小島尚質撰　手稿本

子　部：

　　　《醫方挈領》一卷一冊　丹波元簡撰　稿本

　　　《讀肘後方》九卷二冊　藍川愼撰　天保間手定底稿本

　　　《本草經考注》十八卷十九冊　森立之撰　著者清稿本

　　　《體雅》三卷一冊　丹波元胤撰　手訂清稿本

　　　《觀聚方要補》十卷十冊　丹波元簡輯　手訂清稿本

　　　《泉貨小譜》不分卷二冊　柳澤保之撰　原拓稿本

　　　《日本錢譜》不分卷一冊　日本多氣志樓原摹稿本

集　部：

　　《古京遺文》一卷一冊　狩谷望之撰　手訂底稿本

　　《柳淵文稿》存二卷一冊　丹波元胤撰　清稿本

　　《連嘆秘傳集》不分卷一冊　清橋紹巴撰　手稿本

第四節　朝鮮古刊本

一、韓國刊刻源流

　　由於地理位置的接近，韓國接受中華文化的薰陶，時間最早，程度也最深。古代海運不發達時，中日之間的交通，也常以韓國為媒介。所以在保存中國古代文獻上，韓國也有重要的地位。

　　韓國印刷的起源，可推溯至十一世紀之初。現分述如後〔註19〕：

（一）大藏經的雕印

　　北宋藏經的刻印，始於開寶四年（971），終於太平興國八年（983）。完成後，韓國曾三次獲賜：端拱二年（989），淳化二年（991）與天禧三年（1019）。此外，契丹（遼）亦曾兩次贈經與高麗：遼道宗清寧九年（1063）與道宗咸雍八年（1073）。凡此對於高麗開雕大藏經，均有影響。又宋太宗太平興國四年（979），命張洎、句中正出使高麗，以聯合制遼。句中正曾在蜀中，助毋昭裔刊行《文選》、《初學記》等，歸宋後又助徐鉉重訂《說文》，模印頒行。此次出使，極可能將刻印之法傳入高麗，直接促成高麗刊行大藏經的基礎。關於高麗雕印藏經的動機，李奎報《相國集》云：「昔顯宗二年，契丹主大舉兵來征，顯祖南行避亂，丹兵猶屯松岳城不退。於是乃與群臣發無上大願，誓刻成大藏板本，然後丹兵自退。」其雕造時間，始於顯宗十一年（宋真宗天禧四年，1020），完成於文宗三十七年（宋神宗元豐六年、1083）。前後長達六十四年之久，態度之謹慎不苟，可想而知。此次初版藏經，凡五千九百二十四卷，收藏於符仁寺。高麗高宗十九年（1232），因蒙古入侵，經版被毀，於是高宗二十三年（1236）起重雕，三十八年（1251）完成，增加至六千一百五十七卷，

〔註19〕本節主要參考資料：
　　　　蔣復璁〈中韓書緣〉（《中韓文化論集》第二冊）
　　　　吳哲夫〈中韓古代印刷交互影響探討〉（《韓國學報》第二期）
　　　　李元植〈韓國活字版的演變〉（《圖書印刷發展史論文集》）

刊印俱佳，庋藏於海印寺。明代有重印本傳入日本，至今尚存。

（二）儒書的刊行

古代韓國與日本一樣，官制、學制皆仿自中國，其文字亦以漢字為主。韓國刊印儒書始於何時，雖不可知，大約不出宋代真宗、仁宗兩朝。如高麗靖宗八年（1042，宋仁宗慶曆二年），東京留守崔顒等，奉敕新刊《西漢書》與《唐書》以進；三年後，秘書省新刊《禮記正義》、《毛詩正義》等，命各藏一部於御書閣。高麗文宗十年（1056），因西京留守之奏請，將秘閣所藏九經、漢晉唐書、論語、孝經、子、史、諸家文集等，各印一本以儲置諸學，供士子研讀。其中九經所據底本，即宋太宗淳化三年，自宋求得之五代監本九經。這是韓國首次大規模印行儒家經典，以後歷朝皆有刊印，技術也更加進步。

（三）銅活字的發明

活字印刷為宋代畢昇所發明，但因為沒有繼續研究發展，在中國沈寂了很久。元、明兩代雖有木活字及銅活字出現，但使用仍然不廣。東鄰韓國，或由我國傳入木活字法，加以研究改良，而創製了金屬活字，其中以銅活字為主，其時為十五世紀初。尹定鉉《鑄字事實》記載：「我東活字印書之法，始自太宗朝癸未（明成祖永樂元年，1403），以經筵古注詩書左傳為本，命判司平府事李稷等鑄十萬字，是為癸未字。」自此以後，至哲宗十四年（1863，清同治二年）止，李氏朝鮮四百六十年間，鑄字凡二十二次，最多的兩次，各達三十萬字之多，少者也有六萬餘字，可見韓國金屬鑄字之發達。

其中較特殊的是世宗時的「丙辰字」為鉛活字，顯宗九年所製為鐵活字，均是世界首創。韓國銅活字之法後東傳入我國，明、清兩朝均曾刊行銅活字本，最著名的部是康熙年間印製的《古今圖書集成》。

至於韓國刊行漢籍的優點，約有兩端：一為翻刻原刊，力求逼真，不僅形似，更不隨意增刪，故而往往勝於後世中土的覆刻本，島田翰所謂：「唯夫其字句之精善，異同之近於原帙，而其裝潢又尚是悉依當時工匠〔註 20〕。」是也。二為韓國所存宋初精本甚多，如前述的五代監本九經等，故據以翻刻的底本，均是一時之善本，足可訂正中土傳本之誤。如《四書集註》於孟子盡心下：「仁也者，人也。」句下注云：「或曰外國本人也之下，有『義也者宜也，禮也者履也，智也者知也，信也者實也』凡二十字。今按如此，則理極分明，然未詳其是否也。」此所謂「外

〔註20〕見島田翰《古文舊書考》卷四二高麗覆宋本《通典》。

國本」即高麗本〔註21〕。可知韓國的古刊本確有值得重視之處。

二、藏品分析

　　根據書目統計，觀海堂舊藏朝鮮刊本，僅有二十部。數量雖少，卻也不乏精品。現依《訪書志》之著錄，舉例以供參考。

（1）卷四朝鮮古刊本《龍龕手鑑》：「此朝鮮古刻本，又有日本活字板本，則又從朝鮮出也。今行世此書有二通：一為張丹鳴刊本。……一為李調元《涵海》本。……此本雖有後人竄入之字，而其下必題以今增，與原書不混。至其文字精善，足以訂正張刻本、函海本不可勝數。邇來著錄家雖有此書傳鈔舊本，而無人翻雕，得此書固足寶貴。況其所增之字，亦多經典常用之文，不盡梵筴俗書，異乎鄉壁虛造者矣。」

（2）卷四翻高麗藏本《一切經音義》：「此本從高麗藏本翻出，原本為蝴蝶裝，余曾於日本東京三緣山寺見之，字大如錢，然亦多訛字。」

（3）卷七《乘除通變算寶》等四種共七卷：「宋楊輝撰，朝鮮翻雕明洪武刊本。……按陸氏《藏書志》則共為六卷；郁氏《宜稼堂叢書》刊有此書六卷，所據傳鈔本多殘脫，宋景昌補之。歸安陸氏又得毛鈔本，較郁本為完善，然亦只六卷（阮氏《揅經室外集》作三卷，尤誤），非唯卷數行款與此不合，即書之先後次第亦殊，然則二本皆為後人所併。其續古摘奇二卷，則郁陸兩本均缺上卷，蓋脫佚已久。……當重刊此是本，以還楊氏之舊。」

（4）卷十三朝鮮刊《文章軌範》：「其書校讎精審，相傳為疊山原本。按：此書每卷既無子自，則應有總目，若以為原於王淵濟本，則不應刪其總目，且其中勝於王者不可勝數，諒非坊賈所能為。豈此本原有目錄，歷久而脫之與？」

〔註21〕見《朱子語類》卷六十一「仁也者人也章」條。

第五章　楊氏藏書題記的分析

清代學者洪亮吉，在所著《北江詩話》卷三，曾分藏書家有數等，其言曰：

> 得一書必推求本原，是正缺失，是謂考訂家，如錢少詹大昕、戴吉
> 士震諸人是也；次則辨其版片，注其錯譌，是謂校讎家，如盧學士文弨、
> 翁閣學方綱是也；次則搜採易本，上則補石室金匱之遺亡，下可備通人博
> 士之瀏覽，是謂收藏家，如鄞縣范氏之天一閣、錢塘吳氏之瓶花齋、崑山
> 徐氏之傳是樓諸家是也；次則第求精本、獨嗜宋刻，作者之意旨縱未盡窺，
> 而刻書之年月最所深悉，是謂賞鑑家，如吳門黃主事丕烈、鄔鎮鮑處士廷
> 博諸人是也；又次於舊家中落者，賤售其所藏，富室嗜書者，要求其善價，
> 眼別眞贗、心知今古，閩本蜀本、一不得欺，宋槧元槧、見而即識，是謂
> 販鬻家，如吳門之錢景開、陶五柳；湖州之施漢英諸書估是也。

雖然洪氏所論並不周全，分類也欠明確（如葉德輝在《書林清話》中，即有補充〔註
1〕），但可看出私人藏書往往各具不同目的。但喜好藏書的人通常會利用藏書研究
學問，所以不少藏書家本身就是學者，換言之，他們的藏書奠定了做學問的基礎，
這一類人可以稱爲「學問家」的藏書家。以此而論，楊守敬也可算是其中一位。
從本論文第二章對其生平及著述的介紹，可以看出他的興趣廣泛，學問淵博。本
章則專就他在文獻學方面的成就，做一分析。

第一節　輯成專書──《日本訪書志》

　　楊守敬在文獻學方面的見解，散見於各書的題跋之中，其生前曾於光緒二十七

〔註 1〕見《書林清話》卷九：「洪亮吉論藏書有數等」條。

年，輯成《日本訪書志》十六卷，刻印行世。〈訪書志自序〉中，敘述成書經過說：「光緒庚辰之夏，守敬應大埔何公使如璋之召，赴日本充當隨員，於其書肆頗得舊本，旋交其國醫員森立之，見所著《經籍訪古志》，遂按錄索之。……每得一書，即略爲考其原委，別紙記之，久之得二十餘冊。」又說：「乃先以字畫清晰者，付書手錄之，釐爲十六卷。」以下先就訪書志的大略，做一介紹。

一、訪書志的體例：

楊氏在日本搜訪圖書之時，撰有一篇〈日本訪書緣起〉，敘述其體例。年譜光緒七年條下云：「（黎公使）見余所爲〈日本訪書緣起條例〉，則大感動，遂有刻《古逸叢書》之志。」現在坊間通行的廣文書局本《日本訪書志》，沒有附這篇緣起。此處據吳天任撰《楊惺吾先生年譜》所引，原文共二十一條，其中有關體例方面的節錄如下〔註2〕：

（一）有關各書提要內容

（1）「《經義考》每書載序跋，體例最善，《愛日精廬藏書志》遂沿之。茲凡四庫未著錄者，宋元以上並載序跋，明本則擇有考證者載之。行款匡廓，亦詳於宋元而略於日本。」（原第四條）

按：此條說明撰寫時，參考前人的書目。

（2）「凡習見之書，不載撰人名氏，其罕見之品，則詳錄姓氏，間考爵里。」（原第二十條）

（二）收錄的原則

（1）「因以諸家譜錄參互考訂，凡有異同及罕見者，皆甄錄之。」（原第一條）

（2）「《訪古志》所錄明刊本，彼以爲罕見，而實我國通行者，……今並不載；亦有彼國習見而中土今罕遇者，又有彼國翻刻舊本而未西渡者，茲一一錄入。」（原第三條）

（三）特殊的書籍

（1）醫書：「日本醫員多博學，藏書亦醫員爲多，……故醫籍尤收羅靡遺。《躋壽館目錄》（原注：多紀丹波元堅撰）所載，今著錄家不及者，不下百種，今只就余收得者錄之。」（原第十一條）

按：《躋壽館目錄》又稱《醫籍考》，撰者應爲丹波元胤，參見《宋以前醫籍

〔註2〕見吳天任《楊惺吾先生年譜》頁80～85。

考》頁 1421。

（2）佛典：「日本崇尚佛法，凡有兵戈，例不毀壞古刹，故高山寺、法隆寺，二藏所儲唐經生書佛經，不下萬卷，即經史古本亦多出其中。今茲所錄，仿《舊唐書藝文志》之例，收諸家之爲釋氏而作者，其一切經雖精妙絕倫，皆別記之。」（原第十二條）

（3）朝鮮刊本：「日本頗多朝鮮古刻本，皆明時平秀吉之役所掠而來。如《姓解》、《草堂詩箋》等書，余詢之朝鮮使臣，並稱無傳，且云秀吉之亂，其國典籍爲之一空。然則求朝鮮逸書者，此地當得半矣。」（原第十三條）

　　按：平秀吉即豐臣秀吉（西元 1536～1598）。

（4）日韓人著作：「日本學者於四部皆有撰述，朝事丹鉛，暮懸國門，頗沿明季之風。然亦有通才樸學、卓然可傳者，反多未授梓人（原注：如狩谷之《和名類鈔箋》、丹波之《醫籍考》），擬別爲《日本著述提要》，故茲皆不列入。其有采錄古書、不參彼國人議論者，如《醫心方》、《和名類聚》之類，皆千年以上舊籍，尤爲校訂之質，故變例收之。至若朝鮮爲我外藩，《桂苑筆耕集》已見於《唐志》，今茲亦隨類載入。」（原第十六條）

　　按：《醫心方》，日本古代名醫丹波康賴〔註3〕撰，《訪書志》卷十著錄。《和名類聚鈔》，朱雀天皇承平中（931～937）源順撰，《訪書志》未收。

（四）年號表

　　「古鈔及翻刻本多彼國題記，其紀元名目甚繁，若必一一與中土年號比較詳注，則不勝其冗，今別爲一表，以便考按。」（原第二十一條）

二、現行訪書志的狀況

　　觀察現行的廣文書局《書目叢編》本《日本訪書志》，其體例爲：四冊，十六卷，共 1062 頁。卷一至卷四爲經部，卷五至卷七爲史部，卷八至卷十一爲子部，卷十二至卷十六爲集部。共著錄凡二三五部，其中卷十一的《姓解》一條重出，故實際爲二三四部。各卷的分類排列也並不周密，如《類聚名義鈔》十卷，是字書，應該排在卷三開始的小學類中，卻附在卷二之末；《龍龕手鑑》八卷，也是字書，卻沒有和《說文五音韻譜》、《漢隸字源》等排在一起，雜在《禮部韻略》、《韻鏡》等韻

〔註3〕丹波康賴，又名宿彌，其祖先相傳爲漢靈帝之後，應神天皇時（三世紀末）避亂渡日，居於丹波國，因以爲姓。康賴精醫術，官鍼博士。天元五年（982）著《醫心方》三十卷，以《巢氏諸病源候論》爲綱，捃摭隋唐方書百餘家，具列於下，故有輯佚之效。江戶時醫家多紀氏一族，即出於其後。

書之中。又如卷十五、十六本來列的都是佛經類，卻摻入了《文鏡秘府論》、《蔡中郎集》和《分類補注李太白詩集》等文學類的書（應歸入集部）。這種情形，推測可能是當初採用隨校隨刻的方式成書，沒有顧及次序的問題。此外，現行本沒有緣起中所計劃編製的〈年號對照表〉，甚至也沒有總目錄，查檢甚為不便。

三、各書提要的內容

楊守敬在〈訪書志緣起〉中，只是大概說明撰寫的原則，至於各提要中的項目有那些，並未列舉。現在分析各題記的內容，大致有如下幾項（舉卷一卷二各書為例）：

（一）說明版式：

如卷一明刊本《詩外傳》：「每卷題《詩外傳》，無韓字，惟卷首錢惟善序題有韓字。序後有『吳都沈辨之野竹齋校雕』篆書木記。首行題詩外傳卷第一，次行題韓嬰二字。每半葉九行，行十七字，大如錢，左右雙邊。」

（二）考證源流：

如卷一南宋刊《春秋經傳集解》條下云：「蓋興國舊版始于紹興鄭仲熊，只有五經；聞人（模）重刊左傳，並修他版，亦只五經；至于氏始增刻九經，其五經經注文字雖仍舊本，而增刻釋文句讀，故同為興國本而實非一本也。」

（三）校勘異同：

如卷一舊鈔卷子本《春秋左氏傳》殘卷條下云：「石山寺藏本。癸未春，日本印刷局借得，欲石印，余得往讀之。相傳為唐人筆，書法精美，紙用黃麻，信奇蹟也。注文腳多也字，余別有詳校本，今錄其最異者。」云云，以下列出異文共二十二處。

（四）著錄佚文：

如卷二日本刊《中庸章句》條下云：「板心有『倭版四書山崎嘉點』八字，此四書中之一種也。山崎氏為此間宋學名儒，其所據當是宋槧精本。末有朱子跋一篇，為諸本所無，亟錄出於左。」

按：山崎嘉（1618～1682），字敬義，號闇齋，江戶初期儒學家，專治朱子學，以為朱學與神道有相通之處。

（五）評論得失：

如卷一影宋本《尚書釋音》條，長達六頁多，其中一半以上是指陳此書的疏誤。先說「此書非陸氏之舊，乃宋人之書」，又說「陳鄂不學至此，而以刪定通儒之書，豈非千古恨事」，似乎批評得一文不值。但後面又與通行的盧文弨校本互勘，

指出許多處是「此皆勝於盧本者也」，並不抹殺它的長處。有趣的是，這書後來雖然仍收入了《古逸叢書》之中，但楊守敬還是毫不客氣的加以批評，顯示了他「雖名公鉅卿，毫不假借」的耿直性格。

（六）註明來源：

　　如卷一日本覆刊宋本《春秋經傳集解》條下云：「余從森立之得此書，立之自有跋，稱此書爲市野光彥舊藏，後歸澀江道純。是二人皆日本舊藏家。」

四、訪書志的特色

（一）在藏書目錄之外，別樹一格

　　訪書志與歷來的藏書目錄、解題目錄等，最大的不同之處有：

（1）限定範圍—所著錄者以在日本所見、所得的書爲主，故冠以《日本訪書志》之名。

（2）所著錄者不僅爲所藏之書，也有知見之書，等於是海外文獻的調查報告。如卷四日本古鈔《一切經音義》條末云：

　　　　余於癸未（1883）嘉平月十四日，因舊局長町田久成始得見之，意

　　欲影鈔之，以歸期迫不及待而罷，僅摹其首葉款式，入之《留眞譜》中，

　　然耿耿於心未能釋也。書以告後之渡海者，其勿忽諸！

　　按：楊氏在《訪書志緣起》中曾計劃「凡非目睹者，別爲待訪錄。」可惜後來的刊本中並未如此作。

（二）引用許多日本資料

　　因《訪書志》所著錄的都是在日本所見所得的書，又有許多日本人的著作，當然在考證時，需要引用日本方面的資料，《訪書志》中引用的日本書籍有：

（1）吉田篁墩《近聞寓筆》（卷二宋刊本《論語集解》）

（2）藤原貞幹《好古日錄》（卷十一古鈔本《蒙求》）

（3）《日本國見在書目錄》（卷三日本古鈔《玉篇》殘本）

（4）《日本皇統紀略》（卷四舊鈔本《淨土三部經音義》）

（5）《征韓偉略》（卷六日本刊《懲毖錄》）

（6）《類聚國史》（卷十二古鈔《文選》殘本）

（7）《倭名類聚鈔》（卷十二古鈔《文館詞林》殘本）

（8）空海《文鏡秘府論》（卷十二元刊《河嶽英靈集》）

（9）《弘法大師傳》（卷十五古鈔本《文鏡秘府論》）

（10）《日本書紀》（卷十六古鈔卷子《須賴王經》）

（11）森立之《經籍訪古志》（卷十舊鈔《普濟本事方》）

按：楊氏引用此書甚多，蓋日本訪書即以此書爲津梁也。

（三）具有國際外交的意識

　　楊守敬基本上雖是傳統的讀書人，從事研究的學問，也是傳統的金石、目錄版本等，甚至他的地理學，也是考證學派的舊地理，不是西學輸入的新地理。但他在光緒六年到十年，擔任駐日公使隨員，畢竟和外國人士有所接觸，對於國際局勢也有相當的了解，和清末許多保守固執，昧於時勢的士大夫，有著很大的不同。在《訪書志》裡，有時透露出對外交事務的關心，在以往的任何書錄裡是見不到的。現具錄如後：

（1）卷四影宋本《景祐天竺字源》七卷：「邇來西洋文字頗有精者，而印度梵筴雖釋子亦多略之，竊惟數十百年後，印度亦必多交涉之事，則此書又何可聽其若存若亡哉？」

（2）卷六翻朝鮮本《東國史略》六卷：「方今朝鮮爲我外藩最要之區域，俄人俯瞰於北，日本垂涎於東，英法各國又皆與之互市立約，幾成蜂擁之勢。則欲保我邊陲，尤宜詳其立國本末而資我籌策，此葆初大令所爲亟謀刻此書之意，固不徒侈見聞爲考列史外傳之助也！」

（3）卷六鈔本《華夷譯語》不分卷十三冊：「今泰西之語遍於寰中，而環衛我中國者或反少解其語，一旦有事，不慮隔閡乎？此亦當今必要之書也。」

　　雖然在今天看起來，將古人編寫的書當作外交工作的依據，並不是高明的見解，但在當時的環境中，也是很難得的了。

五、訪書志的續補

　　楊守敬在《訪書志》的自序中說得很清楚：

　　　　歸後赴黃岡教官任，同好者絕無其人，此稿遂束高閣。而遠方妮古之士，嘗以書來索觀其目，因檢舊稿，塗乙不易辨。時守敬又就館省垣，原書多藏黃州，未能一一整理，乃先以字書清晰者付書手錄之，釐爲十六卷，見聞之疏陋，體例之舛錯，皆所不免；又其中不盡罕見之書，而驚人秘笈尚多未錄出者。良以精力衰頹，襄助無人，致斯缺憾。倘天假之年，或當并出所得異本，盡以告世人也。

可見《訪書志》所著錄的題記，並非全部，較之序中所云「久之得廿餘冊」也相

差很多。民國五年，楊氏孫楊先梅（字嶺蓀），曾收集楊氏生前部分題跋眞跡，名爲《鄰蘇老人手書題跋》，石印行世。共收四十三篇，但大部分是有關金石、書法的，其中只有〈北齊人書左氏傳跋〉一篇，是訪書的題記〔註4〕。民國十六年，在故宮博物院圖書館工作的王重民（字有三，1903～1975），利用整理圖書的機會，鈔出楊氏題跋若干種，又參考張氏《適園藏書志》、《晦明軒稿》、《古逸叢書》等，共輯得四十六種不見於《訪書志》的題記，於民國 19 年，由中華圖書館協會出版，稱爲《日本訪書志補》〔註5〕。此次筆者在撰寫論文期間，也陸續發現一些不見於兩志的題記，著錄於後，以供參考。題記內容，見本書附錄一。

（一）現藏於故宮博物院者：

    （1）《唐才子傳》十卷一冊（日本刊本）

    （2）《唐才子傳》十卷二冊（日本慶長間活字本）

    （3）徐幹《中論》二卷二冊（明嘉靖乙丑杜恩刊本）

    （4）《重廣補注黃帝內經素問》二十四卷五冊（明嘉靖間覆宋刊本）

    （5）《松石山房印譜》六卷六冊（日本刊本）

    （6）《韻府群玉》二十卷十冊（元刊黑口十行本）

    （7）《群書治要》五十卷二十五冊（日本天明丁未刊本）

    （8）《名公妙選陸放翁詩集》十卷一冊（日本翻元大德本）

    （9）《晞髮集》十卷四冊（日本鈔本）

（二）現藏於中央圖書館者：

    （10）《附釋音春秋左傳注疏》存三十卷六冊（元刊明修補本）

    （11）《重廣補注黃帝內經素問》二十四卷十冊（明嘉靖間顧從德覆宋本）

    （12）《新刊婦人良方補遺大全》存十六卷三冊（明天順八年刊本）

    （13）《山海經》十八卷三冊（明嘉靖間翻宋本）

    （14）《重廣眉山三蘇先生文集》存三卷一冊（宋紹興董氏刊本）

〔註4〕此書臺北學海書局民國 68 年曾影印行世。

〔註5〕王氏所輯，據筆者所見，只有在故宮博物院圖書館有一本影印本，模糊不清，原本一直遍尋不得。此外，王氏曾在《圖書館學季刊》第二卷第三期刊布過其中的二十九篇。但依筆者詳細核對，其中「清刊本巢氏諸病源候論」、「元刊本經史證類大觀本草」、「明刊本文章正宗」三則，實與《訪書志》已著錄者完全相同；「明刊本分類補注李太白詩」亦見於《訪書志》，而內容較簡，故嚴格而論，王氏所輯只有四十二篇而已。

第二節　目錄與版本

一、目錄學

（一）書目排列略依四部而有所更易

　　自清乾隆年間完成《四庫全書》，確定四部四十四類的規模以後，成爲後來公私簿錄一致遵循的標準。例如丁氏兄弟的「八千卷樓」，其藏書的部居分類，完全依照《四庫全書總目》的成規，不敢稍有變動。但當時對四部分類不滿意，想要自闢徯徑的也大有人在。例如孫星衍編的《孫氏祠堂書目》，就分爲十二類，不遵四部成法〔註6〕，將各類之間自行調整分合的就更多了。楊守敬的《日本訪書志》，其書目排列大致依照四庫總目，也稍作更動。其差異的情況是：

　　1、佛經類集中在一起，排列於最後，不列入子部。即卷十五、十六爲「釋家類」。

　　2、集部中，總集類列在別集類之前。

　　3、史部中，雜史類的《國語》、《國語補音》列在正史類的《晉書》、《五代史記》等之前。

　　4、子部參差較多，其情形如下：

　　　　（1）小說家類列於醫家類之前。

　　　　（2）道家類列於最前，是爲最大不同。

　　　　（3）《荀子》爲儒家類、《墨子》爲雜家類，也都沒有依次排列。

　　5、《一切經音義》、《淨土三部經音義》等，雖名爲經，實際於聲韻之學助益最多，故列入經部小學類。

　　此外，各別書目排列與四庫總目不同的就更多了。如《夢溪筆談》之列於《緯略》之前，《帝範臣軌》之列於《貞觀政要》之前等，或許因隨校隨刻，並無深意。

（二）引用前人書目以考證

　　《訪書志》引用目錄書的書目（每種舉一例以明之）：

　　　　（1）《四庫全書總目提要》（引用最多，且有訂正，詳見本章第四節）

　　　　（2）張金吾《愛日精廬藏書志》（卷四《魁本排字通併禮部韻略》）

　　　　（3）晁公武《郡齋讀書志》（卷六宋刊《大唐西域記》）

　　　　（4）陳振孫《直齋書錄解題》（卷五日本刊《帝範》）

〔註6〕見許世瑛《中國目錄學史》頁213。

（5）錢曾《讀書敏求記》（卷一元刊《春秋集傳釋義》）

（6）《崇文總目》（卷五日本刊《臣軌》）

（7）《孫氏祠堂書目》（卷一明刊《詩外傳》）

（8）蔣光煦《東湖叢錄》（卷四宋刊《集韻》）

（9）黃虞稷《千頃堂書目》（卷四元刊《韻府群玉》）

（10）阮元《四庫未收書目》（卷七明萬曆本《武經直解》）

（11）《陸氏藏書記》（卷七北宋本《齊民要術》殘本）

　　　　　按：即陸心源《皕宋樓藏書志》

（12）《拜經樓藏書志》（卷七日本鈔《本圖繪寶鑑》）

（13）《中興館閣書目》（卷八明刊本《酉陽雜俎》）

（14）趙希弁《讀書後志》（卷九宋刊本《本草衍義》）

（15）莫子偲《宋元書目》（卷十三日本刊《中州集》）

（16）《澹生堂書目》（卷十四日本刊《和靖先生詩集》）

（17）《天祿琳瑯書目》（卷十六明刊《分類補注李太白詩集》）

（18）森立之《經籍訪古志》（卷十二日鈔本《文館詞林》）

此外，訪書志中亦屢引及《唐志》、《隋志》等，茲不具錄。

（三）引用前人書目以定卷數分合

古書因流傳久遠，往往面目全非；而到手的書究竟是否為全帙，唯有由前人藏書目錄推求。《訪書志》中引用書目以定卷帙分合者如：

（1）卷一元刊本《伊川易解》：「按：《東都事略》、《書錄解題》並云：易傳六卷，而《文獻通考》及《宋志》均作十卷（原注：宋志傳九卷、繫辭解一卷），《二程遺書》則併為四卷，惟錢遵王《敏求記》載有六卷本。其參差之故，或謂當時本無定本，故所傳各異，而其實非也。余謂遺書之四卷為明人所併，端臨之十卷蓋據當時坊刻程朱傳義合刊云然，而《宋志》因之，非別有所傳鈔本也。……蓋自宋董楷有《周易傳義附錄》十四卷，坊賈遂以朱子所定之古文從程傳，而以程傳之卷第從本義，又刪其所載異同，而二書皆失本真。而二書又互相攘奪，近世《本義》有重刊吳革本，始復朱子之舊，而程傳原本終不可見。」

（2）卷七宋刊《莊子注疏》殘本：「按：玄英之書雖名為疏，其實不為解釋郭注而作，故其書中往往直錄郭注，不增一辭。原書三十卷，本自孤行，後人多所分併，有稱十二卷者（原注：新舊唐志、通志略、文淵閣書目、蕭竹堂書目），有稱三十三卷者（原注：郡齋讀書志、玉海、文獻通考、世善堂書目。

按：此以每篇為一卷），有稱三十卷者（原注：書錄解題。按：此與原序合），有稱二十卷者（原注：讀書敏求記，述古堂書目亦同）。此本十卷，與《宋志》合，然亦合疏於注者，依郭注卷第，非成氏原卷如此也。」

（3）卷十二元刊本《河嶽英靈集》：「按此書《唐宋志》幷二卷，《崇文總目》一卷，《書錄解題》二卷，此本序文亦只二卷，而書實分上中下三卷，與毛氏汲古閣刊本同，當是後人所分。按日本僧空海《文鏡秘府論》引此序作三十五人二百七十五首，《文苑英華》所載序文亦云三十五人一百七十首（一當二字誤），至陳振孫《書錄解題》稱二十四人二百三十四首，此本序及毛本序皆同，而實數之只二百二十八首，當是北宋已有佚脫，故《崇文總目》只一卷。今雖分三卷，而人數詩數皆減，又非陳振孫所見本也。」

（四）引用前人書目以考訂本書之誤

（1）卷五宋刊本《史略》：「又如既據《新唐書》，錄劉陟《齊書》十三卷爲齊正史，又據《隋志》，錄劉陟《齊記》十三卷爲齊別史；既出范質《晉朝陷蕃記》四卷，又出范質《陷蕃記》四卷，而不知皆爲一書。」

（2）卷八明刊本《大唐新語》十三卷：「唯自唐以下諸家著錄皆稱《大唐新語》，此本劉肅自序首題《唐世說新語》，序文中亦有《世說》二字，最爲謬妄。」

（五）由前人書目考訂今本的存佚情形

（1）卷五日本寬文八年刊《帝範》：「唐太宗帝範，《新舊唐志》並四卷，賈行注。又《舊唐書》敬宗本紀有韋公肅注，是唐時已有二注。《崇文總目》、《書錄解題》並稱一卷，豈爲無注之本與？晁公武《讀書志》僅載六篇，則顯然闕佚其半。四庫著錄從《永樂大典》本鈔出，據元吳萊稱征雲南時所得，其注文頗繁冗，中有引呂東萊之言，則非賈韋二注明矣。」

（2）卷十二古鈔《文館詞林》殘本：「阮文達據《唐會要》：垂拱二年，于《文館詞林》內采其詞涉規誡者，勒成五十卷，賜新羅國王，因謂當時頒賜屬國之本，原非足冊。今考藤原佐世《見在書目》，有《文館詞林》一千卷，又源順〈倭名類聚鈔序〉云：《文館詞林》一百帙，則彼國所得實爲足本。今校其所存各卷，門類繁多，不盡規誡之辭，且第六百六十五卷後有『儀鳳二年書手李神福寫』字樣，是更在垂拱以前，其非刪節之本無疑。余按宋太平興國中輯《文苑英華》，收羅至博，而此書不見采錄，故《崇文總目》僅載《文館詞林彈事》四卷，《宋史藝文志》僅載〈文館詞林詩〉一卷，是皆零殘之遺。若其全書則已爲北宋人所不見（原注：《通志略》載《文館詞林》一千

卷，僅據唐志入錄，實未見原書）。」

（六）由所見本書訂正前人載記之誤

前人著錄書目固然足以考證本書，但有時前人所誤載者，也可依據所得的原本加以訂正。舉例如下：

（1）卷六宋嘉熙三年刊《大唐西域記》：「序後題大唐西域記卷第一，又下行題三藏法師玄奘奉詔譯，又下行題大總持沙門辯機撰。……末有辯機後序。蓋玄奘奉詔譯此書，而辯機但排纂潤色之也，故晁公武《讀書志》謂玄奘撰者以此。《通志略》分玄奘、辯機爲二書，則大謬矣。」

（2）卷十元刊本《是齋百一選方》：「按此書四庫不著錄，《宋志》二十八卷，《書錄解題》三十卷。《曝書亭集》稱所藏元本僅二十卷，遂疑爲後人所選擇。然按劉承父所咨，則此爲是齋全本，解題宋志皆誤也。」

　　按：楊氏於此書提要後接附劉承父咨云：「此集已盛行於世，近得是齋全本，其爲方也一千有餘」云云，故斷定二十卷本已是全本。

（3）卷十一宋刊本《事類賦》：「閻百詩校《困學紀聞》，稱傅青主言明永樂間揚州有刊本謝承《後漢書》者，不知謝書自《崇文總目》以下皆不著錄，此已可決其爲譌言，而或猶以青主不妄言爲解。今觀此書進狀，知北宋之初博洽如淑者，已云遺逸，想百詩亦未見此狀也。」

　　按：《事類賦》，宋‧吳淑撰並注。其〈進注事類賦狀〉中云：「凡讖緯之書，及謝承《後漢書》、張璠《漢記》、《續漢書》、《帝系譜》、徐整《長歷》、《玄中記》、《物理論》之類，皆今所遺逸，而著述之家相承爲用，不忍棄去，亦復存之。」故楊氏有此評論。

二、版本學

在書錄解題中，討論版本問題，開鑑賞古書一派風氣的，首推錢曾的《讀書敏求記》，此後清代藏書家所作藏書志，幾乎都有版本項的著錄〔註7〕。《訪書志》當然也有許多討論版本問題的地方，現歸納並舉例如後。

（一）考版本時代

1、由避諱、行款、字體等辨時代（其例甚多，略舉一二以明之）

（1）卷一覆宋本《春秋經傳集解》：「立之云是覆北宋蜀本，余親質之，則以字體

〔註7〕見昌彼得先生《國立中央圖書館善本書志‧前言》。

類《爾雅》，又以不附釋音，故余覆校之愼字缺筆，知其決非北宋本。其後
借得楓山官庫所藏興國本，行款匡廓字體皆與此本同，略校數冊，文字亦無
異，乃知此本即覆興國本，特所據祖本失載考異聞跋耳。森立之未見楓山官
庫本，故不知此本原於興國。」

（2）卷三宋刊本《廣韻》：「此本字體絕似南宋，蓋不如北宋之方整，又非元本之
圓潤，雖無年月可考，固一望而知之也。」

（3）卷三日本翻宋本《爾雅注》：「松崎明復定爲北宋仁宗時刊本，然有桓遘二字
缺筆，則係南宋時補刊，其版心有重刊重開記。」

（4）卷五宋刊《五代史記》：「字畫古雅，饒有歐書化度寺筆意。間有補刊，亦端
正不苟，相其紙質雖是明代所印，然不害爲宋刻佳本。」

2、由引文、序跋、前人考證等辨時代

（1）卷五日本寬文八年刊《臣軌》：「《臣軌》二卷，《新舊唐志》、《崇文總目》並
同。此卷末題垂拱元年撰，按《唐會要》云：長壽二年三月，則天自制《臣
軌》兩卷，令貢舉人習業，停《老子》。與垂拱元年撰不合，阮文達《四庫
未收書目》遂疑此五字爲日本人妄增。余按日本楓山官庫藏本及向山黃村所
藏天正年間鈔本，皆有垂拱元年撰五字，筆迹亦相同，絕非此邦人所臆增。
竊意此書撰於垂拱，而令貢舉人習業則在長壽，《會要》第舉其制令之年耳。
又楓山本及向山黃村本均有鄭州陽武縣臣王德纂注，……余按注中所引論語
鄭注七條、孝經鄭注二條，皆他書所未引者，足見其非宋以下人。」

按：此論《臣軌》之正文及注皆出於唐人之手，非日人所僞作或竄入者，故
其末又云：「此與《帝範》體式皆原於唐人卷子鈔本，絕非從刊本翻雕
者。」

（2）卷五日本刊《唐律疏義》：「首有雍正乙卯刑部尙書勵廷儀序，以孫氏岱南閣
所刊元余志安本較之，有柳贇序而無貰冶子釋文，亦無王元亮纂例諸表，而
顧千里所舉卷三卷十七卷二十六卷二十八所載釋文刪除不盡者，此本亦同。
而目錄前多出議刊官職名氏一葉，有龍興路儒學某某，與柳贇序云刊于龍興
者合。則是此本即泰定初刊本，故疏義與纂例釋文別行，而余志安乃合而刊
之。」

3、以地理學知識定版本時代

因爲楊守敬精於沿革地理之學，所以時常運用地理知識考證版本時代，往往
有超過他人的成就。（楊氏運用地理考證金石碑版的成績參見第二章第二節。）

（1）卷六宋刊本《方輿勝覽》：「此本標題於浙西之嚴州改稱建德府，浙東路之溫州改稱瑞安府，廣西路之宜州改稱慶遠府，夔州路之忠州改稱咸淳府。按和父自序，書成於嘉熙已亥，而改嚴溫宜忠等州爲府，在咸淳元年，相去三十六年，其爲後人（按：指祝洙）改編可知。書中亦多所增添，非祝氏之舊。」

（2）卷六古鈔本《列仙傳》：「〈文賓傳〉：太邱鄉人也，前漢無太邱縣，後漢屬沛國；〈木羽傳〉：鉅鹿南和平鄉人也，（原注：平字疑衍）前漢南和屬廣平國，後漢改屬鉅鹿；又〈瑕邱傳〉：甯人也，兩漢上谷郡有甯縣，魏晉以下省廢。據此三證，似爲東漢人所作，然又稱安期先生爲琅邪阜鄉人，瑯琊無阜鄉縣，據下文兩稱阜鄉亭，則知非縣名。又〈騎龍鳴傳〉：渾亭人也，則並不著郡縣名（原注：渾亭無考）。又〈雞文傳〉：南郡酈人也，南郡無酈縣。按：南郡有郢、郜、邔三縣，未知是何縣之訛，其爲方士所託無疑。」

（二）析版本源流

　　同一書在歷代有那些不同刻本，其間異同如何，也是版本學上很重要的知識，非精於此道者，實在不容易辨明，現舉例如後：

1、析經書之源流

（1）卷一宋刊《尚書注疏》：「黃唐跋是紹熙壬子（1192），《七經考文》於禮記後誤熙爲興，阮氏〈十三經校刊記〉遂謂合疏於注在南北宋之間，又爲山井鼎之所誤也。」

　　按：山井鼎（1690～1728），字君彝，號崑崙，日本漢學者，嘗校書於足利學校，撰成《七經孟子考文》，傳入中國後，阮元等大爲嘆賞，頗采入十三經校勘記中。

（2）卷二覆刊日本正平本《論語集解》：「原集解單行之本，宋人皆著于錄，有明一代，唯閩監毛之注疏合刊本，別無重翻集解宋本者，故我朝唯惠定宇得見相臺岳氏刊本，至阮文達校注疏時，並岳本不得見焉，余以爲此不足深惜者也。觀邢氏疏集解序之語，則知其所見唯存姓削名之本，並不悟何氏原本皆全載姓名。及南宋朱子作集注，亦僅引孟蜀石經及福州寫本，論者頗惜其隘於旁徵，不知其互勘無從也。良由長興版本既行，宋初遂頒布天下，收向日民間寫本不用，雖有舛誤，無由參校，此晁公武所由致慨者。」

　　按：此論正平本論語源出六朝寫本，足以校補宋本之疏誤。

2、析韻書之源流

（1）卷三元至正刊本《廣韻》：「或疑此即陸法言之原本，謂《切韻》亦兼《唐韻》

之名，引唐志、宋志皆載陸法言唐韻五卷爲證。余檢新舊唐志皆不載法言唐韻，唯《舊唐志》有陸慈切韻五卷。法言蓋以字行（原注：《和名類聚鈔》作陸詞切韻，慧琳《一切經音義》亦云陸詞），然題爲切韻，並無唐韻之目。唯宋志有法言廣韻。宋志多謬不足據，此蓋沿《郡齋讀書志》之稱又失其意者。宋人多以切韻、廣韻、唐韻三書爲一，《困學紀聞》已辨之。……況祥符牒文云：仍特換於新名，庶永昭於成績，宜改爲大宋重脩廣韻。可知廣韻之稱，實始祥符，陳彭年以前，固不得冒此名也。」

按：此論《廣韻》一書之紛冗。楊氏在元至順本《廣韻》的提要中還有補充：

「《永樂大典》稱此本爲陸法言廣韻，殊非典據。按法言之書自名切韻，其書久亡，《崇文總目》有陸慈切韻五卷，當即法言之書，唯《郡齋讀書志》稱廣韻五卷，陸法言撰，其後唐孫愐增加字。是公武以孫愐之書，本之法言，故以標題。然屢經增改，非事實矣。……要之法言之切韻、孫愐之唐韻、重脩本之廣韻，三書同源異流〔註8〕。」

（2）卷四影宋元祐本《禮部韻略》：「是書收字既狹，解釋尤簡，其習見之字，或但有反切，且有一字不注者。蓋其初就《廣韻》刪其不經見之字，其一字數音間有收入，全爲舉人場屋之用，故稱韻略。其不直用廣韻者，緣欲考其所學。厥後因一字重疊收入者無訓解，乃爲之注釋，又以韻窄十三處，許令附近通用，此丁度景祐所詳定者。又其後孫鄂等，以其明見經傳而禮部韻不收，其一字兩音者亦不備，故又爲之增添。至毛晃之增韻、歐陽德隆之釋疑，則增字愈多、解釋愈繁，然尚未併韻，未知何時併二百六爲一百六韻，其官刊本必有條例，而今不傳。其傳者有劉文郁（按：當是王文郁之誤）、劉淵等刊本，皆不言其併韻之故，然解釋較毛歐本爲略，當源于官刊本。至陰時夫之《韻府群玉》，則繁稱蔓引，竟成類書。此禮部韻源流之大略也〔註9〕。」

3、析醫書、類書等之源流

（1）卷九元大德刊本《經史證類大觀本草》：「按此書有兩本：一名《大觀本草》，三十一卷，艾晟所序，刻于大觀二年者，即此本也。一名《政和本草》，三十卷（原注：以第三十一卷移於三十卷之前合爲一卷，而刪其所引十六家本草，義例最謬），政和六年曹孝忠奉敕校刊者。二本皆不附入寇氏《衍義》。

〔註8〕見《日本訪書志》卷三，頁 30。按：董同龢《中國語音史》頁 38～42，分析切韻系韻書之分合甚詳，可參看。

〔註9〕參見馬宗霍《音韻學通論》頁 128～132。

至元初平陽張存惠重刻政和本，始增入衍義及藥有異名者，注于目錄之下。至明萬曆丁丑，宣城王大獻始以成化重刻政和之本，依其家所藏宗文書院大觀本之篇題，合二本爲一書，卷末有王大獻後序，自記甚明，並去政和本諸序跋，獨留大觀艾晟序及宗文書院木記。按其名則大觀，考其書則政和，無知妄作，莫此爲甚！《提要》所稱大德本，及錢竹汀所錄，皆是此種。……又有朝鮮國翻刻本，一依宗文本，不增改一字，較明人爲謹飭焉。」

（2）卷十一明宗文堂本《初學記》：「今世行《初學記》以安國本爲最舊，其書刊於明嘉靖辛卯。其本亦有二：其一邊口書『九洲書屋』者，安氏原刻，即《天祿琳瑯》所載本。其一邊口書『安桂坡館』者，覆安氏本也，其書中墨丁一依安氏而較多，則刻梓人之爲。書首秦金序挖去郭禾二字。嘉靖十三年甲午，晉藩又以安本重刻，墨丁一仍其舊，而少劉本一序，有晉藩刻書引。又至萬曆丁亥，太學徐守銘又以安本覆刻，有茅鹿門序，書中墨丁皆補刊，有以所引原書校補者，有憑臆填者。又有陳大科刊本，亦安本之枝流也。又有萬曆丙午虎林沈宗培所刊巾箱本，前亦錄鹿門序而截去近代錫山云云以下，蓋借名以行世也。」

（三）定版本優劣

（1）卷一明陳鳳梧刊本《儀禮鄭注》：「森立之《訪古志》稱其與近世所行本大有異同，贊爲絕佳之本，蓋亦只就閩、監、毛注疏本校之，則此爲佳耳，固不足與嚴州本、徐氏本並論也。然脫誤雖多，取源自異，其足以與嚴州徐氏互證者正復不少。」

（2）卷三宋刊本《說文五音韻譜》：「自明萬曆戊戌兵部侍郎陳大科重刻是書，所見本亦脫仁甫序跋，遂誤認此爲徐氏校定許氏原書，而刪去《五音韻譜》之篇題，別題許愼自序、許沖上書等字，段茂堂所譏爲庸妄人者。又改許序形聲爲諧聲，歧誤後學。……余意明代無刻始一終亥之本者（原注：今著錄者所傳舊本皆宋本也），書賈或得此舊版，抽出仁甫序跋，以充大徐原本，明人罕治小學，故遂通行，而陳大科又成其錯。」

（3）卷五明嘉靖戊子仿宋刊《國語》：「自國朝黃蕘圃士禮居刻天聖明道本，而公序本遂微。不知明道本固有勝公序處，而公序之得者十居六七。即如卷一：昔我先王世后稷，公序本無王字，錢遵王、顧千里、汪小米皆以明道本有此字爲奇貨，而許宗彥云：韋解於下『先王不窋』始釋王字，則此唯云先世。可知明道本未必是，公序本未必非。」

（四）辨版本特色

（1）卷一足利活字本《七經》：「或疑其中凡近宋諱多缺筆，當是全翻宋本，是不然。蓋其刻字時仿宋本字體摹入，故凡遇宋諱，亦一例効之，實不盡據宋本。證之余所得諸古鈔本，而後知參合之跡顯然。且尙書禮記字體非仿宋本者，即不缺筆，可以釋然矣。」

（2）卷二古鈔卷子本《論語集解》：「至退朝章中注匡作匡，此亦當時宋本書流傳彼國最多，觸目皆是，故鈔胥輩亦信筆效之。即如楓山庫所藏古卷子《左傳》，確爲六朝本之遺，而所書桓字亦多作桓，蓋緣彼本亦鈔于宋末，故有此弊也。不特此也，余所見日本當宋時所鈔彼國古文書及佛經，凡匡桓字皆多作匡桓；又如慶長活本七經，實不盡據宋本，而所用活字皆缺桓、匡、貞等筆，此足見習慣不察矣。」

　　按：此論日本因無避諱之事，凡倣刻我國古書，皆照樣翻刻，故很難以其避諱字定時代，這是版本學上很特殊的現象。

（3）卷二日本古鈔卷子本《開元御注孝經》：「日本古鈔本經書，注中每多之也等字，阮校謂是彼國人所加，森立之謂是隋唐之遺。余通觀其古鈔本，唐本最多虛字，至北宋始多刪削而未盡，至南宋乃翦截八九，遂各本爲一律，頗與立之說相應。……余後見鈔本至多，乃知古鈔者因注文雙行，難於均齊字數，故往往於對行字懸空數字者，增添虛字以足之，故所增之字總在注末，而各鈔不同；其在注中者則原本皆如是，故各鈔皆同，至於經文則毫無增損。其有異同，故是隋唐之遺。」

（4）卷四宋刊玄應《一切經音義》：「憶余初至日本，與森立之遇，談及日本古鈔本注多虛字，以阮文達〈十三經校刊記〉之說，以爲日本人所爲。森立之變色言曰：此在《經典釋文》已言之，君不省之乎？余曰：《釋文》言多虛字，爲注腳某也某某也之類，非如也下安之、哉下續矣之類也，且自有刻本以後，此弊已全除之矣。立之隨即入內，取此宋板《音義》出，指數處也之哉也等處，並有也也疊刊者，因謂此非宋刻本乎？余乃歉然。厥後悟得鈔書者欲注文兩行整齊，不及細核字數排勻，故隨意以虛字填入。互詳前經部中。」

（五）附論《留真譜》

　　楊守敬在版本學上有一項可稱國人創舉的貢獻，那就是《留真譜》的刊行。原來版本學本是經驗累積的學問，誠如師長所說：「神而明之，要在多讀多看，潛

心體察。捨此而外，無他術也〔註10〕。」可見親自觀察、摩挲善本書是鑑別版本必要的基礎。但善本書並非人人可得、人人可見，於是要學習版本之學，只好借用前人親自獲得的經驗，就是各種藏書志的記載。以往的藏書志對於善本書只有文字描述，讀者終究不容易得到具體的印象，也就沒有辦法真正運用到鑑別工作上去。這個問題日本人倒先想出解決的辦法。楊守敬的《留真譜》初編自序說：「著錄家於舊刻書，多標明行格以為證驗，然古刻不常見，見之者或未及卒考，仍不能了然無疑。余於日本醫士森立之處，見其所摹古書數巨冊（原注：或摹其序，或摹其尾，皆有關考驗者），使見者如遘真本面目。顏之曰：《留真譜》，本〈河間獻王傳〉語也〔註11〕。余愛不忍釋手，立之以余好之篤也，舉以為贈。顧其所摹多古鈔本，於宋元刻本稍略，余仿其意，以宋元本補之。」可知後來出版的《留真譜》是在日本人的基礎工作上更進一步。但在國人而言，畢竟是首開風氣的。葉德輝《書林餘話》卷下就說：

> 近日楊守敬取宋、元、明版及古鈔本書，每種刻二三葉為《留真譜》，
> 可以知墨版之沿革，槧法之良窳，例至善也。

此例一開，以後繼承其法的頗多，只是不再用留真譜之名。如繆荃孫的《宋元書影》、瞿氏《鐵琴銅劍樓宋金元本書影》、江蘇省立國學圖書館《盍山書影》等，用書影之名；中央圖書館出版的《宋本圖錄》、《金元本圖錄》也是師承其意而改用圖錄之稱。此外，《留真譜》由於出版時間較早，仍然使用傳統的木刻印刷，較之後來各書的石印、照相影印等方式，在技術上自然難得多，但仍能逼近原刊，實有難得的藝術價值。而其中著錄的許多日本官藏善本，只有利用此書可以稍窺一二，再與《訪書志》的說明互相參證，不啻足不出戶而秘笈在目，實在有助於拓展版本學者的眼界。

　　《留真譜初編》刊成於光緒二十七年（與《訪書志》一起完成），二編完成於民國六年。共收書五百六十八種〔註12〕。現在較通行的，是廣文書局「書目五編」本。

〔註10〕見屈萬里先生、昌彼得先生合著《圖書版本學要略》頁72。
〔註11〕《漢書》卷五十三·〈景十三王傳〉：「河間獻王德以孝景前二年立，脩學好古，實事求是。從民得善書，必為好寫與之，留其真，加金帛賜以招之。」顏師古注：「真，正也。留其正本。」
〔註12〕此數目據通行本之目錄計算而得。

第三節　校勘與輯佚

一、校勘學

　　清儒以考據學鳴一時，其實多以校勘爲考據的基礎。羅炳綿說：

　　　　清代學者無論在經史子等方面的校注、辨僞與輯佚，所以能勝前人

　　而倍加精密者，大半因爲先求基礎於校勘的緣故〔註13〕。

楊守敬雖然不以校勘名家，而《日本訪書志》中，評論優劣，參較異同，有很多
地方是牽涉到校勘的，可供後人參考。

（一）校勘方法：

　　民國十九年，陳垣（援庵）校勘沈家本刻《元典章》，曾列舉「校法四例」，
曰：對校法、本校法、他校法、理校法〔註14〕。王先生叔岷也曾在《斠讎學》第
五章，指出校勘方法有七：一、底本古，二輔本多，三、參覈本書注疏，四、檢
驗古注類書，五、佐證關係書，六、文例熟，七、通訓詁〔註15〕。現綜合兩家結
論，分析楊守敬的校勘方法。

（1）卷一古鈔卷子本《春秋左傳集解》：「其中異同之迹眞令人驚心動魄，多與陸
　　　氏釋文所稱一本合，眞六朝舊笈也。其有釋文不載，爲唐石經、宋槧本所奪
　　　誤者，不可殫數。今第舉一二大者」云云。

（2）卷一舊鈔本《春秋左傳》：「此本不載經文，唯第三十卷載經文，其分卷與唐
　　　石經同，中缺北宋諱，當是據北宋經傳本錄出。……凡傳文多與石經及沈中
　　　賓本合，而間有與諸本絕異之處，則往往與山井鼎所記異本合，洵爲北宋善
　　　本也。」

　　　按：此兩條爲「以古鈔、舊鈔本校通行本」。

（3）卷一南宋聞人模刊本《春秋經傳集解》：「余以正誤所引十三條對校，一一相
　　　合，又以山井鼎考文照之，則彼所稱足利宋本者，亦無一不合。……且嘗以
　　　岳本互勘，皆此本爲勝；不特岳本，凡阮氏校勘記所載宋本，亦均不及之。」

（4）卷二元元貞二年刊《論語注疏》：「按今世所傳《論語注疏》，以十行本爲最
　　　古。如序解疏中『少府朱畸』，十行以下皆同，據《漢書藝文志》、《釋文序
　　　錄》並作宋畸，此本正作宋畸。若無此本，則宋朱二字竟不能定爲誰誤！又

〔註13〕見羅炳綿《清代學術論集》頁 454。
〔註14〕見陳垣《元典章校補釋例》卷六，收入《元史研究》一書。
〔註15〕見王叔岷先生《斠讎學》頁 57～106。

不逆詐章，古之狂也蕩章及叔孫武叔毀仲尼章，疏文十行有空缺，閩、監同，毛本以意補，此本獨全。又十行本以下疏中訛字，凡浦鏜及阮校疑誤者，此本皆不誤。」

按：此二條是「以宋、元本校通行本」。

（5）卷六古鈔本《列仙傳》：「此本以《文選注》、《藝文類聚》、《初學記》、《北堂書鈔》、《史記正義》、《太平廣記》、《太平御覽》等書所引校之，亦多異同。」

按：此條是「以古注、類書校勘」。

（6）卷三古鈔《玉篇》殘本：「今顧氏原本雖不得見其全，而日本釋空海所撰《萬象名義》，其分部隸字以此殘本校之，一一吻合，則知其全書皆據顧氏原本，絕無增損凌亂；又日本僧昌住《新撰字鏡》，其分部次第雖不同，而所載義訓較備，合之釋慧琳《一切經音義》、源順《和名類聚鈔》、具平《弘決外典鈔》、釋信瑞《淨土三部經音義》，皆引有野王按語，若彙集之以爲疏證，使顧氏原書與孫、陳廣益本劃然不相亂，亦千載快事也。」

（7）卷九清胡益謙刊《諸病源侯論》：「余嘗校《三因一極方》宋本，有云巢氏病源，具列一千八百餘件，蓋爲示病名也。今各本唯有一千七百二十六論；又按元張從正《儒門事親》足本，引婦人雜病帶下候曰：巢氏內篇四十四卷云云，是此書並有內外篇之目，今各本此條皆在三十七卷中，頗疑此書有殘缺。因取《外臺秘要》重校之，引有傷寒十日至十二日候，各本皆無之；又傷寒毒攻眼候，其文大異；又有重下侯，各本亦無。更取《太平聖惠方》校之，引有食癰侯，《醫心方》引有小兒鬼舐頭候，皆各本所無，然則今本果非巢氏之舊。」

按：此二條是「以關係書校勘」。

（二）校勘態度

（1）卷一影宋刊《尚書釋音》：「此書不特淺改作餞、庸改作鏞、鳥改作島、苞改作包、旄改作毛、鏐改作璆，皆深沒陸氏原文。……按此本缺愼邁等諱，又多改反爲切，是南宋刊本，首不題經典釋文卷幾，當是單行本，然改尚書音義爲釋音皆謬。又題下徐盧二本並有卷第，葉鈔本無之，或以葉鈔爲是。余謂〈大禹謨〉下注云：徐云本虞書總爲一卷，凡十二卷，今依《七志》、《七錄》爲十三卷，則陸氏原書載有卷第審矣，葉鈔及此本無卷第者非也。」

（2）卷八明翻宋本《王子年拾遺記》：「按此本雖原于北宋，而以《太平廣記》所引校之，則此遠不逮焉。」

按：此二條是「不迷信古本」。

（3）卷二正平本《論語集解》：「今星使黎公訪得原刊本上木，一點一畫，模範逼

眞，非顯有訛誤不敢校改。」

（4）卷三北宋刊《廣韻》：「余初議刻此書盡從原本，即明知其誤亦不改，以明張
氏校刻之功過。而黎公使必欲從張氏校改。」

按：此二條是「不輕易校改」。

（5）卷十二宋刊《李善注文選》：「乃知延之當日刻此書，兼收眾本之長，各本皆
誤，始以書傳校改。胡氏勘尤本，僅據袁本、茶陵本凡二本，與尤本不同者
皆以爲尤氏校改，此亦臆度之辭。」

按：此條是「輔本要多」。

（三）校勘札記

楊守敬在《訪書志》各書提要中，雖有時附以校勘記，但部頭大的書，其詳
細校勘的結果，當然無法全部刊入，所以屢屢註明「別詳札記」（如卷一古鈔卷子
《春秋左傳集解》）。楊氏的校書札記並未刊行，據筆者所知，只有在《圖書館學
季刊》上，選載過一部分〔註16〕，原稿現在不知下落。此處根據《訪書志》中標
明附有校勘札記者，列出以供參考。

卷一　古鈔卷子本《春秋左傳集解》

卷一　南宋刊《春秋經傳集解》

卷一　日本舊鈔《春秋左傳》

卷二　日本正平本《論語集解》

卷二　宋刊監本《論語集解》

卷三　影鈔宋蜀本《爾雅注》

卷三　古鈔《玉篇》殘本

卷四　宋刊《一切經音義》

卷五　日本古鈔《貞觀政要》

卷六　宋刊《大唐西域記》

卷六　日本古鈔《列仙傳》

卷七　影宋台州本《荀子》

卷八　明刊《王子年拾遺記》

卷九　宋嘉定何氏本《脈經》

卷十一　日本舊鈔《秘府略》殘本

卷十四　明黃燁然刊《孫可之集》

〔註16〕如《圖書館學季刊》二卷四期〈史略校刊劄記〉、三卷三期〈玉燭寶典劄記〉。

卷十四　宋刊《竹友集》

二、輯佚學

輯佚與校勘，實為一事的兩面，直言之，即為恢復古書的真面目也（王先生叔岷語）。近人劉咸炘曾說：「輯書，非易事也，非通校讎，精目錄，則譌舛百出〔註17〕。」這是說校勘為輯佚的初步基礎。又如前面說到校勘往往利用古注、類書，而輯佚的寶庫之一也正是古注、類書！近人張舜徽歸納輯佚的途徑有五：

> 一、取之唐宋類書，以輯群書。二、取之子史及漢人箋注，以輯周秦古書。三、取之唐人義疏，以輯漢魏經師遺說。四、取之諸史及總集（如《文苑英華》之類），以輯歷代遺文。五、取之一切經音義（以慧琳音義為大宗），以輯小學訓詁書〔註18〕。

楊守敬作《日本訪書志》，本來是以「搜羅放佚」為志（見〈訪書志緣起〉），自然有許多輯佚的成果，現舉例說明。

（1）卷八古鈔卷子《世說新語》殘卷：「自規箴篇孫休好射雉起，至張闓毀門止，其正文異者數十字，其注異文尤多，所引〈管輅別傳〉多出七十餘字。竊謂此卷不過十一條，而差異若此，聞此書尚存二卷在西京，安得盡以較錄，以還臨川之舊，則宋本不足貴矣。」

（2）卷七古鈔本《列仙傳》：「按世說注云七十二人，李石《續博物志》及《書錄解題》並同。葛洪〈神仙傳序〉亦云七十餘人（原注：或云七十一人，誤），此本只七十人，或以江妃二女為二人，然亦只七十一人。考《御覽》三十八引《列仙傳》曰：王母者神人也，人面蓬頭髮，虎爪豹尾、善嘯穴居，名西王母，在崑崙山中。又三十九卷引《列仙傳》曰：馬明生從安期先生受金液神丹方，乃入華陰山中，合金神丹昇天也。合此恰當七十二人之數。」

按：此兩條為「由古注、類書中輯佚」。

（3）卷四翻高麗藏本《慧琳音義》：「按唐人景審原序，稱此書取音於《韻英》、《考聲》、《切韻》，而以《說文》、《玉篇》、《字林》、《字統》、《古今正字》、《文字典說》、《開元文字音義》七家字書釋誼，七書不該，百氏咸討。今就此書覆審，如張戩《考聲集訓》、《古今正字》、《文字典說》、《文字釋要》等書，并隋唐志所不載；又如武玄之《韻詮》、陳庭堅《韻英》、諸葛穎《桂苑叢珠》，

〔註17〕張舜徽〈關於搜集佚書的問題〉引。《中國圖書文獻學論集》，頁332。
〔註18〕同上註，頁331。

雖見於著錄家，而他書亦罕徵引。又如引《說文》則聲義並載，引《玉篇》則多野王按語，引《左氏傳》則賈逵注、引《國語》則唐固注、引《孟子》則劉熙注，此外佚文秘籍不可勝記，誠小學之淵藪、藝林之鴻寶。」

按：此條爲「由《一切經音義》中輯佚」。

（4）卷十二《文館詞林》殘本：「按宋太平興國中輯《文苑英華》，收羅至博，而此書不見采錄，故《崇文總目》僅載《文館詞林彈事》四卷，《宋史藝文志》僅載《文館詞林詩》一卷，是皆零殘之遺，若其全書已爲北宋人所不見（原注：《通志略》載《文館詞林》一千卷，僅據《唐志》入錄，實未見原書）。此十四卷中雖略有見於史書文選及本集者，而其不傳者十居八九，可不謂希世之珍乎？」

（5）卷十三日本古鈔《文鏡秘府論》：「此書蓋爲詩文聲病而作，彙集沈隱侯、劉善、劉滔、僧皎然、元兢及王氏、崔氏之說，今傳世唯皎然之書，餘皆泯滅。……至其所引六朝詩文，如顧長康〈山崩詩〉、王彪之〈登冶城樓詩〉、謝朓〈爲鄱陽王讓表〉、魏定州刺史甄思伯〈難沈約四聲論〉、沈約〈答甄公論〉、常景〈四聲贊〉、溫子昇〈廣陽王碑〉、魏收〈赤雀頌〉、〈文宣諡議〉、邢子才〈高季式碑〉、劉孝綽〈謝散騎表〉、〈任孝恭書〉、何遜〈傷徐主簿詩〉三首、徐陵〈橫吹曲〉、〈勸善表〉、〈定襄侯表〉；其所引唐人詩尤多秘篇，不可勝舉。又引齊太子舍人李節《音韻決疑》，亦《隋書經籍志》所不載。」

按：此二條爲「由總集所引輯佚」。劉善爲劉善經之誤，李節爲李概之誤，詳見第五節。

（6）卷十影刊古鈔卷子本《醫心方》：「其書仿王燾《外臺秘要》，所引方書有但見於《隋志》者，有不見於隋唐宋志，但見於其國《見在書目》者，亦有獨見於此書所引，不見於著錄家者。即爲常見之書而所見之本大異者，如廿七卷中引嵇康〈養生論〉，多溢出於今本之外，則知《文選》所載爲昭明刪削，康賴選錄，當是《叔夜集》中原本。」

按：此爲「自醫書中輯佚」。

（7）卷二日本刊《中庸章句》：「山崎氏爲此間宋學名儒，其所據當是宋槧精本，末有朱子跋一篇，爲諸本所無，亟錄於左。」

（8）卷四影宋刊《集韻》：「此本則淳熙重刻本也。丁度、章得象兩葉官銜俱已見蔣光煦《東湖叢錄》，特錄田世卿跋於左。」

（9）卷四影宋元祐刊《禮部韻略》：「《提要》著錄係錢保赤影宋本，當無丁度劄子，今錄於後。」

（10）卷七明弘治本《道一編》：「此書四庫著錄在存目中，稱其不著撰人名氏。因陳建《學蔀通辨》中有程篁墩著道一篇云云，知爲程敏政作，今是本篇首明有敏政自序，四庫本缺之耳。今錄于左。」

　　按：以上各條皆是「由異本中輯錄佚脫之序跋」，此外，卷五古鈔本《貞觀政要》，輯錄通行本所缺之佚文十二篇（其他同異之處也甚多）；卷七影宋本高似孫《緯略》，輯錄高氏自序及佚文七條。凡此都是由不同版本中輯佚，是輯佚最基本的辦法，在《訪書志》中所見也最多，此不具錄。

第四節　對《四庫全書總目提要》的補正

　　清代乾隆朝編纂《四庫全書》完成後，不但確立四部分類的正統地位，因修書而附帶產生的《四庫全書總目提要》，由於內容精博，足以辨章學術、考鏡源流，成爲學者治學入門的津梁。張之洞即告誡弟子說：「將《四庫全書總目提要》讀一過，即略知學術門徑矣〔註 19〕。」然而提要一書，因爲撰成於少數學人之手，受到個人識見、學術門戶、資料來源等等限制，加上時間倉促，實在也包含著不少謬誤和缺失，有待後人的補苴醇漏。但是在清代的專制政體下，有志從事訂補工作的學者，往往只能將成果記錄在日記、文集、筆記或藏書志中。

　　楊守敬在《日本訪書志》裡，時常徵引提要的材料，有時也會根據所見的新資料，對提要疏誤之處加以訂補，因數量不多，具錄於後，以供參考。

一、辨作者或成書年代

（1）卷四元刊《韻府群玉》：「《提要》錄此書，云是大德間刊本。今考時夫之父陰竹野序，爲大德丁未；陰復春序爲延祐甲寅；陰勁弦序雖不書年月，而言其書成時其父已沒，是大德間此書尚未成，安得有刊本？則所云大德本者，意斷之說也。」又云：「不知《提要》何緣以中夫爲時夫之弟？豈以標題時夫居中夫之前乎？又足見所見本無陰氏昆弟二序也。……今合序與標題參互考之：陰竹野未詳其名，陰時夫爲竹野之季子，名幼達，字時夫，以字行，遂別字勁弦；陰中夫爲時夫之兄名勁達，字中夫，以字行，又別字復春。其書爲時夫所作，其注爲中夫所作，故標題弟居兄前。」

（2）卷五影南宋本《諸病源候論》：「按《提要》所云：《隋志》五卷，五下脫十

〔註 19〕見張之洞《輶軒語‧語學》。

字，至確。又稱吳與巢同撰此書，今以宋本照之，題爲元方等撰，與晁公武《讀書志》所稱合，足見此書非元方一人之力。唯吳景賢之名已見《隋書·麥鐵杖傳》，提要疑賢爲監之誤，未免失之。」

（3）卷十一舊鈔本《蒙求補注》：「李瀚爵里雖未詳，而首有李華一序，即李良之表明著天寶八年（原注：此二篇提要本想缺佚）。乃《提要》既引李匡乂《資暇集》稱宗人瀚作《蒙求》，知爲李勉之族，又引《五代史》桑維翰傳，有好飲酒之李瀚，定題爲晉人，是幷李匡乂亦晉人矣！最爲矛盾。」

（4）卷十一宋刊明印本《錦繡萬花谷》：「《提要》據序文稱淳熙十五年編爲三集，而紀年類、誕節類並稱理宗爲今上，定爲書肆所附益。今細核之，殊不然。若果淳熙中其書已成三集，則每集每類必無重複，何以前集所分之類，後集續集別集亦大半同之？比勘之實是前集有不盡者，復載於後集，續集別集皆然。余意其人初成此書，只前集四十卷，後屢增屢續，遂有四集。初集之成在淳熙，至續別集之成已至端平之代。其前集紀年有理宗之號，當時或補刊、或挖版，皆不可知。」

（5）卷十二舊鈔本《篋中集》：「《提要》稱沈千運〈寄秘書十四兄〉一首，較《河嶽英靈集》所載爲勝。按此詩是王季友寄韋子春，毛本亦同。《河嶽集》雖稱秘書十四兄，而亦爲王季友詩，何不細檢，乃以屬沈千運也？」

二、辨版本之異同

（1）卷三元至順刊本《廣韻》：「《提要》稱二十一殷不作二十一欣；殷獨用，不作與文通，皆與此本合。又稱匡字紐下十三字皆闕一筆，避太祖諱，其他則不避，此本亦與所說合。……《提要》又稱東字下舜七友訛作舜之後，此本作七友不誤，足知明德堂本又不如此本之善也。」

（2）卷十一明萬曆刊《書敘指南》：「《提要》載此書與此合，唯所據雍正三年金滙刻本，稱自靖康版毀以來，五六百年若隱若顯，不言明代有嘉靖、萬曆二刻，則此本流傳不廣，金氏未之見，《提要》亦未之見也。」

三、辨篇目次第之異同

（1）卷八明刊本《酉陽雜俎》：「《提要》云：段氏自序凡三十篇，爲二十卷。今自忠志至肉攫部凡二十九篇，尚闕其一，遂疑語資篇後當有破蝨錄一篇。今以此本校稗海本，第四卷禍兆篇下，此本有物革一篇，津逮本亦有之，目錄則無。蓋稗海本禍兆篇共十條，此以前四條爲禍兆，而以後六條爲物革。觀後六條皆言物變，並無禍患，《提要》所錄亦同稗海本，故有破蝨一疑。」

（2）卷十四明刊本《犁眉公集》：「此集五卷，首雜文，次樂府，次詩，猶爲原刊。《提要》稱此集爲二卷者，亦誤也。」

四、辨提要之評論

（1）卷三宋刊本《玉篇》：「按《提要》據曹棟亭所刊本，前有大中祥符牒（原注：余所見元明刊本皆有此牒），而張氏刊本無之（作者按：指張士俊澤存堂本），遂謂是張氏所刪而詭稱爲上元本，幷謂竹垞一序以未見其書而漫題之。今按：竹垞序明云借毛氏宋槧元本以屬張氏，又明云張氏書刊成求序。是則宋槧張刻，皆竹垞所目見。今以此本照之，一一吻合，是則刪除牒文亦係宋人。謂竹垞誤以大中祥符本爲上元本可也，謂爲張氏刪牒作僞不可也。」

（2）卷四元至正刊《增脩互注禮部韻略》：「《提要》詆其不知古今文字之別，又不知古今聲韻之殊，摘其東字紐下不應增桐字，同字紐下不應增重字，先字紐下不應增西字，煙字紐下不應增殷字，謂其不古不今，殊難依據。余謂此事難言，若謂不應以假借入本文，則《禮部韻》中兩音之字，以假借而分隸，不可勝紀；若謂不應以古音入律詩，則自《廣韻》以來至今韻，其中與今俗方音不合者甚多，而今之方音與古音合者尤難枚舉！毛氏不依附《廣韻》，於舉世不談古音之日，能采取古音以增入此書，可謂特出。」

五、其他補充訂正

（1）卷七明洪武刊《書史會要》：「《提要》因孫作小傳爲九卷，遂疑原本以書法共爲一卷，而以重刊本之補遺別爲卷者，爲朱謀㙔之子統鉣所分，不知原本補遺本各爲卷，孫作小傳所載未詳言之耳。」

（2）卷十日本影宋本《外臺秘要方》：「唐書〈王燾傳〉有視絮湯劑語，《提要》謂視絮二字未詳。按〈曲禮〉：勿絮羹，鄭注：絮猶調也；釋文：絮、勑慮反，謂加以鹽梅也。則視絮即調劑之義，非誤字。」

（3）卷十四元刊《集千家注杜詩》：「《提要》稱篇中所集諸家之注眞膺錯雜，蓋指僞東坡注而言。不知此編絕不載東坡注，劉將孫序已明言之，《提要》未見劉序，又未暇細核全書，故意此千家注中必有東坡注，遂漫爲此說也。」

第五節　後人對訪書志的徵引與訂正

　　楊氏的《日本訪書志》，由於成書時間較晚，在當時並未受到普遍重視〔註20〕，

但以其體裁特殊，又頗能開國人眼界，逐漸的也引起不少注意。後人對《楊志》的徵引，有時附帶加以訂正其謬誤，現以筆者所見聞者，依序列出，不復分別。

一、葉德輝《書林清話》

據筆者所知，對《訪書志》有所徵引及批評最早的是葉德輝的《書林清話》。葉氏此書完成於宣統三年，據其自序：

> 往者宗人鞠棠編修昌熾，撰《藏書紀事詩》七卷……顧其書限于體例，不及刻書源流與夫校勘家掌故，是固覽者所亟欲補其缺略者。

可見其動機在於補充葉昌熾《藏書紀事詩》對版刻源流及書林掌故敘述的不足，所以常常引用各家藏書目。自序云：

> 既撰〈藏書十約〉，挈其大綱，其有未詳者，隨筆書之，積久成帙，逾十二萬言，編爲十卷，引用諸家目錄題跋，必皆注明原書。

《書林清話》卷一「古今藏書家紀版本」條，即列出清代各家書目，多見於以後各文中徵引，其中列有楊守敬《日本訪書志》及《留眞譜》。按：葉氏在《書林清話》中對楊氏頗有譏評，甚至可說是人身攻擊，如卷十「日本宋刻書不可據」條云：

> 楊從遵義黎純齋星使庶昌爲隨員，曾代其刻《古逸叢書》，内如《太平寰宇記補闕》六卷，實出僞撰。……又所著《日本訪書志》中載卷子本佛經各種，大半近百年内高麗舊鈔，至《留眞譜》誤以明繙宋刻爲眞宋本之類，殆如盲人評古董，指天畫地，不值聞者一笑。

同卷「近人藏書侈宋刻之陋」條云：

> 至宜都楊守敬，本以販鬻射利爲事，故所刻《留眞譜》及所著《日本訪書志》，大都原翻雜出，魚目混珠。蓋彼將欲售其欺，必先有此二書，使人取證，其用心固巧而作僞益拙矣。

今查《書林清話》中，徵引《訪書志》者有四十處，引《留眞譜》者有三十三處，若謂楊氏鑑定有問題，何以《訪書志》中著錄宋本（或翻宋本）者幾乎徵引無餘？又《太平寰宇記補闕》實非僞撰，參見余嘉錫《四庫提要辨證》卷七本書條下說明。雖然葉氏之譏評如此，在《書林餘話》卷下中，仍不得不承認：

> 宜都楊惺吾教授守敬乃有《留眞譜》之作。所謂留眞者，於宋元舊

氏《皕宋樓藏書志》初刊於光緒八年；丁氏《善本書室藏書志》完成於光緒二十五年；瞿氏《鐵琴銅劍樓藏書目錄》初刊於光緒五年，重訂於光緒二十四年，均較《日本訪書志》爲早。

本書摹刻一二葉，或序跋、或正卷，藉以留原本之眞，雖鑒別未精，而
其例則甚善。

然則批評楊氏「販鬻射利」，不過出於文人相輕之心理而已。至於楊守敬在版本審
定上也有時而誤，確是實情。日本長澤規矩也評此事云：

楊氏初無鑑識之明，時爲森立之等所誤，然日久漸明，遂悟森等之
僞言，多所駁斥。《日本訪書志》、《留眞譜》中時有失考之處，在當時似
爲不得已。（見《書林清話校補》頁 26）

只是葉德輝不在學術上指陳其誤，專作無謂攻擊，未免有失風度。現將《書林清
話》中徵引《訪書志》的情形略表如后：

卷一　楊志、楊譜各一次

卷二　楊志五次、楊譜五次

卷三　楊志五次、楊譜五次

卷四　楊志十二次、楊譜十二次

卷五　楊志十六次、楊譜七次

卷六　楊志一次、楊譜三次

此外，卷七「元刻書之勝於宋本」條云：

經則元元貞丙申平陽梁宅本論語注疏，勝於宋十行本也。

也是暗用楊志卷二「元刊論語注疏」的結論。（楊志原文云：「是此本雖刊於元代，
其根源於單疏本，決非從十行本出；其注文亦多與宋刊纂圖本合，遠勝十行本。
至其雕刻之精，儼然北宋體格，亦絕非十行本所及。」）

二、余嘉錫《四庫提要辨證》

前節有言，自《四庫總目提要》成書後，修訂增補其謬誤者頗不乏人，但因
分散各書中，取擇利用甚爲不便，應該有一書出而網羅前人成績，使閱讀《四庫
提要》之學者，省卻翻檢群書之勞，余氏的《四庫提要辨證》便是此一要求下的
產物。余氏此書出版於民國四十三年，共收辨證稿四百九十篇，其自序云：

余治此書有年，每讀一書，未嘗不小心以玩其辭意，平情以察其是
非；至於搜集證據，推勘事實，雖細如牛毛，密若秋荼，所不敢忽。必
權衡審慎，而後筆之於書。一得之愚，或有足爲紀氏諍友者〔註21〕。

今查全書對《訪書志》引用的次數是：經部一次、史部三次、子部十九次、集部

〔註21〕見胡楚生〈四庫提要補正與四庫提要辨證〉引，《中國圖書文獻學論集》頁 144。

二次，合計二十五次，但因同一種書引用訪書志資料不止一次（如卷十六《蒙求集注》即引用四次之多），故辨證的書僅二十種。其徵引情形又有如下幾種：

（一）全引楊志補正提要之語，不加其他資料。如卷十六《書敘指南》、《韻府群玉》，卷一《增脩互注禮部韻略》。

（二）引用楊氏補正提要之語，又加別種資料或按語。如卷十二《外臺秘要》、《證類本草》。

（三）引用楊志非補正提要之資料，以補提要之不足。如卷七《方輿勝覽》、卷十三《靈棋經》。

（四）引用《訪書志補》者僅一條，即卷二十一《樊川文集》。

余氏對《訪書志》的資料也有加以訂正者，共有六次。今附列於後，以供參考。

（1）卷八《大唐西域記》：「（楊志）其實此書明南北藏本皆有之，皆不附鄭和事。
（余注：陳援庵曰：明藏本實有此節，與琯本同，楊氏誤也。）」

（2）卷十一《三略直解》：「楊守敬《日本訪書志》卷七，有《武經直解》十二卷，亦萬曆刊本。其書與莫氏（作者按：指莫友芝）所得本又不同，楊氏謂日本有重刊本，然莫氏楊氏皆不知《明志》已著錄，亦其疏也。」

（3）卷十六《蒙求集注》：「按楊氏駁《提要》之誤是矣。然李良表中明言臣境內寄住客前信州司倉參軍李瀚，李華序中稱為安平李瀚，是瀚之爵里皆有可考，而楊氏顧以為未詳，所謂楚則失矣，齊亦未為得也。」又云：「按楊氏不知作《蒙求》者為唐李翰，故其跋中瀚澣互出。」

（4）卷十六《翰墨大全》：「是則此書後集之僅至戊集而止，及應李之為閩人，錢氏（作者按：指錢大昕《元史藝文志》卷三）皆明著之，無待旁求，而楊氏顧不之知，亦可謂失之眉睫之前矣。」

（5）卷十八《酉陽雜俎》：「楊氏以鄧復及趙琦美序，證續集亦出自宋本，非胡應麟所綴輯，誠為信而有徵，惟疑為出自南宋人之手，則仍為意斷之詞，無以見其必然也。」

三、陳垣《中國佛教史籍概論》

陳垣（號援庵）是我國研究元史及宗教史的著名學者，民國三十七年，為介紹中國佛教史的基本史料書，給初入門的學者，而撰成本書。其中引用《訪書志》且加以訂正者，僅有一條，具錄於後：

卷三《玄應一切經音義》：《日本訪書志》四言：釋玄應《一切經音義》二十五卷，自《開元釋教錄》以下，至明北藏皆同。南藏始分第三、

第四、第五三卷爲四卷，遂爲二十六卷。嘉慶間武進莊氏以北藏本校刊
行世，藏氏言從咸寧大興寺得善本，不言何本。今據其本校之，實北藏
本云云。楊氏所志，誤點尤多。最誤者以南藏爲北藏、北藏爲南藏，志
中南北字，均須互易。又莊氏刻是書，在乾隆五十一年，非嘉慶；莊氏
亦非藏氏；大興善寺非大興寺；南北藏分卷，亦非分三卷爲四卷也。

按：楊氏所說之莊氏，即莊炘。陳氏訂正各項，具見於莊氏〈刻書自序〉，楊氏未
檢原書，確是疏忽。

四、王晉江《文鏡秘府論探源》

　　王晉江是香港中文大學的講師，1980 年（民國 69 年）完成本書，由饒宗頤先
生指導。其內容主要是研究《文鏡秘府論》在文學史料上的價值及功用。第三章「近
代中國學者對《文鏡秘府論》的探索」即徵引了《訪書志》的資料。其言曰：

　　　　楊守敬在光緒六年（1880）作爲駐日公使隨員旅居日本，前後五年，
　　搜羅珍籍，寫成《日本訪書志》。其中有關《文鏡秘府論》題辭者兩則，
　　抄錄於後：（中略）這是中國人第一次知道《文鏡》的存在並介紹到中國
　　來。『楊氏可以說對《文鏡秘府論》的價值有正確的認識。他特別強調保
　　存佚文這一點，見解精當。』（研究篇・序說）

按：括號中引用的「研究篇」，是日人小西甚一《文鏡秘府論考》中的一篇。至於
王氏對《訪書志》訂正的文字如下：

　　　　雖然楊守敬是第一個注意此書的人，但他的眼光既不止於《文鏡》
　　一書，自然沒有再進一步作深入探討。他的〈訪書志題辭〉也有不清楚
　　的地方，例如他說『又引齊太子舍人李節《音韻決疑》，亦《隋書・經籍
　　志》所不載』，其實李節是李概（字季節），所著《音譜》四卷及《脩續
　　音韻決疑》十四卷，《隋志》有錄。

按：其所訂正之文見《訪書志》卷十三，《音韻決疑》當作《音譜決疑》，又註《訪
書志》卷十五之題記「元氏當是微之」句云：「元氏即元兢，非元稹。」又按：《訪
書志》卷十三之題記，明云：「滙集沈隱侯、劉善經、劉滔、僧皎然、元兢及王氏、
崔氏之說」，可知楊守敬本來也知道元氏是元兢（著有《詩髓腦》），兩篇題記前後
矛盾，大概是因爲寫作時間相距甚久，一時疏忽未加詳檢。

　　除以上四種專書對《訪書志》的資料加以引用及訂正外，據筆者所知，還有
下列文獻也曾引用《訪書志》的材料：

葉啓勳〈四庫全書目錄版本考〉（《圖書館學季刊》七卷一期）

吳哲夫〈中韓古代印刷交互影響探討〉（《韓國學報》第二期）

錢穆《莊子纂箋》（三民書局出版）

阿部隆一《故宮博物院藏楊氏觀海堂善本題解》（《中國訪書志》之一、東京汲古書院出版）

第六章　結　論

第一節　觀海堂藏書之貢獻及影響

一、觀海堂藏書的貢獻

（一）收輯佚書、補苴罅漏

　　書籍是前人智慧、心血的結晶。在我國悠久的歷史當中，不知道有多少書籍因為種種自然的、人為的原因，不能流傳下來，對於文化的發展，真是莫大損失！幸而有許多古書，因為文化交流的關係，在其他國家獲得保存，流傳至今，對我們的歷史文化而言，實在是不得了的寶貝。如果能夠搜輯網羅，帶回自己的國家，供國人研究利用，那該有多好！楊守敬在一百多年以前，就有獨到的眼光，在「人棄我取」的情形下，為我國尋回不少久已失傳的古書，在清末一片西風東漸的蕭瑟裡，不啻為中華文化帶來一股暖流！令後人無限欽佩。楊守敬本人，也誠如他自己所說：「此身必當有五百年之稱〔註1〕。」

（二）提供研究圖書史的史料

　　觀海堂藏書中，有許多影鈔唐人寫本、日本古鈔本、朝鮮古刊本等，來源甚古，不僅文字內容足以校勘、補充我國向來的傳本；更可以由其形制上，考見古代書籍演變的情形。如《訪書志》中談到古書由卷子改摺本的特色（卷一《論語集解》），古代書帙的形式（卷六《大唐西域記》），古書注末多虛字的原因（卷四

〔註 1〕見容肇祖〈史地學家楊守敬傳〉引〈與黃蕘書〉。

《玄應一切經音義》）等，都可為後人解惑。論者以為日本保存的唐人寫經，足與敦煌寶藏東西輝映〔註2〕。由楊氏觀海堂所得，我們可收「窺豹一斑」之效。

（三）保存研究日本近代藏書史的史料

楊氏觀海堂藏書，有許多得自日本近代的藏書家，如狩谷望之、市野光彥、向山黃村等，同時也是日本知名的漢學家。楊氏的藏書，又有許多日本學者的著作、手稿等，日本國內也甚為罕見。因此，研究日本近代漢學史、藏書史的學者，無不對觀海堂這批舊藏感到興趣。民國五十九年，日本學者阿部隆一，曾專程到我國訪查、研究。其調查重點是：一、日本的舊鈔本、舊刊本、古活字本；有日本學者校勘的宋元古本；日本學者的漢文著作、注釋等。二、我國現存的所有宋元版古書。三、日本國內沒有收藏的其他善本古書〔註3〕。目標幾乎遍及我國的所有善本書。六十年又再度來臺訪查，歸國後，輯成《中國訪書志》一書，包括了故宮博物院、中央圖書館、中央研究院等機構的善本解題。不過以觀海堂這一部分而言，實際上只做到了第一點而已。阿部氏自謂：「楊氏藏書的價值不僅在於舊刊、舊鈔，如果想要對江戶末期的漢學界之詳細情況有所了解，各書中的手跋、注解、校記與藏書印，都是不可或缺的重要資料〔註4〕。」可見楊氏舊藏在學術史上的重要性。

二、楊守敬訪書行動的影響

（一）刺激日本學界，使其重視漢學漢籍

明治維新固然使日本走上現代化的道路，但也造成不少後遺症，其中之一就是因為盲目追求西化，廢棄傳統漢學，使日本收藏的許多古代書籍受到損壞。楊守敬因利乘便，收回大量中華古籍。這個行動卻驚醒了日本學者，重新重視漢學在日本文化中的地位，並且對以往的鹵莽，深感後悔，立即停止古書的傾囊出售。楊守敬〈訪書志緣起〉說：

> 余之初來也，書肆於舊板尚不甚珍重，及余購求不已，其國之好事者，遂亦往往出重值而爭之。於是舊本日稀，書估得一嘉靖本，亦視為秘笈，而余力竭矣。然以余一人好尚之篤，使彼國已棄之肉，復登於俎，自今以往，諒不至拉雜而摧燒之矣。則彼之視為奇貨，固余所厚望也。（原

〔註2〕見大庭脩撰、黃錦鋐譯：《漢籍傳來日本的經過》。
〔註3〕見阿部隆一《中華民國國立故宮博物院藏楊氏觀海堂善本題解》自序，頁3。
〔註4〕同上註，頁8。

注：近日則聞什襲藏之，不以售外人矣）

日本人士對楊氏的滿載而歸，既愧且恨，屢思有所報復，終於在光緒三十三年（1906），以重金將清季四大藏書家之一的「皕宋樓」藏書，全部買下，載舶而東，成立「靜嘉堂文庫」。日本學者島田翰在《皕宋樓藏書源流考》之末說：

昔遵義黎純齋駐節吾邦，與宜都楊君惺吾，購求古本，一時爲之都市一空。數窮必復，陸氏之書，雖缺其四庫附存本、道藏及明季野乘，而余知今之所獲，倍蓰於昔之所失也。然則此舉也，雖曰於國有光可也。

欣喜之色，溢於言表。

（二）開拓了我國藏書家搜購的新境界

自從楊守敬從日本訪回大量書籍之後，國人始知東瀛確實藏有不少中華古籍，藏書之家紛紛東渡搜購；與日本學者西來中土，挾貲訪求，恰成對比。以往限於國內市場的藏書事業，一躍而成國際交流了。在楊氏之後，到日本訪書的，至少有下列三家〔註5〕：

1、光緒二十四年至二十七年，李盛鐸（木齋）任駐日大臣，乃趁機搜訪，充實其「木犀軒」藏書。

2、民國 15 年至 25 年，董康（授經）曾四次赴日，訪求古書，以小說、戲曲爲主。後來將在日本訪書的日記編成《書舶庸譚》，共有九卷。

3、民國 18 年，傅增湘（沅叔）也曾渡海訪書，歸來後撰成《藏園東游別錄》，記錄經過，共有四卷。

此外，民國 20 年孫楷第的《日本東京大連圖書館所見小說書目提要》，45 年李田意的《日本所見中國短篇小說略記》等，也可說是楊氏東瀛訪書的流亞。

第二節　私人藏書之功過及未來

一、私人藏書之功過

書籍典藏集中於公府，其優點是保存集中，保護嚴密，數量之豐，種類之繁，自非私人藏書可比。然而所聚者多，所亡者亦必眾。蓋每逢朝代更迭，除舊立新之際，兵連禍結，所過無不殘破，首當其衝者，即各地之建築文物等。往往數世之積，付之一炬。隋人牛弘曾論書有「五厄」，莫不是藏於公家而損於兵燹。牛弘

〔註 5〕見蘇精《近代藏書三十家》，頁 27、頁 67、頁 92。

所論及者，僅由秦至南朝，宋・王應麟復廣之爲「十厄」。自宋迄清，公藏典籍之聚散，又不可詳數矣！然而武功之後，必興文治，是乃古代帝王治術之常規，故每於天下已定，則力求勝國典籍。公藏既已損於兵燹，則不得不轉求於民間。宋代鄭樵作《通志略》，其〈校讎略〉中便列有〈亡書出於民間論〉一篇。進而言之，藏書家的收藏，不僅足以補苴亡殘，更對推動學術研究造成極大影響。漢代朝廷搜求民間藏書，許多先秦古書，經由民間獻書之舉，復見於天日，但由於寫經文字字體差異，引發東漢時的「今古文之爭」，今文學派與古文學派互相爭勝的結果，造成兩漢經學的高潮，至今仍以古文學家章句訓詁之學，稱爲「漢學」。推本溯源，民間收藏古書之功，實不可沒！

　　然而世間之事，有利有弊。私人藏書固然於保存文獻有其功績，然而書藏的命運卻往往有如春花朝露，易聚也易散。其外在原因，固然與公藏一樣，難逃兵燹劫火；其內在原因，或由於秘惜太過，終飽衣魚，如曹溶所云：「書入常人，猶可傳觀，一入藏家，便寄箱笥爲命，舉世不得寓目〔註6〕。」或由於子孫不肖，不能世守，終致散入他家。雖然出於此而入於彼，所謂「楚人之弓，楚人得之」，但是輾轉流離之際，不能毫無缺損，更何況流於爇炊包餅者，更往往而有〔註7〕？可見私人藏書之不能久傳，尤甚於秘府公藏。有識之士便領悟到化私爲公，廣播爲守的重要，於是互相借鈔借印者有之、刊印善本孤笈以流通天下者有之。前者如錢遵王與葉林宗〔註8〕，後者如鮑廷博之《知不足齋叢書》，黃丕烈之《士禮居叢書》等。也有將所藏公開借閱者，如瞿氏之鐵琴銅劍樓〔註9〕。到了近代，西方文化漸次輸入，國人對藏書化私爲公的觀念也更形普及，傳統的藏書樓也進入了圖書館的時代。而藏書家身後，其子孫容或不能典守，乃將先人遺書，或捐或售，歸諸政府者，比比皆是，這也更可看出觀念的進步。遠者如丁氏八千卷樓、梁啓超飲冰室，近者如鄧邦述群碧樓，張鈞衡適園等。至此，藏書家的功過，始能兩相抵銷，留得佳話在人間了！

二、私人藏書之未來

　　近代西方文化源源不斷輸入中國，圖書館的觀念與制度也隨之傳入，對於以往視善本如禁臠，視古書如古董，將以傳之子孫的私人藏書事業而言，無疑是絕

〔註6〕曹溶《流通古書約》。
〔註7〕陳登原《古今典籍聚散考》，頁422。
〔註8〕錢曾《讀書敏求記》，卷一《經典釋文》條。
〔註9〕藍文欽《鐵琴銅劍樓藏書研究》，頁15。

大的沖擊。久而久之，國人的觀念逐漸開放，對於以往私人藏書不但不能保存文獻於長遠，反而阻礙學術進步的缺點，也有更深刻的了解，於是許多有識之士，乃起而主張建立公共圖書館，以保存圖書，推展學術。如劉申叔在〈論中國宜建藏書樓〉中說：

> 學術者，天下之公器也。今以書自私，上行下效，寒畯之家，雖欲檢閱而無由。當其盛時，亦欲以留意篇籍，博嗜古之名，傳之來葉，以示子孫。曾幾何時，而文籍湮軼，一至此極。非獨自亡其書也，且使皇古相傳之故籍，由己而亡。

又說：

> 今考東西各邦，均有圖書館，官立公立私立，制各不同。上而都畿，下而郡邑，咸建閣庋書，以供學士大夫之博覽。今宜參用其法，於名都大邑設藏書樓一區，以藏古今之異籍〔註10〕。

所謂藏書樓雖然不是眞正的圖書館，卻是由私人藏書到公立圖書館的過渡。羅振玉則有〈京師創設圖書館私議〉，他說：

> 保固有之國粹、而進以世界之知識，一舉而二善備者，莫如設圖書館。方今歐、美、日本各邦，圖書館之增設與文明之進步相追逐，而中國則尚闃然無聞焉。鄙意此事亟應由學部倡率。先規劃京師之圖書館，而推之各省〔註11〕。

這是主張由政府領導風氣。由於倡導設立圖書館的聲浪日益高張，光緒三十三年，首先有端方在南京成立「江南圖書館」，並收購丁氏八千卷樓的藏書；宣統元年（1909），「京師圖書館」相繼成立。中國的藏書史，正式進入圖書館時代。此後，各省份、學校紛紛成立圖書館。民國以後，藏書家將自己的藏書，或售或捐，歸之於公立圖書館的，也愈來愈多。幾千年來傳統的私家藏書，因而走上化私爲公的嶄新途徑，這也正是今後私人藏書發展的最佳方向！

〔註10〕　李希泌、張淑華合編《中國古代藏書與近代圖書館史料》，頁120。
〔註11〕　同上註，頁123。

附錄一:《日本訪書志》續補

前　言

　　宜都楊守敬先生,精於版本目錄之學,其《日本訪書志》早爲學林推重。顧其考證題跋,散在各書而未輯者尙多。民初,高陽王重民已有《日本訪書志補》之作,收得四十餘篇,雖不免有複出者,然輯佚先導之功非淺。筆者於撰寫論文期間,耳目所及,亦稍事裒集,誠不敢自謂已無遺珠,姑以所得,先行公之於世。凡已見於王書者,不再錄入。見聞不週,尙祈並世賢達,不吝指正。

《附釋音春秋左傳注疏》（元刊明脩補本）

　　十行本《左傳注疏》,存第一至十六,又有二十二至三十六卷。世傳十行本注疏多明正德間補刊,故凡補者即多訛字。此雖殘缺之本,然除序文兩葉是重刊,餘俱原刊,可寶也。守敬記。

《唐才子傳》（日本刊本）

　　林天瀑輯《佚存叢書》,有《唐才子傳》,據稱以五山版校印,且稱其以元槧翻雕,紕謬極少。此本爲狩谷望之求古樓所藏,森立之云:蓋即五山板本。余以所藏日本他五山板本照之,信然。然的是日本人重寫,非以元槧繙雕。如聞作「耷」,若作「召」,諸省字之類,皆係日本舊刻當時通行俗字,可覆按也。今以天瀑印本較此書,則相異者不下千餘字。余初疑天瀑所據或別一本,後又得慶長活字本,則與此本全同,亦從此本出,而天瀑印本即係其臆改不盡,因活字排版多謬誤也。此本亦略有誤字,然視天瀑本高出天淵矣。錢氏《指海叢書》刊此書,因天瀑本顚倒錯亂,以四庫所輯殘本校之,其兩通者附注於下,而不知其爲林氏所改,非

辛氏原文也。光緒戊子春守敬校訖並記。

又一部（日本慶長間活字本）

此日本慶長間活字本，最為罕見。森立之云。辛巳惺吾記。

徐幹《中論》（明嘉靖刊本）

此為明弘治壬戌吳縣黃紋原刊，嘉靖乙丑青州知府四明杜恩重刻，每卷下又題四明薛晨子熙校正。然書中有墨丁數處，當是黃本原刊如是。程榮《漢魏叢書》源于杜刻，亦有空格（原注：唯序文「蓋　百之一也」，原本百上有空字，程本遂緊接蓋字）；至何允中重刻《廣漢魏叢書》，則皆不缺字（原注：法象篇「夫以　　之困」，補崩亡二字；貴驗篇「故債　則縱多上」，補極字；貴言篇「可以當　而步遠」，補幽字；藝紀篇「美育　材」，補群字）。余以《群書治要》校之，知為何氏臆補（原注：貴驗篇《治要》作「故墳庳則水縱」，因知補極字之妄，其他所補皆不可據矣）。近日金山錢氏校刻此書，頗稱精審，而亦沿何氏所補之謬（原注：錢氏稱以程榮本校，不言程榮本有空格，據何本補字之故），非此本存世則踪跡不可尋矣。至原書本二十餘篇，晁公武稱李獻民所見別本尚有復三年、制役二篇；然曾南豐所據以校錄者，亦即此本，則此二篇亡佚已久。唯《群書治要》所錄《中論》十二篇，其末二篇的是復三年、制役二篇之文，此則唐初之本，非此本所可比擬矣。錢竹汀先生於《治要》尚疑是偽書，抑嘗於《治要》所引漢魏諸書對校，知今本脫誤如此者甚多，此豈作偽者所能臆造耶？附記於此。戊子四月宜都楊守敬。

《重廣補注黃帝內經素問》（明嘉靖顧氏覆宋本）

宋槧《黃帝內經素問》廿四卷，缺北宋諸帝諱，雖未必即嘉祐初刻本，而字體端雅、紙質細潔，望而知為宋槧。按：此書自元代古林書堂合併為十二卷，明趙府居敬堂本、熊宗立本、黃海本皆因之，遞相訛謬不可讀。其廿四卷之本，明代有三刻：一為嘉靖間顧從義本，體式與此本同，而板心皆有刻工人姓名；一無名氏翻刻本，體式亦同，板心姓名則有載有不載；一為萬曆間周日校刻本，則體式行款盡行改易，不復存原書面目（原注：三書余皆有之）。此本則板心姓名全無。疑顧氏及無名氏皆從嘉祐刻本出，但經明人摹刻，輪廓雖具，意度已失。此則宋人以初刻印本上木，時代既近，手腕相同，故宛然嘉祐原本（原注：唯板心姓名在宋代翻刻，此等無關精要，故特去之，不足怪也）。且首尾完具，近來著錄家皆未之及，知為海內希有之本，亟重裝而藏之。光緒乙酉三月宜都楊守敬記。

又一部（明嘉靖間覆宋本）

無名氏重刊宋本《素問》，體氏與顧從義本同，唯中縫刻工人姓名有載有不載，稍異。顧氏書刻於嘉靖時，此本相其紙質當亦同時出，工拙亦在伯仲間。雖不及余所藏宋本，然以視熊宗立、周曰校諸刻，則有雅俗之辨矣。光緒癸未八月宜都楊守敬記。

《新刊婦人良方補遺大全》（明天順八年刊本）

《新刊婦人良方補遺大全》殘本，存第三四五六一冊、十三十四十五十六十七十八一冊、十九二十廿一廿二廿三廿四一冊，行款與熊氏元刻同，唯改新編作新刊。森立之《訪古志》載有明天順八年刊本，此本或其零殘之本也。日本人點校頗密，其書眉以所引書詳其出處，若《外臺秘要》、《聖惠方》之類，非博通醫籍者不能。又所稱韓本，即朝鮮國活字本，蓋日本人稱朝鮮爲韓國者，沿三韓古稱也。又可知小島影寫陳自明本，出自朝鮮活字本也。宣統庚戌四月宜都楊守敬記。

《松石山房印譜》（日本刊本）

集古印者夥矣。我朝唯汪氏訒菴《集古印存》、《漢銅印叢》爲最著。迄粵匪之亂，汪氏之藏皆散。同治戊辰，余應省試，有骨董店持銅印數百枚求售，視之，即訒菴印叢中物也。余時揀得數十枚，其餘歸揚州厲氏，深以未得合併爲憾。越十九年，余充小行人來日本，聞鄉純叔明先生酷好古印，訪之，出所藏相示，則泰半爲訒菴舊藏。驚問所從來，亦以粵匪亂後得之航頭者。顧石印累累而銅印缺如。異日見余所藏，傾慕無似，酒价日下鳴鶴求之，並贈善價，遂舉以歸之。叔明用是悉所有精拓傳世。或以汪氏搜輯宏富，此數冊者，誠未足以比擬。余維汪氏時際承平，處江南文物之地，據淮上鹽筴之財，竭平生羅致之力，始克臻斯美備。久聚必散，復罹浩劫，使當日縹緗琳琅，拉雜於瓦礫之場，毀棄於奴隸之手，良足嘅矣。孰知有鄭重愛惜、收拾於瀛海之外者乎？又遲之十餘年，茫茫人海，獨使余挾所有來此，與叔明爲延津之合，可不謂奇之奇乎？訒菴有靈，當緋衣下拜於松石山房矣。光緒壬午荊州楊守敬記於東京使館。

按：此序爲《松石山房印譜》之書序，非考證版本之題記，然以所載有關楊氏活動之事跡，仍錄而存之，以備考察。又《故宮善本書目》於此書下標註「楊守敬手書題記」，誤也。

《群書治要》（日本天明七年刊本）

此日本天明七年初印本，紙質之厚、墨印之精，可謂無匹。余所得狩谷望之校本，亦在其後也。光緒癸未楊守敬記于東京使館。

《韻府群玉》（元利黑口十行本）

此書與流俗甚有出入，與四庫著錄本亦不相應，余別有跋詳著之。守敬記。

《山海經》（明嘉靖間翻宋本）

右明嘉靖間翻宋本《山海經》，遇宋諱不缺筆，當是翻刻者補之。若以楊升菴、黃省曾刻本對校，必有住處。光緒丙戌十二月楊守敬記。

《名公妙選陸放翁詩集》（日本翻元大德本）

四庫著錄《放翁詩選》有前後集。前集十卷，羅椅所選；後集八卷，劉辰翁所選。又附別集一卷，則取《瀛奎律髓》所錄詩以補兩家之遺者。此為日本舊刻，的是據元刊本重翻，每卷標題下有前集字樣，則知原本亦應有後集而殘之也。《提要》稱此選去取不苟，今觀所錄多沈鬱之作，故當為放翁別開生面也。戊子四月守敬記。

篇中於五律七律、五絕七絕標目，但云「五言八句四句、七言八句四句」，不稱律詩絕句。

《晞髮集》（日本鈔本）

右徐興公渤所輯謝皋羽《晞髮集》，萬曆戊午張蔚然刊本。按：興公以博洽名一世，所著《筆精》，至今為士林寶重。此集蓋據萬曆繆氏刊本重訂者，卷中所載序跋，有弘治間儲巏本、嘉靖間程煦本、萬曆間凌珀本，然則謝集在明代已四五刻矣。至國朝平湖陸大業刻此集，但據鈔本及萬曆時歙人張氏刊本（原注：此刊有外集、新語，稱為謝公降乩之作，非蔚然本也）。其卷端校語又有所謂坊本者，不知所指為程凌諸本否也。今以陸本校此本，則此本多出〈智者寺〉一首、〈小華陽亭〉一首、〈過臨安故宮〉一首、〈雨中怨〉一首，足見陸氏不見興公此本。今陸氏刊本亦不多見，世有好事者合此本與陸本重為校刊，尤為表章遺民之要事也。光緒乙酉七月四日楊守敬記。

《重慶眉山三蘇先生文集》（宋紹興末董氏刊本）

此六君子文粹之一，字體方整，每行字數不一，蓋北宋本也。光緒丁酉三月宜都楊守敬記于海上之寄觀園。

附錄二：《日本訪書志》錄異二則

前　言

　　楊氏《日本訪書志》所載各書考證，多由原書之手稿迻錄，然亦時有異同。此或刊刻時，又加修改之故也。今以全篇參差者，錄出以供甄別，其字句出入者，不俱列焉。

新刊《初學記》（明覆元宗文堂刊本）

　　嚴可均《鐵橋漫稿》稱：以孫淵如宋本《初學記》校明徐守銘重刊安國本，自廿五至三十卷，凡二十二葉與徐本大異，因知安國所得有闕葉，其館客郭禾補足者。余所得九洲書屋本，即安國原刻；又有安桂坡館本、晉藩本、徐守和本、陳大科本，板式皆與安本同。別有許宗培本，則有所竄入。然以校廿五卷以下之二十二葉，無不相合，知諸本縱有據他書校改，而皆祖安本者也。惟此本則與安國絕不相合。今按二十五卷火類一葉半、廿六卷弁類半葉、廿八卷李類奈類桃類櫻桃類共八葉、廿九卷狗類一葉半、三十卷雞類後半葉、鷹類前半葉、蟬蝶螢三類共六葉，與安本大異，知嚴氏所指即此也。嚴氏謂安氏所得係殘本，今按非殘本，乃漫漶太甚，故以他文補之，其中可辨者仍夾置其中，然已大失徐東海之舊。若非得宋本發其覆，如此本之刊刻草率，縱有異同，亦土苴視之矣。今宋本未知尚在人間否，嚴氏校木亦未墨諸版，則此本當球圖視之。至其誤處，宋本已然，此更加劇，非裒集群書，不能校也。以俟假年，略記于此。

《酉陽雜俎》（明李雲鵠刊本）

　　《酉陽雜俎》二十卷、續集十卷，《愛日精廬藏書志》尚有元刊本，《酉陽雜

俎》前集至續集則無聞焉。胡應麟《二酉綴遺》稱雜俎於《太平廣記》鈔出，續
集俟好事者刻之。故《稗海》有前集無續集，毛氏《津逮秘書》亦無續集；通行
本有續集，然不云得之應麟。此本係明李雲鵠刊本，蓋從趙琦美本入雕，有琦美
序一篇，言此書端末甚詳。蓋前集由宋本校錄，續集亦從宋本增補，前有嘉定癸
未鄧復序，蓋爲續集作。然則續集爲趙琦美所校定，非出應麟手。琦美以收藏鑒
定鳴一代，所謂清常老人者是也，其語必不誣。《提要》疑續集從《太平廣記》鈔
出，何以得其六篇之目？意應麟以意爲之。今閱此書乃知續集本亦宋刻，但不免
有脫佚，琦美亦有增補耳。又《提要》云段氏自序凡三十篇、爲二十卷，今自忠
志至肉攫部凡二十九篇，尚闕其一，遂疑語資篇後當有破蝨錄一篇。今以此本校
《稗海》本，第四卷禍兆之下，此本有物革一篇；蓋《稗海》本禍兆篇共十條，
此以前四條爲禍兆，而以後六條爲物革。觀後六條皆言物變，並無禍患，則此本
標篇必非臆度，暇日當合津逮本並校之，光緒癸巳春三月宜都楊守敬記。

附錄三：《日本訪書志補》校記二則

前　言

　　高陽王重民，民國庚午（1930）輯《日本訪書志補》，自稱所據爲楊氏批校原本及張氏《適園藏書志》、《晦明軒稿》、《古逸叢書》等，可知王氏所補，並未全據楊氏原文。今以楊氏手跡核之，或曾經張氏刪削。其所闕雖無關於考證，仍校而錄之，以存楊氏之舊耳。

《周易》王弼注（日本鈔本）

　　○　合數爲十卷。
　　　　按：原稿下有也字，下接「宋志乃並上下經注屬之韓康伯則謬矣」十六字。
　　○　第二第三未記。
　　　　按：原稿下有「欄外層格節抄正義及朱子本義又纂圖互注其體式與森立之訪古志所載永正間鈔本一一相符」三十九字。
　　○　其爲原補配本無疑。
　　　　按：原稿下有「或抄寫年月原在書衣而重裝時去之也訪古志又稱此本爲求古樓藏而亦無狩谷掖齋印此則由掖齋收藏絕富往往有未鈐印者立之蓋從求古樓架上親見之而著于錄也」六十九字。
　　○　其異同亦多與山井鼎所稱古本足利本合。
　　　　按：原稿下有「而亦間有與宋本合者」九字。
　　○　其注文與岳刻本又多異。
　　　　按：原稿下有「據岳氏言校梓時甄集凡十餘通互勘豈少北宋本而此本違岳

－109－

本之處何以多不從此相臺之未滿人意者」四十二字。

《古文尚書》（影日本舊鈔本）

　　○　界欄上。

　　　　按：原稿下有「節錄孔疏」四字，又接「此本未摹」雙行夾注。

　　○　蓋指此等書也。

　　　　按：原稿下有「陸氏之說其果與否尚待詳考然」十三字。

　　○　此本有惟字。

　　　　按：原稿下有「全書此類甚多別詳札記」雙行夾注。

　　○　考文失校。

　　　　按：原稿下有「此類亦多別詳札記」雙行夾注。

　　○　然亦有未劃除盡淨者。

　　　　按：原稿下有「沿襲舊鈔本」五字。

　　○　元應一切經音義是也。

　　　　按：原稿下有「此唯余藏宋槧有之明南北藏本亦無別詳札記」雙行夾注。

附錄四：楊守敬題跋編年表初稿

前　言

　　楊氏之著述刻書表，已見於本書第二章第二節；而其題跋之彙入《日本訪書志》者，多未屬年月。今以所見楊氏手跡之附著年月日者，編爲一表，以便查檢。蓋以題跋之體雖簡，而學識之功力具見，則此表之作，或可爲研究楊氏學術之一助。

題　記　年　月	書　　　名	出　　處
光緒七年八月	日本活字本唐才子傳	故宮
九月	日本鈔本孟子	故宮
	元至正刊本玉篇	故宮
光緒八年三月	日本刊本巢氏諸病源候論	訪書志卷九
三月	清刊本巢氏諸病源候論	故宮
四月	影唐寫本漢書食貨志	古逸
六月	景鈔古卷子本左傳	中央
六月	景鈔古寫本春秋	故宮
八月	日鈔本字鏡	中央
十月	覆正平本論語集解	古逸
	松石山房印譜	故宮
光緒九年正月	影宋蜀大字本爾雅	古逸
正月	日鈔本字鏡	故宮

二月	大藏經目錄	中央
三月	日鈔本淨土三部經音義	中央
五月	元宗文堂刊本玉篇	故宮
八月	明刊本黃帝內經素問	故宮
八月	景日鈔本太平御覽	故宮
八月	日鈔本篆隸萬象名義	故宮
八月	日鈔本篆隸萬象名義	中央
九月	影宋本太平寰宇記	古逸
九月	影宋本春秋穀梁傳	古逸
十月	明九洲書屋刊本初學記	故宮
十二月	日本鈔本黃帝內經太素	中央
十二月	覆元至正本易程傳	古逸
	日刊本群書治要	故宮
光緒十年正月	影舊鈔本玉篇	古逸
正月	影宋本史略	古逸
正月	日刊本新刻釋名	故宮
二月	影舊鈔本文館詞林	古逸
三月	影宋臺州本荀子	古逸
七月	元刊本玉篇	故宮
九月	元刊本玉篇	故宮
光緒十一年三月	明刊本黃帝內經素問	中央
	日鈔本論語義疏	故宮
光緒十二年五月	清刊本農書	故宮
	明刊本山海經	中央
光緒十三年三月	元刊本本草衍義	中央
光緒十四年正月	日刊本埤雅	故宮
四月	明嘉靖刊本中論	故宮
四月	明仿宋本國語	故宮
四月	日鈔本國語補音	故宮
四月	日本刊陸放翁詩集	故宮

四月	日鈔本職源	故宮
五月	明刊本文子	故宮
	日本刊唐才子傳	故宮
光緒十六年四月	元刊本書集傳	故宮
光緒十八年正月	影鈔古寫本尚書	中央
正月	影鈔古寫本毛詩	中央
七月	景古鈔本周易	中央
光緒十九年二月	景鈔古寫本禮記	中央
三月	明刊本拾遺記	故宮
三月	明刊本酉陽雜俎	故宮
四月	宋刊本脈經	訪書志卷九
	明刊本唐世說新語	故宮
光緒二十年一月	景鈔宋本錢氏小兒藥證直訣	故宮
光緒二十三年三月	宋刊眉山三蘇先生文集	中央
宣統元年二月	北齊人書左氏傳跋	手書題跋
宣統二年四月	日鈔本新刊仁齋直指方論	故宮
四月	明刊本婦人良方補遺大全	中央
民國二年五月	日影宋鈔本傷寒論	中央
五月	元刊本經史類大觀本草	中央
五月	宋刊本唐宋白孔六帖	中央
五月	朝鮮刊本山谷詩集註	中央

參考書目

甲、楊守敬之著述類

1. 楊守敬撰，《日本訪書志》四冊，（廣文書局，民國 56 年書目叢編本）。

2. 王重民輯，《日本訪書志補》一冊，（故宮博物院圖書館藏，民國 64 年影印本）。

3. 楊守敬編，《留眞譜初編二編》共五冊，（廣文書局，民國 61 年書目五編本）。

4. 楊守敬撰，《晦明軒稿》二冊，（商務印書館，民國 66 年人人文庫本）。

5. 楊守敬撰，《書學邇言》一冊，（藝文印書館，民國 63 年排印本）。

6. 陳上岷注，《書學邇言》一冊，（華正書局，民國 73 年影印本）。

7. 楊守敬撰，藤原楚水注，《激素飛青閣平碑記》一冊，（日本京都三省堂，民國 45 年排印本）。

8. 楊守敬輯，《望堂金石初集二集》一冊，（新文豐出版公司，民國 68 年石刻史料新編第二輯本）。

9. 楊守敬撰，《藏書絕句三十二首》，（成文出版社，民國 67 年書目類編本）。

10. 楊守敬撰，楊先梅輯，《鄰蘇老人手書題跋》一冊，（學海書局，68 年影印本）。

11. 楊守敬撰，《鄰蘇老人自訂年譜》一冊，（文海出版社，民國 55 年中國近代史料叢刊本）。

12. 吳天任撰，《楊惺吾先生年譜》一冊，（藝文印書館，民國 63 年排印本）。

乙、一般參考用書類（略依本文章節次序）

1. 錢存訓撰，《中國古代書史》一冊，（香港中文大學，民國 64 年排印本）。

2. 葉松發撰，《中國書籍史話》一冊，（白莊出版社，民國 67 年排印本）。

3. 王國維撰，《觀堂集林》一冊，（河洛圖書出版社，民國 64 年影印本）。

4. 許悼雲撰,《西周史》一冊,(聯經出版事業公司,民國 73 年排印本)。

5. 朱熹注,《四書集註》一冊,(漢京文化事業有限公司,民國 72 年影印吳志忠本)。

6. 孫詒讓注,《墨子閒話》一冊,(河洛圖書出版社,民國 64 年景印漢文大系本)。

7. 郭慶藩輯,《莊子集釋》一冊,(華正書局,民國 68 年影印標點重排本)。

8. 劉汝霖編,《漢晉學術編年》二冊,(長安出版社,民國 68 年影印本)。

9. 陳登原撰,《古今典籍聚散考》一冊,(盤庚出版社,民國 68 年影印本)。

10. 林慶彰先生撰,《明代考據學研究》一冊,(學生書局,民國 72 年排印本)。

11. 潘美月先生撰,《宋代藏書家考》一冊,(學海書局,民國 69 年排印本)。

12. 吳晗撰,《江浙藏書家史略》一冊,(文史哲出版社,民國 71 年影印本)。

13. 高仲華先生撰,《高明文輯》三冊,(黎明文化事業公司,民國 67 年排印本)。

14. 徐復觀撰,《中國思想史論集續編》一冊,(時報出版公司,民國 71 年排印本)。

15. 勞思光撰,《中國哲學史》四冊,(香港友聯出版社,民國 69 年排印本)。

16. 余英時撰,《歷史與思想》一冊,(聯經出版事業公司,民國 65 年排印本)。

17. 題呂不韋撰,《呂氏春秋》一冊,(中華書局,民國 68 年四部備要本)。

18. 朱熹撰,《朱文公文集》二冊,(商務印書館,民國 56 年四部叢刊初編本)。

19. 黃宗羲編,《宋元學案》三冊,(河洛圖書出版社,民國 64 年影印本)。

20. 董金裕撰,《宋儒風範》一冊,(東大圖書公司,民國 68 年排印本)。

21. 顧炎武撰,《顧亭林詩文集》一冊,(漢京文化事業有限公司,民國 73 年影印本)。

22. 梁章鉅撰,《退庵隨筆》二冊,(廣文書局,民國 56 年影印本)。

23. 顧炎武撰,《原抄本日知錄附校記》一冊,(明倫出版社,民國 65 年排印本)。

24. 梁啓超撰,《清代學術概論》一冊,(商務印書館,民國 63 年排印本)。

25. 鄭梁生撰,《明史日本傳正補》一冊,(文史哲出版社,民國 70 年排印本)。

26. 鄭梁生撰,《元明時代東傳日本的文獻》一冊,(文史哲出版社,民國 73 年排印本)。

27. 余又蓀撰,《宋元中日關係史》一冊,(商務印書館,民國 53 年排印本)。

28. 日本經濟雜誌社編,《國史大系》十七冊,(1901 年排印本)。

29. 小野則秋撰,《日本圖書館史》一冊,(日本京都玄文社,民國 65 年排印本)。

30. 蘇振申撰，《日本紀聞》一冊，（名山出版社，民國 64 年排印本）。

31. 粟田元次撰，《日本近代史》一冊，（胡錫年譯，正中書局，民國 47 年排印本）。

32. 陳水逢撰，《日本近代史》一冊，（中華大典編印會，民國 57 年排印本）。

33. 戴瑞坤撰，《陽明學說對日本的影響》一冊，（中國文化大學出版部，民國 70 年排印本）。

34. 不著撰人，《中國近代學人象傳》一冊，（大陸雜誌社，民國 60 年輯印本）。

35. 楊家駱校正，《清史稿》十八冊，（鼎文書局，民國 70 年影印標點重排本）。

36. 神田喜一郎等編，《書道全集清代篇》二冊，（日本東京平凡社，民國 50 年排印本）。

37. 端方原藏，《陶齋藏石記》二冊，（台聯國風出版社，民國 69 年影印本）。

38. 杜維運撰，《清代史學與史家》一冊，（東大圖書公司，民國 73 年排印本）。

39. 羅錦堂撰，《歷代圖書版本志要》一冊，（中華叢書委員會，民國 47 年排印本）。

40. 昌彼得先生主編，《中國圖書版本學論文選輯》一冊，（學海書局，民國 70 年輯印本）。

41. 王秋桂、王國良合編，《中國圖書文獻學論集》一冊，（明文書局，民國 72 年排印本）。

42. 葉德輝撰，《書林清話》一冊，（世界書局，72 年排印本）。

43. 繆荃孫撰，《藝風堂文漫存》一冊，（文史哲出版社，62 年影印本）。

44. 姚名達撰，《中國目錄學史》一冊，（盤庚出版社，68 年影印本）。

45. 許世瑛撰，《中國目錄學史》一冊，（中國文化大學出版部，71 年重印本）。

46. 毛春翔撰，《古書版本常談》一冊，（盤庚出版社，68 年影印本）。

47. 喬衍琯，張錦郎合編《圖書印刷發展史論文集》一冊，（文史哲出版社，71 年輯印本）。

48. 王叔岷先生撰，《斠讎學》一冊，（台聯國風出版社，民國 61 年重印本）。

49. 陳垣撰，《中國佛教之歷史研究》一冊，（九思出版社，民國 66 年輯印本）。

50. 陳垣撰，《元史研究》一冊，（九思出版社，民國 66 年輯印本）。

51. 陳國慶編，《漢書藝文志注釋彙編》一冊，（木鐸出版社，民國 72 年影印本）。

52. 鄭樵撰，《通志略》一冊，（里仁書局，民國 71 年影印本）。

53. 曹溶撰，《流通古書約》一篇，（成文出版社，民國 67 年書目類編本）。

54. 不著撰人，《古學彙刊》六冊，（力行書局，民國 53 年重印本）。

55. 錢曾撰，章鈺校證，《讀書敏求記校證》三冊，（廣文書局，民國 56 年書目叢編本）。

56. 蘇精撰，《近代藏書三十家》一冊，（傳記文學出版社，民國 72 年排印本）。

57. 藍文欽撰，《鐵琴銅劍樓藏書研究》一冊，（臺灣大學圖書館學研究所，民國 72 年碩士論文）。

58. 許文淵撰，《清脩四庫全書之目錄學》一冊，（政治大學中文研究所，民國 64 年碩士論文）。

59. 郭伯恭撰，《四庫全書纂脩考》一冊，（商務印書館，民國 50 年人人文庫本）。

60. 紀昀撰，《四庫全書總目提要》六冊，（藝文印書館，民國 58 年影印本）。

61. 余嘉錫撰，《四庫全書總目提要辨證》二冊，（藝文印書館，民國 58 年排印本）。

62. 胡玉縉撰，《四庫全書總目提要補正》一冊，（木鐸出版社，民國 70 年縮印標點重排本）。

63. 李希泌，張椒華合編，《中國古代藏書及近代圖書館史料》一冊，（坊間翻印中華書局排印本）。

64. 林慶彰先生主編，《浩瀚的學海——中國文化新論學術篇》一冊，（聯經出版事業公司，70 年排印本）。

65. 錢謙益撰，《初學集有學集》二冊，（商務印書館，54 年縮印四部叢刊初編本）。

66. 羅炳綿撰，《清代學術論集》一冊，（食貨月刊出版社，民國 67 年排印本）。

67. 陳國慶、劉國鈞合撰，《版本學》一冊，（西南書局，民國 77 年排印本）。

68. 葉昌熾等撰，《藏書記事詩等五種》一冊，（世界書局，民國 69 年影印本）。

69. 張灝等撰，《近代中國思想人物論——晚清思想》一冊，（時報出版公司，民國 69 年排印本）。

70. 郭湛波撰，《近代中國思想史》一冊，（香港龍門書店，民國 62 年排印本）。

71. 劉百閔等撰，《中日文化論集正續編》四冊，（中華文化出版事業委員會，民國 52 年排印本）。

72. 張其昀等撰，《中韓文化論集一二編》二冊，（中華文化出版事業委員會，民國 52 年排印本）。

73. 梁容若撰，《中國文化東漸研究》一冊，（中華文化出版事業委員會，民國 52 年排印本）。

74. 朱雲影撰，《中國文化對日韓越的影響》一冊，（黎明文化事業公司，民國 70 年排印本）。

75. 陳水逢撰，《中國文化之東漸與唐代政教對日本王朝時代的影響》一冊，（嘉新

文化基金會，民國 55 年研究論文）。

76. 木宮泰彦撰，陳捷譯，《中日交通史》一冊，（三人行出版社，民國 63 年影印本）。

77. 支偉成撰，《清代樸學大師列傳》一冊，（藝文印書館，民國 59 年影印本）。

78. 閔爾昌輯，《碑傳集補》五冊，（文海出版社，民國 63 年影印本）。

79. 張舜徽撰，《清人文集別錄》一冊，（明文書局，民國 71 年影印本）。

80. 陳衍撰，《石遺室詩話》一冊，（商務印書館，民國 65 年影印本）。

81. 實藤惠秀撰，陳固亭譯，《明治時代中日文化的連繫》一冊，（中華叢書編審委員會，民國 60 年排印本）。

82. 于師長卿撰，《理選樓論學稿》一冊，（學生書局，民國 68 年排印本）。

83. 吳楓撰，《中國古典文獻學》一冊，（木鐸出版社，民國 72 影印本）。

84. 謝敏聰撰，《宮殿之海紫禁城》一冊，（世界地理雜誌社，民國 72 年排印本）。

85. 那志良撰，《故宮四十年》一冊，（商務印書館，民國 55 排印本）。

86. 蔣復璁等撰，《故宮文物維護》一冊，（故宮博物院，民國 65 排印本）。

87. 空海撰，《文鏡秘府論》一冊，（河洛圖書出版社，民國 65 年影印點校本）。

88. 王晉江撰，《文鏡秘府論探源》一冊，（香港天地圖書有限公司，民國 69 排印本）。

89. 屈萬里先生撰，昌彼得先生合撰，《圖書版本要略》一冊，（華岡出版有限公司，民國 67 年重印本）。

90. 林品石撰，鄭曼青合編，《中華醫藥學史》一冊，（商務印書館民國 71 年排印本）。

91. 不著撰人，《中國醫藥史話》一冊，（明文書局，民國 72 年影印本）。

92. 岡西爲人編，《宋以前醫籍考》四冊，（古亭書屋，民國 58 年影印本）。

93. 謝利恆撰，《中國醫學源流論》一冊，（古亭書屋，民國 59 年影印本）。

94. 袁珂撰，《山海經校注》一冊，（里仁書局，民國 71 年影印本）。

95. 黎德靖編，《朱子語類》二冊，（漢京文化事業公司，民國 69 年影印本）。

96. 董同龢撰，《中國語音史》一冊，（中華文化出版事業委員會，民國 43 年排印本）。

97. 馬宗霍撰，《聲韻學通論》一冊，（鼎文書局，民國 61 年景印本）。

98. 張之洞撰，范希曾補正，《書目答問補正》一冊，（漢京文化事業公司，民國

73 年影印點校本）。

99. 陳固亭等譯，《日本明治維新史》一冊，（國防研究院，民國 56 年排印本）。

丙、史志書目類

1. 梁子涵編，《中國歷代書目總錄》一冊，（中華文化出版事業委員會，民國 44 年排印本）。

2. 《新校漢書藝文志、新校隋書經籍志》合一冊，（世界書局，民國 52 年影印本）。

3. 《唐書經籍藝文合志》一冊，（世界書局，民國 52 年影印本）。

4. 《宋史藝文志廣編》二冊，（世界書局，民國 52 年影印本）。

5. 張鈞衡撰，《適園藏書志》二冊，（廣文書局，民國 57 年書目續編本）。

6. 張乃熊編，《菦圃善本書目》一冊，（廣文書局，民國 58 年書目三編本）。

7. 島田翰撰，《古文舊書考》三冊，（廣文書局，民國 56 年書目叢編本）。

8. 森立之撰，《經籍訪古志》一冊，（廣文書局，民國 56 年書目叢編本）。

9. 阿部隆一撰，《中國訪書志》一冊，（日本東京汲古書院，民國 71 年排印本）。

10. 李清志主編，《國立中央圖書館善本題跋眞跡》四冊，（中央圖書館，民國 71 年景印本）。

11. 何澄一編，《故宮所藏觀海堂書目》一冊，（成文出版社，民國 67 年書目類編本）。

12. 不著撰人，《北京圖書館善本書目》二冊，（成文出版社，民國 67 年書目類編本）。

丁、單篇論文類

1. 唐祖培撰，〈楊守敬傳〉，《湖北文獻》第六期。

2. 容肇祖撰，〈史地學家楊守敬〉，《禹貢》半月刊三卷一期。

3. 朱士嘉撰，〈楊守敬地理著述考〉，《禹貢》半月刊四卷一期。

4. 袁同禮撰，〈楊惺吾先生小傳〉，《圖書館學季刊》一卷四期。

5. 吳天任撰，〈楊守敬與古逸叢書的校刻〉，《大陸雜誌》三二卷十期。

6. 汪辟疆撰，〈明清兩代整理水經注之總成績〉，《景印楊熊合撰水經注疏稿本》書首，中華書局，民國 60 年。

7. 高襌熹撰，〈清季藏書四大家考〉，《教育科學資料月刊》九卷二～四期、十卷一～三期。

8. 丁山撰，〈酈學考序目〉，《中央研究院歷史語言研究所集刊》第三本第三分。

9. 張璉撰，〈明代國子監刻書〉，《國立中央圖書館館刊》新十七卷一期。

10. 大庭脩撰，〈漢籍傳來日本的經過〉，黃錦鋐譯《東方雜誌》復刊二卷十一期。

11. 中村幸彥撰，黃錦鋐譯，〈漢籍在日本之刻本〉，《教育科學資料月刊》一卷二期。

12. 冉雲華撰，〈日本五山版對中國書籍之保存與評價〉，《東方雜誌》復刊八卷四期。

13. 楊維新撰，〈日本早期雕印之佛經與漢籍〉，《圖書館學季刊》三卷四期。

14. 周駿富撰，〈中國活字版傳韓考辨〉，《中華文化復興月刊》四卷九期。

15. 內野熊一郎撰，朱浩然譯，〈由襲用典籍資料中看中日關係〉，《中日文化論集》，頁 99～111。

16. 麓保孝撰，陳水逢譯，〈談昌平黌官版之漢籍〉，《中日文化論集》，頁 293～304。

17. 齊濤撰，〈我國散佚日本的醫藥古書〉，（中央日報副刊，民國 72 年 11 月 30 日）。

修訂重排本後記：

　　再一次詳讀這本二十年前的舊作，往事歷歷，浮上心頭。當年那個只知伏案讀書，不懂人情世故的青年，已經是兩鬢飛霜，步入中年了。二十年來，隨著海峽兩岸交流日趨密切，許多當年看不到的資料，現在都可以看得到了。因而這本書裡當初只能靠推測而得的一些結論，也有了印證的機會，現在看來，書中的論點大概都還站得住腳。《楊守敬全集》也於 1988 年出版，對於楊守敬的相關研究，應該會有更周密的成果出現。之所以還是大著膽子答應再版這本小書，是爲了給自己青澀的歲月留下一個紀念。感謝潘美月老師以及杜潔祥先生的盛情，使這本小書有了重生的機會；還要感謝多年來關心筆者的所有師友，因爲擁有大家的鼓勵與支持，筆者才能堅持不懈的在學術研究之途走下去

2005.8.12 於成大中文系

葉德輝觀古堂藏書研究

蔡芳定　著

作者簡介

蔡芳定，臺灣嘉義人。國立臺灣師範大學國文系學士、碩士、博士；國立臺灣大學圖書館學研究所碩士、國立臺灣大學法律系法學士。曾任教於台北建國中學、台北工專、中興法商學院、台北大學等校。目前爲台灣師大國文系教授，借調至台北大學擔任人文學院院長。著有《中國文學批評史上之實學批評法》、《唐代文學批評》、《北宋文論》、《葉德輝書林清話研究》等書。曾獲：教育部文藝創作獎、觀光文學獎等。

提　　要

　　晚清藏書名家輩出，諸家不僅富於貲財，典藏豐贍，且學養深厚，精通版本目錄之學；其中尤以葉德輝最不容忽視。葉德輝（1864～1927），爲我國著名藏書家、版本目錄學家。他的《書林清話》是我國第一部研究版本學的著作、第一部系統書史；他的〈藏書十約〉是有志於古籍整理者之入門指南、他的《郎園讀書志》、《觀古堂藏書目》是古籍版本鑒別的必備工具書。在我國藏書史上，葉氏自有其重要地位。然近人對其研究不多，本論文即在考述其藏書之成就。

　　本論文採歷史研究法，蒐集與葉氏藏書有關之文獻，將葉氏之傳略、藏書狀況、藏書之採訪整理與利用、藏書目錄與藏書題記，加以分析陳述，以期肯定葉德輝在我國圖書文獻史及版本目錄學之貢獻與影響。

目
錄

第一章　緒　論

第一節　問題陳述

　　私人藏書在我國圖書事業發展史上，佔有極重要的一環。每當國家傾覆、公家藏書亡於兵燹靡有孑遺之際，私人藏書家對歷代故物文獻之苦心訪求與竭力護持，往往保存且延續學術文化之命脈。他們對文獻的整理、考訂、集結、收藏與流通傳播，更是影響我國文化事業至深且鉅〔註1〕。

　　吾國私人藏書之起源甚早，《莊子・天下篇》即有：「惠施多方，其書五車。」之記載〔註2〕，宋代以後其風尤盛，有清一代則臻於極致〔註3〕。藏書家除蒐藏秘笈力求宏富以保存典籍之外，兼撰圖書目錄詳載版本，對圖書文獻之貢獻與影響厥功甚偉。藏書家之中，近代之葉德輝最不容忽視。

　　葉德輝（1864〜1927）是我國近代史上相當有名的古文史研究者〔註4〕。他畢生致力於古書、古物之蒐集；長期從事版本、校勘、史學、文學及文字學的研究；且撰述豐富，在學術界產生一定程度的影響，尤其是圖書文獻及版本目錄學的研究。他的《書林清話》是我國第一部研究版本學的著作，第一部有系統的書史〔註5〕。他的《藏書十約》討論藏書種種技術問題，是有志者的入門指南〔註6〕。他的《觀古堂書目叢刻》守先待後、闡揚幽潛，為從事版本目錄學的研究者，提供客

〔註1〕張舜徽，《中國文獻學》（台北：木鐸出版社，民國72年），頁226。
〔註2〕郭慶藩輯，《莊子集釋》（台北：漢京文化公司，民國72年），頁1102。
〔註3〕潘美月，《宋代藏書家考》（台北：文史哲出版社，民國69年），頁2。
〔註4〕杜邁之、張承宗合著，《葉德輝評傳》（長沙：岳麓書社，1986年），頁10〜14。
〔註5〕同前註。
〔註6〕同註4。

觀的參考資料。他的《郎園讀書志》、《觀古堂藏書目》詳列版本、力加考訂，是鑒別古籍版本必備的參考書。此外，他又以藏書名家、刻書著稱，他的藏書樓名為「觀古堂」，他的先世已經有些藏書，他個人則更積極的蒐集，先後獲得湘潭袁芳瑛「臥雪樓」、商邱宋至「緯蕭草堂」、曲阜孔繼涵「紅櫚書屋」等舊藏，至民國十六年（1927）遇害前據估計已有超過三十萬卷的鉅藏〔註7〕。他所刊刻的書籍凡數十百種，且多已行世〔註8〕。葉氏不僅藏書豐富，在圖書維護與圖書分類方面也值得稱道。

　　綜上所述，葉德輝之生平事蹟、藏書原委及在圖書文獻、版本目錄學之成就實深具考述闡揚之意義與價值。

第二節　文獻分析

　　葉德輝乃清末民初之大藏書家，攸關藏書家故實之文獻述及者計有：袁同禮〈清代私家藏書概略〉〔註9〕；洪有豐〈清代藏書考〉〔註10〕；楊蔭深《中國學術家列傳》〔註11〕；蘇精〈近代藏書三十家〉〔註12〕；盧秀菊教授〈清代私家藏書簡史〉〔註13〕等，然以上文獻皆屬概述性質，有關葉德輝之傳略與藏書狀況則著墨不多。此外，李振華〈湖南碩儒葉德輝〉〔註14〕；孟源〈玩世不恭的葉德輝〉〔註15〕；曾省齋〈葉德輝俞秋華被殺記慟〉〔註16〕；許崇熙〈郎園先生墓志銘〉〔註17〕；失名〈葉郎園事略〉〔註18〕；王覺源〈奇人異事葉德輝〉〔註19〕；姜穆〈讀

〔註7〕蘇精，《近代藏書三十家》（台北：傳記文學，民國71年），頁37～42。

〔註8〕許崇熙，〈郎園先生墓志銘〉，閔爾昌輯，《清朝碑傳全集》四（台北：大化，民國73年），頁3784。

〔註9〕袁同禮，〈清代私家藏書概略〉，《圖書館學季刊》一卷（民國15年1月），頁31～38。

〔註10〕洪有豐，〈清代藏書家考〉，《圖書館學季刊》二卷（民國16年12月），頁87～94。

〔註11〕楊蔭深，《中國學術家列傳》（台北：德志，民國57年），頁486～487。

〔註12〕同註7。

〔註13〕盧秀菊，〈清代私家藏書簡史〉，嚴文郁等著，《蔣慰堂先生九秩榮慶論文集》（台北：商務，民國76年），頁39～52。

〔註14〕李振華，〈湖南碩儒葉德輝〉，《暢流》十二卷二期（民國44年9月），頁2～3。

〔註15〕孟源，〈玩世不恭的葉德輝〉，《暢流》三五卷三期（民國56年3月），頁8。

〔註16〕曾省齋，〈葉德輝俞秋華被殺記慟〉，《藝文誌》二九期（民國57年2月），頁14～15。

〔註17〕同註8。

〔註18〕失名，〈葉郎園事略〉，汪兆鏞輯，《碑傳集》三編（台北：大化，民國73年），頁

書種子葉德輝老婆不借書不借〕〔註20〕等，皆有葉德輝之傳略。資料比較翔實的則有葉德輝《郋園六十自敘》〔註21〕與杜邁之、張承宗合著之《葉德輝評傳》〔註22〕。後者對葉氏之生平敘述頗詳，其學術成就之介紹偏重史學方面，葉氏藏書方面之成就則較為粗略。

　　葉德輝之《書林清話》、《郋園讀書志》、《觀古堂藏書目》在中國文獻史、目錄版本學史上具有相當之份量，有關之著作均給予評述。如：余嘉錫《目錄學發微》〔註23〕；姚名達《中國目錄學年表》〔註24〕；李曰剛《中國目錄學》〔註25〕；昌彼得教授、潘美月教授合著之《中國目錄學》〔註26〕；錢基博《版本通義》〔註27〕；陳國慶《古籍版本淺說》〔註28〕；屈萬里教授、昌彼得教授合著，潘美月教授增訂之《圖書板本學要略》〔註29〕；李清志《古書板本鑑定研究》〔註30〕；李致忠《古書板本學概論》〔註31〕；戴南海《版本學概論》〔註32〕；陳宏天《古籍版本概要》〔註33〕；陳彬龢、查猛濟《中國書史》〔註34〕；潘美月教授《圖書》〔註35〕；鄭如斯、肖東發《中國書史》〔註36〕；嚴文郁《中國書籍簡史》〔註37〕；吳

　　　　4466～4467。
〔註19〕王覺源，〈奇人異事葉德輝〉，《近代中國人物漫譚》（台北：東大，民國78年），頁591～607。
〔註20〕姜穆，〈讀書種子葉德輝老婆不借書不借〉，中央日報，民國81年4月21日，第十七版。
〔註21〕葉德輝，《郋園六十自敘》（長沙：葉氏澹園，民國12年），頁1～8。
〔註22〕同註4。
〔註23〕余嘉錫，《目錄學發微》（台北：藝文印書館，民國63年），頁76～77。
〔註24〕姚名達，《中國目錄學年表》，《書目類編》第九二冊（台北：成文，民國67年），頁136～152。
〔註25〕李曰剛，《中國目錄學》（台北：明文，民國72年），頁15。
〔註26〕昌彼得、潘美月合著，《中國目錄學》（台北：文史哲，民國75年），頁58。
〔註27〕錢基博，《版本通義》（上海：古籍出版社，1957年），頁42。
〔註28〕陳國慶，《古籍版本淺說》（瀋陽：遼寧人民出版社，1957年），頁123。
〔註29〕屈萬里、昌彼得合著，潘美月增訂，《圖書板本學要略》（台北：中國文化大學出版部，民國75年），頁1。
〔註30〕李清志，《古書板本鑑定研究》（台北：文史哲，民國75年），頁5。
〔註31〕李致忠，《古書板本學概論》（北京：書目文獻出版社，1987年），頁5～7。
〔註32〕戴南海，《版本學概論》（成都：巴蜀書社，1989年），頁4～68。
〔註33〕陳宏天，《古籍版本概要》（台北：洪葉，民國81年），頁25。
〔註34〕陳彬龢、查猛濟合著，《中國書史》（上海：商務印書館，1935年），頁195。
〔註35〕潘美月，《圖書》（台北：幼獅，民國75年），頁33～158。
〔註36〕鄭如斯、肖東發合著，《中國書史》（北京：書目文獻出版社，1987年），頁146。
〔註37〕嚴文郁，《中國書籍簡史》（台北：商務，民國81年），頁6。

楓《中國古典文獻學》〔註 38〕；張舜徽《中國文獻學》〔註 39〕；王欣夫《文獻學講義》〔註 40〕；楊時榮《圖書維護法》〔註 41〕；梁子涵《中國歷代書目總錄》〔註 42〕；梁啓超《國學入門書要目及其讀法》〔註 43〕；謝國楨《叢書刊刻源流考》〔註 44〕等，唯諸文獻皆爲通論之作，篇幅有限，難窺全豹。

　　以上文獻，或所述甚簡，或各有所偏，於學術研究上誠屬缺憾。以葉德輝在圖書文獻、版本目錄之成就，至今未見詳盡完備之研究論文，誠有待吾人之闡揚。

第三節　研究目的

　　本論文之研究目的主要有四：

一、敘述葉德輝之家世與傳略。

二、探討觀古堂之藏書源流、採訪、整理與利用、藏書內容與藏書散佚情況。

三、分析《觀古堂藏書目》、《郎園讀書志》、《書林清話》之理論與實際。

四、評估觀古堂藏書在圖書文獻史及目錄版本學的成就與影響。

第四節　研究範圍與限制

　　本論文將以中國圖書史與目錄版本學之觀點，研究葉德輝之生平、著述與藏書，及其在圖書文獻史與目錄版本學之成就。至於葉氏在其他方面的論述與成就，如：史學、文學、文字學等，則不在本論文討論之列。

第五節　研究方法

〔註 38〕吳楓，《中國古典文獻學》（濟南：齊魯書社，1982 年），頁 49。

〔註 39〕同註 1。

〔註 40〕王欣夫，《文獻學講義》（上海：古籍出版社，1986 年），頁 202。

〔註 41〕楊時榮，《圖書維護法》（台北：南天，民國 80 年），頁 210。

〔註 42〕梁子涵，《中國歷代書目總錄》，《現代國民知識基本叢書》第一輯（台北：中華文化出版事業委員會，民 42 年），頁 223。

〔註 43〕梁啓超，《國學入門書要目及其讀法》，《書目類編》第九四冊（台北：成文，民國 58 年），頁 24。

〔註 44〕謝國楨，《叢書刊刻源流考》，王國良、王秋桂合編，《中國圖書文獻學論集》（台北：明文，民國 75 年），頁 574。

　　本論文採歷史研究法。就直接資料之傳記、藏書目錄與題跋；間接資料之諸家藏書志、目錄版本學專著、圖書文獻史等論述，蒐羅考訂。進而將所蒐得之資料分別歸納、整理、綜合、分析、比較，期使葉氏藏書之背景、源流、內容、散佚、採訪、整理、利用及其成就，獲致具體、客觀與系統之評述。

第二章　葉德輝傳略

第一節　家世生平

　　葉德輝（1864～1927），湖南長沙湘潭人，字奐份（一作煥彬），號直山，別號郋園。

　　葉姓遠出於楚之葉公，世居南陽。自宋之後南渡，遷越遷吳，定居江蘇吳縣洞庭山〔註1〕。宋元以來名卿輩出，根據葉德輝之敘述，宋朝之葉夢得，即爲其六世祖〔註2〕。爲此，葉德輝曾編撰專門記載葉夢得事蹟的《石林遺事》，在卷首葉德輝曾如此聲明：

> 右少保公象，爲江蘇蘇州府滄浪亭五百名賢畫像之一。……吾家祖輩畫像滄浪亭者凡七人，自公以下有：昆山派十八世文莊公盛，汾湖派二十世尚寶卿紳，郡城派二十三世贈光祿少卿初春，汾湖派二十四世工部主事紹衮，大理寺卿紹顥，昆山派二十五世文敏公方藹。名卿碩輔爲鄉人矜式者皆在吾家，蓋信少保公流澤孔長，其賡續興起之人正未有艾也已〔註3〕。

葉氏極言其家族門第之尊貴，自稱「茅園派裔孫三十八世」〔註4〕。在校刊《石林

〔註1〕葉德輝，〈校輯鶡子序〉，葉德輝輯，《鶡子》二卷，《郋園先生全書》（長沙：中國古書刊印社，民國24年），頁1。

〔註2〕葉德輝，《石林遺事》二卷，《郋園先生全書》（長沙：中國古書刊印社，民國24年），頁1。

〔註3〕同註2。

〔註4〕葉德輝校刊，《石林治生家訓要略》一卷，《郋園先生全書》（長沙：中國古書刊印社，民國24年），頁1。

治生家訓要略》序末，葉德輝署名「前巷派楊灣支裔葉德輝」〔註5〕，楊灣在今江蘇吳縣，爲葉氏祖籍之所在。

道光末年其父葉雨林（字浚蘭），率妻小移居湖南，在長沙落戶，遂以湘潭爲籍。葉氏爲一商販之家，家中富有；起初在坡子街開公和染坊，繼而在小西門正街與人合資籌開玉和槽坊；及至資金漸豐，先後經營黑茶生意，遠銷甘肅一帶，並在樊西巷、坡子街開設德昌和錢舖與怡和百貨號〔註6〕。葉浚蘭在事業有成之後，遂候選直隸州知州，二品封典，飭躬勵行以豐其家〔註7〕。

葉浚蘭有子四人，葉德輝居長。葉德輝自幼天資穎悟，劬學不假師資。八歲入小學；十歲讀《四書》、《說文》、《資治通鑑》及《朱子名臣言行錄》；十七歲入嶽麓書院就讀。光緒十年（1884），補湘潭縣學附生；次年中式鄉試舉人。光緒十八年（1892）及第，和張元濟、李希聖等同年，朝考二等以主事用，觀政吏部〔註8〕。不久，以不樂仕進，乞歸養親，奉母讀書，遺棄榮利，與同邑王先謙交往密切。葉德輝歸里之後，移居長沙蘇家巷，湖廣總督張之洞任命他爲湖北存古學堂分校及兩湖米捐局總稽查等職〔註9〕。自此之後，葉德輝展開其政治生涯與學術活動。

辭官歸里後的葉德輝，即熱心參預鄉曲之事。同邑王先謙一見即盛稱其決事明快，每有事必邀其參與策劃，爾後二人交往甚爲密切〔註10〕。滿清中葉以後，內憂外患交相煎逼，清廷之腐敗暴露無遺；有識之士咸認中國非變不可。光緒二十三年（1897），工部主事康有爲上萬言書力主變法，一時海內傾動，湖南尤烈。時黃遵憲、徐仁鑄、譚嗣同、熊希齡、江標、陳寶箴等贊助之，積極推動變法。湖南設立「時務學堂」於長沙，聘梁啓超爲中文總教習，因而湖南維新事業陸續開展聳動中外，全國信之者眾〔註11〕。然葉德輝卻反對變法，以爲「公羊」改制之說，煽惑人心，而「處士橫議之用，復見於今日」〔註12〕。斥之爲「洪水」、「猛獸」，與王先謙上呈巡撫陳寶箴，請退梁啓超，謂其違背「名教綱常」、「忠孝節義」

〔註5〕同註4。

〔註6〕杜邁之、張承宗合著，《葉德輝評傳》（長沙：岳麓書社，1986年），頁2。

〔註7〕許崇熙，〈郋園先生墓誌銘〉，閔爾昌輯，《清朝碑傳全集》四（台北：大化，民國73年），頁3784。

〔註8〕失名，《葉郋園事略》，汪兆鏞輯，《碑傳集》三編（台北：大化，民國73年），頁4466～4467。

〔註9〕同註6，頁3。

〔註10〕楊蔭深，《中國學術家列傳》（台北：德志，民國57年），頁486～487。

〔註11〕同註6，頁5。

〔註12〕葉德輝，《翼教叢編》六卷，《郋園先生全書》（長沙：中國古書刊印社，民國24年），頁78。

〔註 13〕。對康、梁所主張的民權平等學說，葉德輝大加攻擊，並指責湖南變法維新活動爲「毀教滅種，無父無君」之「悖亂逆謀」〔註 14〕。與王先謙二人儼然爲湖南守舊派領袖，反對革命、反對民主、反對西學，主張君主專制。新舊交鬥，新黨見重於光緒，便以恣意阻撓新政，破壞變法之罪，矯旨令湖南撫臣逮問葉、王二氏。後政變失敗，康、梁逃亡；葉、王方得脫險免難〔註 15〕。

光緒二十六年（1900），唐才常在武漢領導自立軍起義失敗，株連被殺者達百餘人〔註 16〕。葉德輝奉巡撫俞廉三之命，據其「逆蹟」成《覺迷要錄》以作「康梁案之定讞」，誹謗維新、擁護滿清，大談「順逆」及「覺迷」之道〔註 17〕。宣統二年（1910）湖南發生嚴重災荒，米價飛漲，長沙饑民暴動罷市，抗議地主、豪商不顧人民死活，乘機囤積米糧，謀取暴利。王先謙、葉德輝皆被牽連其中，王被連降五級調用，葉則被革去功名永不敘用，並交地方官嚴加管束〔註 18〕。

辛亥革命後，民國成立。黃興厥功甚偉，於民國元年（1912）回到長沙，受到英雄式的熱烈歡迎。當路迎至德潤門，並將此門改爲「黃興門」；黃之故居，長沙市最繁華的坡子街則易名爲「黃興街」。葉德輝聞訊當即率同街夫大鬧坡子街，摘下「黃興街」路牌，戲作〈坡子街光復記〉一文，語多諧謔；當路斥其妄，將之逮捕，拘至警廳，審訊後釋回〔註 19〕。旋即由葉之日籍友人掩護逃至上海，此後，葉德輝即奔走於上海、京師、漢口之間〔註 20〕。

民國三年（1914）除夕，湯薌銘督湘，嚴限民間收回紙幣；長沙各商店因擠兌而倒閉，嚴重影響葉德輝切身之商業利益。葉對湯之施政頗爲不滿，嚴辭批評，嘗致書友人，力詆其謬；友人不愼，將之登於報端；湯薌銘見之大恨，派暗探捕解返回長沙，湯急電袁世凱，請就地正法，欲置之於死地；賴袁世凱之營救，葉德輝終得獲釋〔註 21〕。

〔註 13〕同前註，頁 200。
〔註 14〕同前註，頁 241。
〔註 15〕王覺源，〈奇人異事葉德輝〉，《近代中國人物漫譚》（台北：東大，民國 78 年），頁 591～607。
〔註 16〕同註 6，頁 6。
〔註 17〕葉德輝，《覺迷要錄》四卷，《郋園先生全書》（長沙：中國古書刊印社，民國 24 年），頁 3。
〔註 18〕同註 6，頁 24～25。
〔註 19〕同註 10。
〔註 20〕葉德輝，《漢上集》一卷，《郋園先生全書》（長沙：中國古書刊印社，民國 24 年），頁 1。
〔註 21〕李肖聃，《星廬筆記》（長沙：岳麓書社，1983 年），頁 30。

民國四年（1915），葉德輝被推舉爲湖南省教育會會長，以會長之尊，積極貫徹袁世凱之理念，促其弟子劉肇隅倡組「湖南省經學會」；強調經學以發明義訓、通知世用爲本，不分漢宋門戶，亦不拘鄉里派系。八月，籌安會湖南分會成立，推定葉兼任會長。十二月，葉德輝呈文袁世凱，主張中、小學必須尊孔讀經。葉氏親自講授經學，編寫《經學通詁》廣爲發行〔註22〕。民國五年（1916），袁世凱帝制失敗，葉德輝避居蘇州，對袁氏失敗倍感惋惜沮喪〔註23〕。三年後，葉德輝又回到湖南。

民國十六年（1927）共產黨在長沙引發農民運動，葉德輝對於農民協會的作爲極感痛心；因題一聯，大罵農協分子，聯曰：「農運宏聞稻梁叔麥黍稷盡皆雜種，會場廣闊馬牛羊雞犬豕都是畜生」；橫額：「斌卡尖傀」，意即不文不武、不上不下、不大不小、不人不鬼。當時湖南農會主席易禮容、工會主席郭亮，得悉此聯，恨之入骨，遂加以「土豪劣紳」之名，率暴徒數百，包圍葉宅。將葉氏擁至教育會前廣場，召開鬥爭大會。葉德輝臨死不屈，猶戟指怒罵易、郭二人，後遂遭鬥爭致死，享年六十四〔註24〕。

葉德輝有子三人：啓倬、啓慕（其中一子殤）。孫五人：運隆、運良、運恭、運儉、運讓〔註25〕。

第二節　學術活動

葉德輝的學術活動，主要有四方面，分別是：藏書、著書、刻書及學術研究。

在藏書方面。葉德輝是近代藏書名家之一。傅增湘嘗曰：「吏部君奮起於諸公之後，其閎識曠才銳欲整齊四部網羅百家，與當代瞿陸丁楊齊驅並駕，惜生逢陽九，志不獲舒，而身亦被禍，然其流風餘韻猶能霑溉後學於無窮〔註26〕。」他的藏書樓名爲「觀古堂」，他的先世已經有些藏書，他個人更積極努力的蒐集。從光緒十二年（1896）入京會試開始，爾後不管身處何地，皆不忘搜訪古籍。先後獲得湘潭袁芳瑛「臥雪樓」、商邱宋至「緯蕭草堂」、曲阜孔繼涵「紅櫚書屋」等舊

〔註22〕同註6，頁35。

〔註23〕葉德輝，《郋園讀書志》（台北：明文書局，民國79年），頁1745。

〔註24〕姜穆，〈讀書種子葉德輝老婆不借書不借〉，中央日報，民國81年4月21日，第十七版。

〔註25〕同註8。

〔註26〕傅增湘，〈長沙葉氏紬書錄序〉，葉啓勳著，《拾經樓紬書錄》（台北：廣文，民國78年），頁4。

藏，據估計，遇害之前，他可能已然擁有三十萬卷之鉅量藏書。他的兒子葉啓倬曾如是描述：「家君每歲歸來，必有新刻藏本書多櫥，充斥廊廡間，檢之彌月不能罄，平生好書之癖，雖流離顚沛固不易其常度也〔註 27〕」葉氏對藏書之狂熱與執著可見一斑。葉氏甚且把圖籍之地位，提昇至與家族子孫之地位相提並論，嘗曰：「讀書種子一日不絕，則余藏書一日不散，于此以卜家澤之短長〔註 28〕」，因而葉氏極重視圖書文物的保存與維護。

在著書方面。葉氏利用其廣大之藏書不僅讀書，行有餘力則著書不倦。他曾撰寫《藏書十約》，「以代家書」讓其「子孫守之〔註 29〕」。窮一生精力之所注編撰《觀古堂藏書目》以補正張之洞《書目答問》之缺漏，並且企圖作爲清史藝文志之歷史材料〔註 30〕。命子姪抄錄其收藏各書之題跋次第編撰《郋園讀書志》，以明各書之行款、版本、授受源流及繕刻之異同。以生平購求之所獲、耳目之所得撰《書林清話》，討論我國雕版書籍的種種現象與問題，有助於版本之鑑別與考訂。針對張之洞《書目答問》之疏漏撰《書目答問斠補》與《校正書目答問序》，糾正張氏書之謬誤並補充其不足。葉氏之著述極多，今列表於後〔註 31〕：

一、已刊行者

光緒二十四年（1898）

《翼教叢編》六卷（〈郋園書札〉、〈輶軒今語評〉、〈正界篇〉上下、〈長興學記駁義〉、〈讀西學書法書後〉、〈非幼學通議〉）；

《昆侖集》一卷、續一卷、附一卷

《釋文》一卷

光緒二十七年（1901）

《古泉雜詠》四卷

光緒二十八年（1902）

《釋人疏證》二卷

光緒二十九年（1903）

〔註 27〕葉啓倬，〈觀古堂藏書目跋〉，葉德輝著，《觀古堂藏書目》（長沙：葉氏觀古堂，民國 4 年），頁 96。
〔註 28〕同註 23，頁 96。
〔註 29〕葉德輝，《藏書十約》，《書目類編》九一冊（台北：成文出版社，民國 67 年），頁 1。
〔註 30〕同註 27。
〔註 31〕同註 6，頁 123～133。

《古今夏時表》一卷、附〈易通卦驗節候校文〉

光緒三十年（1904）

　　《昆侖皕詠》二卷

光緒三十一年（1905）

　　《覺迷要錄》四卷

光緒三十三年（1907）

　　《消夏百一詩》二卷

光緒三十四年（1908）

　　《曲中九友詩》一卷

宣統三年（1911）

　　《藏書十約》一卷

　　《石林遺事》三卷

民國一年（1912）

　　《書空集》一卷

民國三年（1914）

　　《漢上集》一卷

　　《于京集》一卷

民國四年（1915）

　　《經學通誥》六卷

民國五年（1916）

　　《觀古堂藏書目》四卷

　　《六書古微》十卷

民國六年（1917）

　　《觀畫百詠》四卷

民國九年（1920）

　　《書林清話》十卷

　　《還吳集》四卷

民國十年（1921）

　　《郋園北遊文存》一卷

　　《北征集》一卷

民國十一年（1922）

　　《郋園山居文錄》二卷

《浮湘集》一卷

民國十二年（1923）

《說文讀若字考》八卷

《郎園六十自敘》

《同聲假借字考》二卷

民國十六年（1927）

《郎園詩文集》一卷

《郎園詩鈔》一卷

民國十七年（1928）

《書林餘話》二卷

《郎園讀書志》十六卷

民國十九年（1930）

《說文籀文考證》一卷

《觀古堂駢儷文》一卷

《郎園小學》四種

民國二十年（1931）

《元私本考》

民國二十一年（1932）

《書目答問斠補》

民國二十三年（1934）

《校正書目答問序》

民國二十四年（1935）

《觀古堂文外集》二卷

《觀古堂詩集》九卷

《郎園先生全書》

二、未刊行者：

《周禮鄭注改字考》六卷

《儀禮鄭注改字考》十七卷

《禮記鄭注改字考》二十卷

《大戴禮記疏證》十三卷

《春秋三傳地名異文考》六卷

《春秋三傳人名異文考》六卷

《孝經述義》三卷

《說文解字故訓》三十卷

《南史勘誤》八十卷

《北史勘誤》一百卷

《漢律疏證》六卷

《隋書經籍志考證》未分卷

《四庫全書總目板本考》二十卷

《古器釋銘》二卷

《星命真原》十卷

《郋園書畫題跋記》四卷

《寓目記》三卷

《明辨錄》二卷

《觀古堂文稿》四冊，未分卷

《南陽碑傳集》十卷

《祖庭典錄》六卷

《述德集》六卷

　　已刊行的書籍，葉氏子姪及其學生於民國二十四年（1935），將之彙輯成《郋園全書》一百二十九種，二〇〇冊，以「中國古書刊印社」名義刊行，國內圖書館似僅中央研究院史語所傅斯年圖書館藏存。

　　在刻書方面。葉德輝不僅藏書、著書名家，且以刻書著稱。葉氏曾言：「欲求不朽者，莫如刊布古書一法〔註32〕。」，因而葉氏大量刊印書籍。其刻書多以「觀古堂刊」、「長沙葉氏刊」署名，唯《通曆》一書例外，署以「葉氏麗廔排印」字樣〔註33〕。其刻書之細目，詳見本論文第四章第三節。

　　在學術研究方面。葉氏主要研究領域有經學、文字學、文學及版本目錄學。版本目錄學為本論文之討論重點，容後再敘。小學方面，具體之著作有：光緒二十八年（1902）撰《釋人疏證》二卷、《說文段注校》三種（龔自珍《說文段注札記》一卷、徐松《說文段注札記》一卷、桂馥《說文段注抄按》一卷補一卷）；民國五年（1916）撰《六書古微》六卷；民國十一年（1922）撰《說文讀若字考》

〔註32〕葉德輝，《書林清話》（台北：世界書局，民國 77 年），頁 4。
〔註33〕同註15。

八卷、《同聲假借字考》二卷、《說文籀文考證》二卷（此書於民國十九年由其子
姪葉啟勳刊印）。葉德輝對《說文》的用力特深，因而在此一領域有相當深入的研
究成果，但因其過分篤守《說文》的講法，不信金文，不信甲骨，難免受到囿限〔註
34〕。經學方面，葉德輝對《公羊傳》學有專精，葉氏曾對左舜生曰：「清末四人
同講公羊，王闓運講公羊，廖季平講公羊，康有為講公羊，但我們各有各的公羊，
內容絕不一樣。」足見其自負之處〔註35〕。葉德輝主張為學之道非識字無以通經，
非通經無以治群言之龐雜，使歸於雅正，因而重視小學之外，便是重視經學〔註
36〕。曾著《經學通誥》六卷，介紹經學流派、讀經方法及讀書經目，並主張中小
學宜讀經：小學讀《論語》、《孟子》、《孝經》；中學、大學則讀《尚書》、《左傳》
〔註37〕。文學方面，葉德輝涉獵廣泛，文采斐然，論文私淑歸有光、方苞、姚鼐、
張惠言諸人。其為文詞采爛然、詞旨雅飭、合乎義法。其為詩則情景交融，文字
樸質。主要的文學著作較有名者如：《郋園詩文集》一卷、《郋園詩鈔》一卷、《郋
園北遊文存》一卷、《郋園山居文錄》四卷等〔註38〕。

〔註34〕同註6，頁119～121。

〔註35〕同註24。

〔註36〕同註10。

〔註37〕同註6，頁35。

〔註38〕劉聲木，《桐城文學淵源考》（台北：明文，民國74年），頁510。

第三章　觀古堂藏書概述

第一節　藏書源流

　　觀古堂藏書有其源流。葉德輝從子葉啓勳嘗云：

> 吾家自二世祖北宋少卿公參，三世祖道卿公清臣，以詞館起家，其
> 後世以文章治事顯著當代。十七世祖和靖山長伯昂公爲元故臣，明祖屢
> 徵不起，子孫承其家教，不以入仕爲榮。明文莊公菉竹堂書目碑目、石
> 君公樸學齋鈔書校書，並見重藝林。洎先曾祖、先祖兩世，皆好藏書，
> 其先秦三代古籍，以及漢魏六朝隋唐兩宋元明國朝之最精要者，無不備
> 具。先世父文選君，幼承家學，寢饋于中，四十餘年中間，宦遊京師，
> 更從廠肆搜求，四部之書，尤臻美富〔註1〕。

此處一語道出葉德輝藏書的主要來源有二，其一爲繼承家傳；其二則爲葉氏本人
的搜求採訪。葉氏的採訪部分，容待第四章第一節「藏書採訪」再行探討。本節
的重心在於葉德輝繼承家傳的部分。此一部分依年代又可分「遠紹」及「近承」
兩部分。就「遠紹」此一層次而言。葉氏家學淵源，因而葉德輝總以祖先爲榮，
每一提及藏書，言必稱列祖列宗之藏書成就。觀古堂藏書在精神及實質上皆由此
家學淵源而來，如前所引之「明文莊公菉竹堂書目碑目、石君公樸學齋鈔書校書」。
葉德輝於〈以叢刻書貽賀履之路分辱詩獎飾同韻和呈〉云：

> 吾家藏書本世學，石林後有菉竹堂，石君林宗接花蕚，半繭樸學如

〔註 1〕葉啓勳，〈郋園讀書志跋〉，葉德輝著，《郋園讀書志》（台北：明文書局，民國 79
　　年），頁 1750。

翱簧，曾曾小子守彝訓，收拾墜緒揚前光〔註2〕。

另〈寄示金晉八九十諸從子時金晉八十爲余分撰四庫全書目錄板本考九爲余影寫明弘治抄本宋少保乙卯避暑錄〉一詩又云：

　　先祖先公好聚書，納楹以外盈五車，收藏卷帙溢廿萬，過目差比士

　　禮居。……石林蓁竹流風遠，祖硯傳從青下山……〔註3〕。

葉德輝〈日本兼山春篁先生俊興畫麗廔藏書圖見贈賦詩誌謝〉云：

　　先代藏書三十世，孫枝分秀到湖湘，納楹敢詡同金櫃，列架居然擬

　　石倉，秘閣畫圖慕汲古，故園塵劫賸靈光，煩君遠道來相訪，一幅丹青

　　几席香〔註4〕。

其中「先代藏書三十世」一句之下，葉德輝有如是詳明之註解：

　　吾族由北南徙，六世祖宋少保石林先生以藏書名其後，子孫世世相

　　仍，中如明之文莊公盛，盛子晨，五世孫恭煥，七世孫國華，八世孫文

　　敏公方藹，鴻博公奕苞，及二十五世石君公樹廉，林宗公奕，至今殘篇

　　斷冊，得之者寶若球圖〔註5〕。

　　以上所引，大抵可看出葉德輝觀古堂藏書遠紹先祖之情況。論及先祖，葉德輝每每遠推六世祖葉石林，而後一路傳衍下來，其軌跡至爲明朗。尤其〈憶藏書〉一詩「先代藏書三十世」之下所加之按語，葉德輝將較具份量之先祖一一提及。分別是：葉夢得、葉盛、葉晨、葉公煥、葉國華、葉方藹、葉奕苞、葉樹廉、葉奕等人。茲將諸位葉氏藏書先祖，其生平事跡可考者，簡述於後：

　　葉夢得，宋吳縣人，字少蘊，號肖翁，又號石林，生於熙寧十年，卒於紹興十八年，享年七十有二。紹聖進士，徽宗朝累遷翰林學士，數上書極論時事，高宗駐蹕揚州，除戶部尙書。陳待敵之計有三，曰形、曰勢、曰氣，因請南巡，阻江爲險，以備不虞。紹興初爲江東安撫大使，上章請老，拜崇信軍節度使，致仕卒。葉夢得嗜學早成，多識前言後行，尤工於詞，且以藏書名家。王明清《揮麈後錄》卷七云：「南渡以來惟葉少蘊少年貴盛，平生好收書，逾十萬卷，貯之霅川弁山而居，建書樓以貯之，極爲華煥，丁卯冬，其宅與書俱蕩一燎。」另葉夢得《避暑錄話》卷上亦云：「全家舊藏書三萬餘卷，喪亂以來，所亡幾半，山居狹猛，

〔註2〕葉德輝，《于京集》，《郋園先生全書》（長沙：中國古書刊印社，民國24年），頁22。

〔註3〕葉德輝，《還吳集》，《郋園先生全書》（長沙：中國古書刊印社，民國24年），頁1
　　　～2。

〔註4〕同註3，頁3。

〔註5〕同註4。

餘地置書無幾，雨漏鼠齧，日復蠹敗，今歲出曝之，閱兩旬纔畢。」據此二文獻可知，葉夢得之藏書甚富，曾置之雪川弁山山居，建書樓以儲放，等葉氏死後，看守的人不夠謹慎，導致書與屋俱毀於大火；葉夢得也曾建紬書閣以納公家之藏，其性質類似於後代之公共圖書館。葉氏流傳的著作有：《石林春秋傳》、《石林居士建康集》、《石林詞》、《避暑錄話》、《石林燕語》、《石林詩話》。《遂初堂書目》中有《葉石林書目》，當為葉夢得之藏書目錄〔註6〕。

　　葉盛，字與中，號蛻庵，明崑山人。正統十三年進士，吏部官侍郎，憲宗成化十年卒，諡文莊。葉盛，生平嗜書，藏書四千六百餘冊，二萬二千七百餘卷。取《詩經》〈衛風〉淇澳學問自修之義，名其藏書樓曰「菉竹」。有《菉竹堂書目》六卷，刻入《粵雅堂叢書》，清人陸心源據《四庫提要》辨別伍崇曜所刻《粵雅堂叢書》本《菉竹堂書目》乃後人據文淵閣目刪削之偽本，非葉氏原書〔註7〕。葉盛服官數十年，未嘗一日廢書，著有：《蛻庵集》、《水東日記》等書〔註8〕。

　　葉恭煥，葉盛之五世孫，字伯寅，號括蒼老人。葉盛逝世之後，葉恭煥繼其遺志，建藏書樓「菉竹堂」以納書，雅富藏書之名〔註9〕。

　　葉國華，葉盛之七世孫。根據《中國藏書家考略》一書所述，葉恭煥建菉竹堂，又於宅東作繭園；葉國華拓地增葺，嘗掘地得泉，味甘色白，因自號「白泉」。王聞遠〈蛻庵集跋〉：「開卷有葉氏菉竹堂藏書圖印，乃葉孝廉，白泉圖記」。張棟所藏之《論語》，有「雄於南面，百城大樹軒，文莊七世孫」三印，很明顯的是葉國華之藏書印記〔註10〕。

　　葉方藹，清人，字子吉，號訒庵，順治進士，康熙間充講官。葉方藹敷陳忠樸，性亦嗜書，官至刑部右侍郎，卒諡文敏，藏書數萬卷，著有：《讀書齋偶存稿》、《獨賞集》等書〔註11〕。

　　葉奕苞，清人，方藹之從弟。字九來，監生，少負異才，博雅擅詩歌，能畫。康熙間薦試鴻博，會有忌之者，匿卷不呈，罷歸。少師事葛芝、葉宏儒務根柢之學。工詩之外，亦善書法，尤酷嗜金石、古籍，築「半繭園」置放收藏，藏書頗富。著有《金石錄補》、《金石小箋》、《醉鄉約法》、《賓告》、《經鋤堂詩集》、《續

〔註6〕潘美月，《宋代藏書家考》（台北：學海出版社，民國69年），頁142。
〔註7〕昌彼得、潘美月合著，《中國目錄學》（台北：文史哲出版社，民國75年），頁260。
〔註8〕楊立誠、金步瀛合著，《中國藏書家考略》（台北：文海出版社，民國60年），頁254。
〔註9〕同註8，頁253。
〔註10〕同註8，頁255。
〔註11〕同註8，頁256。

花間集》等〔註12〕。

葉樹廉，清人，字石居，號樸學齋。葉德輝《郋園讀書志》卷三舊唐書條云：「石君公，原諱萬，後更樹廉，又作樹蓮，別號南陽觳道人，明諸生，好收藏宋版書，同時與錢遵王、徐健庵、毛子晉往來交契，沒後徐爲作傳，稱其手校書爲何義門推重〔註13〕。」另徐乾學〈葉石君傳〉云：「葉石君者，隱居子也。性嗜書，世居洞庭山中。嘗游虞山，樂其山水，因家焉。所至必多聚書，嘗損衣食之需以購書，多至數千卷。會鼎革兵燹，盡亡其貲財，獨身走還洞庭，其鄉人相與勞苦。石君顰蹙曰：「貲財無足言，獨惜我書耳」，鄉人皆笑之。已復居虞山，益購書，倍多於前。石君所好書與世異，每遇宋元鈔本，收藏古帙，雖零缺單卷，必重購之」。由此可知，葉樹廉亦嗜書成癖。葉樹廉藏書校勘十分精嚴，所藏之書皆手筆校正，博古好學，人稱第一，爲同嗜者所賞識。其藏書跋多題「南陽觳道人」，或題「南陽道觳」。藏書印有「樸學齋」、「歸來草堂」、「金庭玉柱人家」等。著有：《論史石說》、《史記私論集》、《金石文》、《樸學齋集》〔註14〕。

葉奕，字林宗，清吳縣人，葉樹廉之兄。好學，多藏書，於古籍之搜訪甚力。與錢曾同嗜古書，一得秘冊，即與錢氏互相傳鈔。錢曾《讀書敏求記》曾云：「吾友，葉林宗，篤好奇書古帖，搜訪不遺餘力。每見案頭一帙，必假歸躬自繕寫，篝燈命筆，夜分不休。我兩人獲得秘冊，即互相傳錄，雖昏夜叩門，兩家童子聞聲知之，好事極矣〔註15〕。」葉奕嗜書之情狀，如在眼前，知其亦書痴也！

以上純就遠紹先祖之層面而言，偏向精神之傳繼，是葉德輝引以爲榮的典型。然就近承而論，則更切合葉德輝觀古堂藏書直接而實際之淵源。葉德輝曾提及其藏書主要來源，除個人之採訪外，則爲來自祖先收藏之遺留。葉氏云：

> 先曾祖、先祖兩世皆好藏書，當乾嘉盛時，在籍耆紳，如：王西沚
> 光祿鳴盛、沈歸愚尚書德潛，皆與吾家往來。園林題額至今猶在，頹垣
> 破壁間，每過祖庭，想見當時文采風流，日久終不泯滅也。道光季年，
> 山中梟匪蜂起，先祖避亂，始來長沙，行囊不貲，而有楹書數巨篋，中
> 如：鄉先輩崑山顧氏、元和惠氏、嘉定錢氏諸遺書，以及毛晉汲古閣所
> 刊經史殘冊、唐宋人詩文集，菉竹、石君二公一二舊藏，無錫宗人天來

〔註12〕 支偉成，《清代樸學大師列傳》（上海：泰東圖書公司，民國 17 年），頁 481。
〔註13〕 葉德輝，《郋園讀書志》（台北：明文書局，民國 79 年），頁 280。
〔註14〕 湯絢，《清初藏書家錢曾研究》（台北：漢美圖書有限公司，民國 80 年），頁 86。
〔註15〕 錢曾撰，管庭芬、章鈺校證，《讀書敏求記校證》，《書目叢編》（台北：廣文書局，民國 56 年），頁 174～175。

先生收藏，宋少保石林公家訓說部等書。甲乙丹黃，琳琅照目，家君中
憲公保守數十寒暑，俾余小子朝夕諷誦，略窺著作門庭，雖無宋刻元抄，
而零星短書及明刻精校，摩挲手澤，閱世如新〔註16〕。

檢視上述之言，知葉德輝之曾祖、先祖的確爲觀古堂豐富的典藏奠下深厚的
基礎。留下的書籍計有：崑山顧氏、元和惠氏、嘉定錢氏書；毛晉汲古閣所刊經
史殘冊、唐宋人詩文集；葉盛、葉樹廉之舊藏，及無錫宗人天來先生收藏之宋葉
夢得家訓說部等書。

此外，在〈觀古堂藏書序〉之中，葉德輝自述其四次重要採訪所覓得之書，
較特別的有：袁芳瑛臥雪廬、孫氏祠堂、商邱宋氏緯蕭草堂、曲阜孔氏紅櫚書屋、
王士禎池北書庫、諸城劉文清、歷城馬國翰山房之故物古籍〔註17〕。此一部分本
論文第四章第一節將深入探討。

綜合以上所論，不管是「遠紹」先祖之精神傳承，抑或「近承」先人之直接
繼承，皆可視爲觀古堂藏書淵源之所自來。

第二節 藏書內容

根據《觀古堂藏書目》及《郎園讀書志》所著錄的書籍數量及種類，加以統
計，得如下約略的數字：

表一：

經 部				史 部				子 部				集 部			
類目	種數	部數	卷數	類目	種數	部數	卷數	類目	種數	部數	卷數	類目	種數	部數	卷數
易	164	228	1741	正史	152	229	11939	儒家	234	339	3929	楚辭	15	20	190
書	114	162	1533	編年	67	90	4699	道家	57	83	414	別集	1157	1303	25508
詩	126	190	2183	注歷	13	21	121	陰陽家	18	22	120	總集	213	254	12489
禮	205	296	3796	霸史	20	30	559	法家	16	23	167	詩文評	107	146	1181
樂	29	39	582	雜史	129	174	3196	名家	7	20	53	詞	208	237	863
春秋	172	254	3659	雜傳	81	104	1183	墨家	6	8	100	曲	36	38	334

〔註16〕葉德輝，《觀古堂藏書目》（長沙：葉氏觀古堂，民國4年），頁1。
〔註17〕同註16，頁1～5。

論語	83	132	1240	政書	97	118	4584	縱橫家	3	5	41				
孝經	26	40	111	地理	228	299	4896	雜家	218	286	13159				
爾雅	45	77	455	譜系	65	85	896	農家	63	71	377				
石經	22	31	121	簿錄	125	160	1807	小說家	165	244	2029				
經解	146	227	5165	金石	153	199	1743	兵書	40	57	711				
小學	238	339	3501	史評	20	27	262	數術	186	222	1718				
緯候	13	34	160					方技	68	77	594				
								藝術	165	201	1116		5535 種 7246 部 124686 卷		
合計	1384	2049	24247	合計	1150	1536	35884	合計	1246	1658	24528	合計	1755	2003	40027

　　表一所錄主要是觀古堂藏書的種數、部數及卷數，綜合《觀古堂藏書目》及《郋園讀書志》所著錄的資料，剔除其重複的部分，統計所得。統計的過程一一比對，務求精準確切，然所得仍只是一約略之數字，何以故？蓋《觀古堂藏書目》編於清宣統三年（1911）至民國四年（1915）；民國五年至葉德輝遇害前所得之書，無從掌握。《郋園讀書志》成書較晚（民國十七年），但因該書之性質爲藏書題跋，取材之範圍有限，並非一完整之書目資料。此外二書之中亦有其共同疏漏，亦即未註明卷數之書甚多，今詳列於後：

經：

　　書　　《尚書白文》二冊
　　詩　　《戴震詩考》四冊
　　　　　《三家詩稿》二冊
　　　　　《毛詩證讀》不分卷
　　禮　　《禘說》上下卷
　　石經　《漢熹平石經殘字》一冊
　　　　　《漢熹平石經殘字石刻》拓本八幀

《漢熹平石經序表殘石》拓本兩張

《魏三體石經》尚書三段左傳三傳三段拓本六紙

《唐開成石刻十二經》拓本二百十八張附五經文字九經字樣十張

《南宋高宗御書石經》拓本八十六張

經解　《漢魏遺書鈔》一百八種

　　　《玉函山房輯佚經編》三百五十二種

小學　《說文註鈔》二冊

史：

雜史　《明宮史五史》

政書　《趙忠定公奏議》一冊

地理　《皇朝一統輿圖》八幅

　　　《嘉慶韓城縣續志》五卷

簿錄　《澹生堂書目》八冊

　　　《孝慈堂書目》不分卷

　　　《靜惕堂書目》

　　　《書目答問》

金石　《金石苑》十冊不分卷

　　　《金石苑》六冊不分卷

　　　《古玉圖考》二冊

　　　《小蓬萊閣金石文字》四冊不分卷

　　　《清儀閣金石題跋》不分卷

　　　《藏陶》四冊

子：

儒家　《正蒙注解》

道家　《道德寶章注》一冊

雜家　《寰海類編》三冊

小說家　《京本通俗小說》七種

數術　《恆星赤道經緯圖》八幅

　　　《鄒徵君遺書》八種

　　　《吳氏丁氏算學》十七種

集：

　　別集　《劉拾遺集》不分卷

　　　　　《孫職方集》不分卷

　　　　　《霜紅龕詩集分體十類》無卷數

　　　　　《娛老》四冊不分卷

　　　　　《歸田集》不分卷三冊

　　　　　《章實齋文鈔》

　　　　　《王鶴谿先生文稿》四冊

　　　　　《從政錄》不分卷

　　　　　《卷施閣集文甲集中卷稿》

　　總集　《六唐人集》八冊

　　　　　《明末四百家遺民詩》

　　　　　《石林詩話校記》

　　　　　《吳山三婦合評還魂記》二冊

　　　　　《宋四名家詩選》不分卷

　　　　　《國朝百名家詩鈔甲乙丙丁戊己庚五集五十九家》

　　由此看出，《觀古堂藏書目》及《郋園讀書志》未注明卷數者，十分可觀，因而表一所附的數字，只能說是一概括約略的數字。

　　由表一的統計，我們可以得知：四部之中，以集部的藏書量一千七百五十五種、二千零三部、四萬零二十七卷為最大。其次依序為史部的一千一百五十種、一千五百三十六部、三萬五千八百八十四卷；子部的一千二百四十六種、一千六百五十八部、二萬四千五百二十八卷；經部的一千三百八十四種、二千零四十九部、二萬四千二百四十七卷。就單項分析，依種數排名分別為：集部、經部、子部、史部。依部數排名則為：經部、集部、子部、史部。

　　從以上的數字分析吾們可以發現，葉德輝有關四部的收藏其分配大致相當。集部、經部偏多，反映出幾個現象：其一，葉德輝個人的研究喜好；其二，當時的出版情況；其三，藏書家的流行風尚。史部在卷數方面排名第二，卻在種數、部數墊底，主要是史書皆為大部頭鉅著使然。各小類之間的收藏數量，差距頗大，有多至萬卷以上者，亦有不及百卷者。超過萬卷的類目有：別集、雜家、正史、總集。不及百卷的則有：名家及縱橫家。

　　今將觀古堂藏書中藏書卷數較多的類目列舉於後，由此可窺出葉德輝藏書中

的諸多特色：

一、別集類：

共有一千一百五十七種，一千三百零三部，二萬五千五百零八卷，其分布情形如下：

漢魏六朝詩文集	三十五種、五十一部、三百三十卷
唐人詩文集	一百五十三種、一百九十五部、二千七百七十八卷
宋人詩文集	二百一十一種、二百四十九部、七千零六十卷
金元人詩文集	六十二種、七十一部、七百七十六卷
明人詩文集	一百二十七種、一百三十六部、三千四百零九卷
明遺民詩文集	四十五種、四十八部、六百七十卷
國朝貳臣逆臣詩文集	十三種、十四部、五百二十卷
國朝理學諸儒詩文集	八種、八部、一百九十四卷
國朝人詩文集	四百九十六種、五百二十四部、九千七百六十卷
國朝小集	七種、七部、十一卷

二、總集類：

共有二百一十三種、二百五十四部、一萬二千四百八十九卷、其分布情形如下：

詩文統編	三十種、三十八部、一千八百七十八卷
詩編	四十八種、六十部、一千八百三十六卷
文編	二十種、三十一部、一千二百三十四卷
唐人詩文	三十五種、四十二部、三千六百零七卷
宋人詩文	七種、十部、一千一百七十八卷
遼金元詩文	十三種、十三部、三百四十六卷
明人詩文	七種、七部、四百七十二卷
清朝詩文	十四種、十四部、七百二十八卷
合刻詩文	二十一種、二十一部、四百一十卷
都會郡縣詩文	十八種、十八部、八百卷

三、雜家類：

共有二百一十八種、二百八十六部、一萬三千一百五十九卷，其分佈情形如下：

論撰	四十一種、六十一部、六百九十六卷

紀述	一百一十二種、一百四十部、九百四十一卷
鑒賞	十二種、十四部、三十七卷
類事	五十三種、七十一部、一萬一千四百八十五卷

四、正史類：

共有一百五十二種、二百二十九部、一萬一千九百三十九卷，其分布情形如下：

正史	三十五種、七十七部、九千九百七十三卷
音註抄補	一百零四種、一百三十五部、一千八百五十二卷
年表元號	十三種、十七部、一百一十四卷

五、經解類：

共有一百四十六種、二百二十七部、五千一百六十五卷，其分布情形如下：

諸經古注	十四種、二十八部、二百九十卷
諸經注解	六十八種、九十二部、二千六百八十六卷
諸經記載目錄	十一種、十四部、三百七十六卷
文字	十三種、三十一部、九百六十四卷
音義	十一種、二十一部、一百九十八卷
四書注解	二十九種、四十一部、六百五十四卷

六、編年類：

共有六十七種、九十部、四千六百九十九卷，其分布情形如下：

古史	十八種、二十四部、二百七十五卷
通鑑	二十五種、三十四部、三千三百六十五卷
綱目	七種、十部、一百九十八卷
紀事本末	十七種、二十二部、八百六十一卷

七、地理類：

共有二百二十八種、二百九十九部、四千八百九十六卷，其分布情形如下：

總志	二十種、三十四部、一千七百零三卷
分志	三十六種、四十六部、一千一百六十四卷
水道	三十五種、四十三部、九百八十二種
古蹟	三十種、四十七部、二百二十二卷
山水	十五種、十七部、一百八十五卷

雜志	四十四種、六十部、一百七十一卷
外紀	四十八種、五十二部、四百六十九卷

八、政書類：

共有九十七種、一百一十八部、四千五百八十四卷，其分佈情形如下：

詔令	四種、四部、三百八十八卷
奏議	二十三種、三十部、一千一百九十五卷
職官	十九種、二十六部、一百七十四卷
法制	十七種、二十一部、二千二百零七卷
民政	四種、四部、三十七卷
典禮	十六種、十九部、四百一十四卷
兵制	四種、四部、十四卷
刑法	七種、七部、一百一十八卷
考工	三種、三部、三十九卷

九、儒家類：

共有二百三十四種、三百三十九部、三千九百二十九卷，其分佈情形如下：

論撰	七十八種、一百三十四部、九百九十一卷
理學	六十九種、八十二部、一千四百八十七卷
考據	八十七種、一百二十三部、一千四百五十一卷

十、禮　類：

共有二百零五種、二百九十六部、三千七百九十六卷，其分佈情形如下：

周禮	四十種、五十七部、五百七十六卷
儀禮	四十九種、七十三部、八百四十五卷
禮記	五十一種、七十一部、一千零八十六卷
大戴禮記	二十一種、三十部、二百一十二卷
總義	三十六種、五十一部、三百零九卷
禮書	八種、十四部、七百六十八卷

十一、春秋類：

共有一百七十二種、二百五十四部、三千六百五十九卷，其分佈情形如下：

左傳	六十六種、九十八部、一千一百二十二卷
公羊傳	十九種、三十八部、五百卷

穀梁傳	十種、十七部、二百一十八卷
三傳經解	六十六種、七十七部、一千四百六十九卷
外傳	六種、十四部、一百九十八卷
國策	五種、十部、一百五十二卷

十二、小學類：

共有二百三十八種、三百三十九部、三千五百零一卷，其分佈情形如下：

訓詁	三十二種、五十九部、九百六十三卷
字書	五十一種、七十五部、六百七十一卷
說文解字	九十七種、一百二十四部、一千三百四十九卷
韻書	四十五種、六十五部、四百八十一卷
雜書	十三種、十六部、三十七卷

從以上的統計資料顯示，觀古堂藏書中以別集，尤其是清人之詩文集爲最多。值得注意的是在清人的作品部分，葉德輝又將之細分爲：國朝貳臣逆臣詩文集、國朝理學諸儒詩文集、國朝人詩文集、國朝小集四部分，若合併統計，其數量當更可觀。此外，排名第五的經解類，因《漢魏遺書鈔一百八種》及《玉函山房輯佚經編三百五十二種》並未注明卷數，未予合併計算，其藏書之份量不容忽視。前十二名當中，經部佔四席，史部佔四席，子、集各二席；但集部的別集、總集卻分佔一、二名。這個數字我們再一次看出葉德輝藏書的特色及學術研究的範圍。

至於版本部分，茲亦列表統計於後：

表二：

經 部	宋刻	仿宋刻	元 刻	仿元刻	明 刻	清 刻	仿 明	日 本	活字本	鈔 本	其 他 不確定	小 計
易		2		1	19	206						228
書	1	4	2		8	144				2	1	162
詩		1	1		23	163				2		190
禮	1	8	2		13	268	1	1	2			296
樂					2	37						39
春秋		5			14	234					1	254
論語		4		2	13	101		7	3	1	1	132

經部	宋刻	仿宋	元刻	仿元	明刻	仿明	清刻	日本	活字	鈔本	舊刻	其他不確定	小計
孝經		1			2		33		1		2	1	40
爾雅		1			8			1			1	1 影宋	77
石經							26					5	31
經解		4			2		214					5	227
小學		7	1	2	28		277		6	7	2	9 一金刻	339
緯候							23			1	1	9 舊刻	34
小計	2	37	6	5	132		1791	2	17	13	11	33	2049

表三：

史部	宋刻	仿宋	元刻	仿元	明刻	仿明	清刻	日本	活字	鈔本	舊刻	其他不確定	小計
正史		5	2		50		156	10	3	3			229
編年				3	17		64		2	4			90
注歷					11		6		2	2			21
霸史					6		21		1	2			30
雜史		4	1	1	38		109		8	10		3	174
雜傳		3	1		10		78		8	3		1	104
政書		3	2	1	14		86		3	7	1	1	118
地理	1	3			38		238	1	6	8		4	299
譜系		1			6		73			5			85
簿錄					2		130	1	7	15	1	4	160
金石					10		177		4	5		3	199
史評					4		22					1	27
小計	1	19	6	5	206		1160	12	44	64	2	17	1536

表四：

子部	宋刻	仿宋	元刻	仿元	明刻	仿明	清刻	日本	活字	鈔本	舊刻	其他 不確定	小計
儒家	6	3	1		71	1	237	4	8	4		4	339
道家		1			25		51		3	1		2	83
陰陽家		1			4		13		1	1		2	22
法家		3			4		12		1			3	23
名家		2			12		6						20
墨家					2		2	1	3				8
縱橫家					1		4						5
雜家		3	5	1	79		178	1	7	10		2	286
農家					30		40			1			71
小說家		4	1		113		113		6	4		3	244
兵書		2			7		40	1	4	2		1	57
數術					19		180		5	4		14	222
方技		5	1	2	7		54	2	2			3 仿金1	77
藝術		3	1		36	2	143		2	8		6	201
小計		30	11	4	410	3	1073	9	42	35		41	1658

表五：

集部	宋刻	仿宋	元刻	仿元	明刻	仿明	清刻	日本	活字	鈔本	其他 不確定	舊刻	小計
楚辭		2			6		12						20
別集	6	23	2	1	191		998	4	37	31	10	1 高麗	1303

	宋刻	仿宋	元刻	仿元	明刻	仿明	清刻	日本	活字	鈔本	其他不確定	舊刻	小計
總集	3	14	4	1	61		159		6	4	3		254
詩文		1	1		41		100		2		1		146
詞		1			11		222			3			237
曲					8		28			1	1		38
小計	9	41	7	2	318	0	1519	4	45	39	15	1	2003

表六：

	宋刻	仿宋	元刻	仿元	明刻	仿明	清刻	日本	活字	鈔本	其他不確定	舊刻	小計
經	2	37	6	5	132	2	1791	17	13	11	33	0	2049
史	1	19	6	5	206	0	1160	12	44	64	17	2	1536
子	0	30	11	4	410	3	1073	9	42	35	41	0	1658
集	9	41	7	2	318	0	1519	4	45	39	15	1	2003
小計	12	127	30	16	1066	5	5543	42	164	149	106	3	7246

　　以上五個表，表二至表五爲經、史、子、集四部版本之分表，表六則爲總表。由分表中可以看出各類目版本之分佈情況，以表二來看，宋元版本中主要集中在書、詩、禮，各大類則以清刻最多，論語類的日刻本最多，小學類的活字本也不少。而就四部的總表來看，數量最多的依然是清刻本的五千五百四十三種，約佔總數的百分之七十六點五；其次則爲明刻本的一千零六十六種，約佔總數的百分之十四點七一。此一現象在分表中亦十分顯然，可見明清刻本爲觀古堂藏書的特色，約佔總數百分之九十一點二一。剩餘之百分之八點七九則由各刻本平分秋色，宋元刻本不多，不含仿宋本的話，才四十二部，約佔總數百分之零點六；顯示葉德輝並非佞宋尙元之輩；日刻本之總數與宋元本相當，葉德輝與日本之文化交流可以獲得理解。葉德輝何以重視清版，在《郋園讀書志》卷一〈儀禮圖六卷〉條有云：

　　　　余喜國朝以來諸儒經義之書，于經解正續兩編外，多搜得單行原刻
　　　本及諸家全集，原書惟金榜禮箋及此書未得原刻，物色久之，前年始獲，
　　　禮箋原刻初印，今又獲此，可謂從心所欲矣；藏書家習尙，無不侈言宋
　　　元舊鈔，不知康雍乾嘉，累葉承平，民物豐阜，士大夫優游歲月，其著

書甚勇，其刻書至精，不獨奴視朱明直可上追天水〔註18〕。

葉德輝重視清代各家原刻本，其原因乃是因爲康雍乾嘉四朝承平，士大夫優游文事，既勇於著述，又精於刊刻。因而校勘精善，可比宋元，因而葉德輝十分重視清人經學著作。清人經學著述之外，葉德輝又喜歡搜集乾嘉詩文集，由前面的卷數分析得知清人詩文集高居排行榜第一。其理安在？據其從子葉啓勳云：

> 有清乾嘉之際，人文號稱極盛，當時海宇晏安，士大夫尋盟壇坫，其詩文專集，超軼宋元。大興舒鐵雲孝廉位、錢塘陳雲伯大令文述，曾撰《詩壇點將錄》一書，閱時既久，諸人專集，世鮮流傳，獨世父窮年搜訪，所缺不過十之一二，欲待其全彙輯爲《詩壇點將錄詩徵》，乃先將已得之集，考諸人覆貫事跡做爲小傳，復徵引諸家詩話，詳其出處交際，不獨昔人孤詣可免沈淪，而一朝詩派儒風，皆得有所考鏡〔註19〕。

葉德輝十分欣賞舒位之《乾嘉詩壇點將錄》一書，有意繼起彙編《乾嘉詩壇點將錄詩徵》因而十分留心清人之各類著述，無怪乎葉德輝對其觀古堂藏書期許之一則爲「足備清史藝文志之史材」〔註20〕。

藏本中特別珍貴者，根據葉德輝之自述，相當之多，葉氏在〈山中十憶詩‧憶藏書〉一詩之附註有云：

> 余藏書及四千餘部，逾十萬卷，重本別本數倍于四庫。宋本以北宋膠泥活字本《韋蘇州集》、金刻《埤雅》、宋刻《南嶽總勝集》、南宋刻陳玉父本《玉臺新詠》爲冠。元刻以敎繼公《儀禮集說》、婺州本《荀子》、大德本《繪圖列女傳》、張伯顏本《文選》爲冠。明刻至多，有：涂禎刻九行本桓寬《鹽鐵論》，可證顧千里爲張敦仁重刻十行本目爲涂刻之誤。袁褧刻陸游本《世說新語》可證周氏欣紛閣、李氏惜陰軒，兩本重刻袁本臆改之誤。顧元慶刻《四十家文房小說》全部，乾嘉時，藏書家如：孫氏平津館、黃氏士禮居皆止零種，近日海內四大藏書家，若：楊氏海源閣、陸氏皕宋樓、瞿氏鐵琴銅劍樓、丁氏善本書室亦然。余有其全，又經明金孝章先生鑒定手書籤題，尤爲希世之秘。其他明刻善本未檢校者，不可枚舉。鈔本以元鈔明補曾慥《類說》、謝在杭春草齋鈔《猗覺寮雜記》、杭世駿自著《訂僞類編》稿本、戴震《詩經類考》，或可補傳刻

〔註18〕同註13，頁121～122。
〔註19〕同註1。
〔註20〕葉啓倬、葉啓慕合著，《觀古堂藏書目跋》，葉德輝著，《觀古堂藏書目》（長沙：葉氏觀古堂，民國4年），頁96。

之缺略，或可考近本之異同。名人手鈔者，則有宋白玉蟾手書《道德經》、明楊愼手書自撰《六書索隱》、錢大昕手鈔黃丕烈校宋《南宋館閣錄》、屬鶚手抄《辛稼軒詞》、阮文達《三家詩補遺》稿。日本刻本則有：天文癸巳刻白文《論語》、皇侃《論語義疏》、山井鼎《七經孟子考文》、魏徵《群書治要》、上官國材本王肅注《孔子家語》、嘉禾仿宋刻唐孫思邈《千金要方》、文政仿宋刻元大德本《千金翼方》、安政刻影鈔本康賴《醫心方》、安政活字本《太平御覽》，皆朝夕撫玩，銘心鏤骨，一日不忘者，此外舊刻孤本名校集部更不暇詳舉矣〔註21〕。

　　葉德輝如數家珍的敘出值得自豪之版本，今查考《觀古堂藏書目》及《郎園讀書志》之著錄，表列於後，期能一目瞭然：

宋　本：

　　《韋蘇州集》十卷（北宋慶曆膠泥活字印本）

　　《埤雅》二十卷（北宋金刻本）

　　《南嶽總勝集》（宋隆興元年刻本）

　　《玉臺新詠》十卷（宋嘉定乙亥陳玉父刻本）

元　刻：

　　《儀禮集說》十七卷（元刻本）

　　《荀子》二十卷（明婺州本）

　　《繪圖列女傳》八卷（元大德十一年精刻繪圖本）

明　刻：

　　《鹽鐵論》十卷（明弘治十四年涂禎仿宋九行刻本）

　　《世說新語》六卷（明嘉靖乙未袁褧重刻宋本）

　　《四十家文房小說》十卷（明嘉靖中顧元慶校刻本）

鈔　本：

　　《類說》五十卷（元抄配明抄本）

　　《猗覺寮雜記》二卷（謝在杭春草齋抄本）

　　《訂譌類編》六卷（漢陽葉名灃平安館精抄本）

　　《戴震詩考》四冊（精鈔稿本）

〔註21〕葉德輝，《朱亭集》，《郎園先生全書》（長沙：中國古書刊印社，民國24年），頁7～8。

名人手鈔：

《道德寶章注》一冊（宋白玉蟾手書真蹟本）

《六書索隱》五卷（明楊慎手書真蹟本）

《南宋館閣錄》十卷，《續錄》十卷（錢大昕手鈔本黃丕烈以宋本校過）

《辛稼軒詞》八卷（屬鶚手鈔本）

《三家詩稿》二冊（阮元手稿本）

和刻本：

《論語》二卷（日本天文癸巳刻本）

《論語集解義疏》十卷（日本寬延庚子服元喬刻本）

《七經孟子考文補遺》一百九十九卷（日本亨保十年刻本）

《群書治要》五十卷（日本天明七年原刻本）

《孔子家語》十卷（日本寬永十五年戊寅重刻刊宋上官國材宅本）

《千金要方》三十卷（日本嘉永元年仿刻本）

《千金翼方》三十卷（日本文政己丑元刻本）

《康賴醫心方》（日本安政刻影鈔本）

《太平御覽》一千卷（日本安政乙卯活字擺印重校宋本）

以上諸本中以《韋蘇州集》最為珍貴。葉德輝頗自得於有此藏書，以為「非止北宋本第一，亦海內藏書第一也！〔註22〕」蓋在此之前各藏書目錄均無此種宋本之記載。該書據葉氏之敘述：「紙薄如繭而極堅韌，或澄心堂製造；墨色如漆視之有光，或李廷珪墨所印，皆未可知〔註23〕。」然此書近代學者大抵抱持存疑的態度。趙萬里認為是明銅板活字本，張秀民也以為是明活字本唐人集之一種〔註24〕。杜邁之、張承宗在《葉德輝評傳》中曾云：

> 葉氏所藏善本，歷來為學術界所重視，而北宋膠泥活字本《韋蘇州集》因原書迄今未有傳本，致使有人提出疑問，如：董康在清徐志定刊印泰山磁版《周易說略》題記中說：「湘中葉煥彬以所藏有宋膠泥版《韋蘇州集》自詡。後葉氏書鬻諸滬上，並未見到此書。」魏隱儒編著《中國古籍印刷史》之第十九章中也說：「這本書究竟是否宋時泥活字印本，也未可知。」故此書之真贗，還有待于圖書工作者的進一步發現才能確

〔註22〕同註13，頁788。

〔註23〕同註13，頁788。

〔註24〕李書華，《中國印刷術起源》（香港：新亞研究所，民51年），頁190。

定〔註25〕。

　　由上所述，《韋蘇州集》是否眞爲宋泥活字印本，的確有賴進一步的查驗考訂。《韋蘇州集》之外，值得一提的是《南嶽總勝集》。此本爲涇陽尙書端方所贈，常熟龐鴻書出資贊助葉德輝影麻刊行，葉以日本繭紙印十多部，其唯妙唯肖之程度，竟使精於版本的學者楊守敬紿以爲宋本，竟以番餅八十元之善價購之，此事令葉氏甚爲得意，以爲「老孃倒綳，聞者無不開顏」〔註26〕。

第三節　藏書散佚

　　昔黃宗義有云：「嘗歎讀書難，藏書尤難，藏之久而不散，則難之難矣！〔註27〕」可見保存藏書久而恆在之不易。清人黃庭鑑亦云：「國初以來，大江南北，藏書者踵起。而吾虞之錢氏毛氏，實爲稱首。然皆不再傳而失之。他如崑山徐氏、泰興李氏、維揚馬氏、澹生之祁、小山之趙，皆隨聚隨散〔註28〕。」一語道盡藏弃者鮮克有終聚散無常之憾。私人藏書之散佚，其來有自，其原因不外四端：毀於兵燹、毀於水火、子孫不肖、書禁之厄〔註29〕。考觀古堂藏書之散佚，非關水火非關書禁，乃因兵燹及子孫不肖所致。

　　民國十六年（1927）四月間，共產黨在湖南引發農民運動，藉打倒土豪劣紳爲名，將葉德輝鬥爭致死。葉氏死後，葉氏從子葉啓勳曾云：

　　　　丁卯春月世父被難，余倉皇出奔無暇計及典藏，亂定歸家則觀古堂

　　之藏，散佚者十之三四〔註30〕。

丁卯亂事之後，葉德輝家人倉皇出走避難，觀古堂藏書十之三四散佚。散佚之因爲何？葉啓勳又云：

　　　　丁卯三月家遭變亂，典籍頗多散亡，此書亦被竊去，年來蹤跡遂不

〔註25〕杜邁之、張承宗合著，《葉德輝評傳》（長沙：岳麓書社，1986年），頁74。

〔註26〕同註13，頁388。

〔註27〕黃宗義，《南雷文約》卷四〈天一閣藏書記〉，《叢書集成新編》第七十六冊（台北：新文豐，民國74年），頁216。

〔註28〕陳登原，《古今典籍聚散考》，《書目類編》第九十六冊（台北：成文出版社，民國67年），頁421。

〔註29〕同註6，頁23～25。

〔註30〕葉啓勳，《拾經樓紬書錄》默記一冊條，《書目叢編》（台北：廣文，民國78年），頁205。

可復得矣〔註31〕！

明言「被竊」，雖非直接亡於兵燹，卻與之脫離不了干係。此外，即爲子孫之不肖。
葉德輝曾云：「諸人皆眷眷於其子孫，究之藏書家鮮有傳及三世者〔註32〕。」歷來，
平議典籍之聚散者，往往得一共識：聚書於好書之祖先，而散於毀書之子弟〔註
33〕。如宋人江正盡收吳越江南之藏，藏書頗富，然子孫不能守，將之用以籍物，
資以藝炊。元人虞堪，隱居行義，藏書甚富，雅重先人手澤，然子孫不能守，斥
賣先世故物，以供衣食。明汲古閣主人毛晉，藏書史上甚有地位，然子孫不能守，
以版片作薪煮茶。清代藏書家之藏書，子孫不克永保者，比比皆是。楊氏海源閣、
陸氏皕宋樓其所以散佚者，皆與其子孫之不肖有關〔註34〕。葉德輝觀古堂藏書亦
不例外！葉氏死後，其子之一沈迷賭博，竟將葉氏四十年心血所寄之藏書押注而
光〔註35〕。葉啓勳在其所著之《拾經樓紬書錄》舊唐書條有云：

> 此書出，郡故藏書家索值頗昂。從兄某知其爲先人手澤，而又惜財
> 物不欲致之，及歸余插架，又欲乾沒以去。余於從兄弟輩爲最小，遂不
> 敢爭，亦不願爭也。卒爲所奪，未幾，從兄某豪於摴蒲之戲盡散其藏書，
> 余仍從估人手得之〔註36〕。

針對此事，葉啓勳有無限感慨，此「從兄某」乃葉德輝之不孝子孫，一場摴蒲
之戲，居然將葉德輝心血收藏盡散，葉氏地下有知，不免痛心疾首。豪賭散盡之外，
不肖子孫，仍有後續動作。葉啓勳《拾經樓紬書錄》〈玉臺新詠十卷〉條又云：

> 而余家變故相乘，世父死丁卯春月之難，藏書散失幾盡，從兄則因
> 家計，將所得斥賣罄盡〔註37〕。

困於家計變賣藏書之事，時有所聞，葉德輝之子孫不肖，誠令人不勝唏噓！
綜合言之，觀古堂藏書之散佚，不外乎兵燹之被竊及子孫之不肖。然書散佚之後
必當更換主人，觀古堂藏書究竟流落何方？依近人之研究，葉德輝矜誇天下第一
的《韋蘇州集》爲周越然的「言言齋」所得，其餘收羅較多者則爲莫伯驥與葉啓
勳〔註38〕。今分述此二氏於後。

〔註31〕同註30，《宣和書譜》二十卷條，頁151。
〔註32〕葉德輝，《書林清話》（台北：世界書局，民國77年），頁289。
〔註33〕同註28，頁422。
〔註34〕同註28，頁422～429。
〔註35〕蘇精，《近代藏書三十家》（台北：傳記文學，民國72年），頁40。
〔註36〕同註30，頁88。
〔註37〕同註30，頁345。
〔註38〕同註35，頁40。

　　葉啟勳，字定侯，號更生居士，葉德輝三弟德炯之次子，生於清光緒二十六年（1900）。啟勳幼承家學，性喜蓄書，十餘年之中，聚書十萬卷有奇，凡觀古堂中所無者，輒以重值得之。觀古堂藏書散佚之後，啟勳本抱殘守缺之心為啟先待後之計逐次購回〔註39〕，因而葉德輝部分秘本又失而復得。

　　傅增湘對此事有詳細的敘述，傅氏云：

　　　　長沙葉君定侯，余同年生，奐彬吏部之猶子也。吏部君碩學通才以藏書名海內，所撰《書林清話》、《郋園讀書記》，於版刻校讎之學，考辨翔賅，當世奉為圭臬。二十年來南北往還，賞奇析異，與余契合無間，嘗數數為余稱道定侯之賢，謂其劬學嗜古，克紹其家風，余固已心識之。昨歲南遊衡山，道出長沙，定侯執年家子禮來謁，始得相見。泊余返棹乃造廬觀其藏書，舊槧名抄，連楹充棟，中多罕傳秘籍，余披玩竟日夕，手籍其要於瞥記中，其最著者，如：宋刊，則有韻補古史《宣和書譜》；秘鈔，則有汲古閣影宋之《重續千字文》，雁里草堂之《廣川書跋》；名校，則有毛斧季之《春緒紀聞》、何義門之《才調集》，而陳熹甫之《自堂存稿》十三卷本足補秘閣闕遺，尤可寶貴。蓋頻年搜采，鑑別既精，卷帙遂富。吏部君藏書，身後散出者，其秘本又多為君所得，如堯卿之有簡嚴，若雲之有月霄焉〔註40〕。

　　葉啟勳印行《拾經樓紬書錄》三卷，收錄歷年所撰藏書題跋一百零九篇，傅增湘為其作序，除揄揚其「舊槧名抄連楹充棟」之收藏本事外，更對其能克紹家風讓觀古堂部分藏書失而復得之舉讚譽有加，以為葉德輝有此子姪，一如明代天一閣范欽之有范大澈，清代愛日精廬張海鵬之有張金吾。至於那些觀古堂藏書為葉啟勳所得？《拾經樓紬書錄》並未著錄。

　　有關莫伯驥收羅觀古堂藏書的記載，則見於莫伯驥〈五十萬卷樓藏書目錄初編序〉。莫氏云：

　　　　蓋五厄之丁，於今為烈，金淵玉海，多付劫灰，故國人恆視舊本為骨董，豪家大賈，固不惜厚貲競買，飾以綈函文木借為大雅之階，而東西人士恆喜搜求，載以大車，每多秘笈。泰晤士報記者，毛利生君，久旅吾華，身後遺本直累巨萬，其最彰彰者也。伯驥以匹夫之力與之周旋，雞刀屠牛未免為王仲任所誚。張孝達昔督蜀學，嘗以節衣縮食，猶當購

書訓於多士。伯驥既法其所爲，又稱貸而益其所負，有謗可借，無莊可割，以較王弇州之買漢書，法時帆之易裴甌，與夫近日江安傅先生藏書目序所述其興趣似有過之。於是北如意園之盛氏、臨清之徐氏，南如揭陽之丁氏、南海之孔氏、巴陵之方氏、江陰之繆氏、茂苑之蔣氏、長沙葉氏之觀古堂、獨山莫氏之銅井文房、揚州吳氏之測海樓，最近蒙難之聊城楊氏海源閣，昔日皆萬籤帳秘，赫赫有聲，然其散出之舊槧精鈔，往往爲伯驥所得〔註41〕。

莫伯驥法前輩藏書家節衣縮食勤力搜訪古籍、許多名家散出之舊槧精鈔，往往爲其所得，葉德輝觀古堂藏書便是其中之一。莫伯驥，字天一，廣東東莞人，生於清光緒四年（1878），卒於民國四十七年（1958），享年八十一。莫氏弱冠即以案首入縣學爲生員，又往廣州光華醫學堂習西洋醫學；畢業後自設西藥房於廣州。光緒庚子前後，助其兄爲日報編輯〔註42〕。莫伯驥性喜購藏古書，藥房生意之贏餘悉數投注其中。到處搜訪舊籍，廣東不足又赴江浙平津，是據所述，北如意園盛氏、臨清徐氏；南如揭陽丁氏、南海孔氏、巴陵方氏、江陰繆氏、茂苑蔣氏、長沙葉氏觀古堂、獨山莫氏銅井文房、揚州吳氏測海樓、楊氏海源閣等十幾大家之舊藏，以及內府珍本等等，皆入其五十萬卷樓之中。據其藏書目錄觀之，收藏最多其他藏書家原有者，該推葉德輝觀古堂的部分。根據《五十萬卷樓藏書目錄初編》所著錄之資料來看，原爲葉氏所有之珍本，如下〔註43〕：

經：

《周易玩解》十六卷（大字精寫本）

《儀禮集說》十七卷（元刊本李滄葦秦敦夫）

《新刊詳補增注東萊先生左氏博議》二十五卷（明正德六年劉氏安正堂本）

史：

《漢書》一百三十卷（明德藩最樂軒刻本）

《李深之文集》六卷（舊鈔本）

《王氏脈經》（明成化十年仿元泰定四年刊本）

《南嶽總勝集》三卷（宋隆興元年刻本）

〔註41〕莫伯驥，《五十萬卷樓藏書目錄初編》，《書目叢編》（台北：廣文，民國78年），頁1～12。

〔註42〕同註35，頁151。

〔註43〕同註41，頁14～36。

子：

　　《居家必用事類全集》十卷（明黑口本）

　　《緯略》十二卷（影寫明沈士龍刻本）

　　《廣川書跋》十卷（明文氏玉蘭堂鈔本）

　　《事物紀原》十卷（明正統十二年閻敬刊本）

集：

　　《陶靖節集何孟春注》十卷（明正德癸未刻本）

　　《孫職方集》不分卷（明崇禎庚辰閔齊伋刻本）

　　《劉拾遺集》不分卷（明崇禎庚辰閔齊伋刻本）

　　《桂苑筆耕集》二十卷（明高麗活字印本）

　　《箋注唐賢絕句三體詩法》二十卷（明繡元版本）

　　《元人十種詩集》五十卷（毛刊本顧氏謏聞齋）

　　《辛稼軒詞》十二卷（清厲樊榭手寫本）

　　《批點稼軒長短句》十二卷（明嘉刊何子貞）

　　以上所述，僅是觀古堂藏書中較為珍貴者，客觀來看，其數量當不止於此。至於散落其他書估或名家之手者，則無從考證。

第四章　觀古堂藏書的採訪、整理與利用

　　古代藏書家之藏書事業，雖不若現代圖書館區分爲技術服務與讀者服務二環，但衡觀其藏書採訪、整理與利用之過程，竟與現代圖書館事業若合符節，具有外在與內在特質的聯繫。採訪、整理爲技術服務；利用則屬讀者服務。本章將探討葉德輝觀古堂藏書採訪、整理與利用情況，以表彰其藏書之成就。

第一節　藏書的採訪

　　葉德輝觀古堂的藏書，無論就質就量而言，皆可謂十分斐然。這得力於其不遺餘力的書籍採訪，其子嘗如是描述道：「家君每歲歸來，必有新刻舊本書多櫥，充斥廊廡間，檢之彌月不能罄〔註 1〕」。其訪書之情形，試就其《觀古堂藏書目》、《郋園讀書志》及《郋園山居文錄》等文獻之記載，歸納成如下數端：

一、採　購

　　觀古堂的藏書有大半來自採購。葉德輝曾自道其多次採購之情形，葉氏云：

　　　　迨余鄉舉，偕計入都，日從廠肆搜訪《皇清經解》中專本、單行之書，頗有初印佳本。丙戌丁亥，居會城，縣人袁漱六太守臥雪廬藏書大半散出，其中宋元舊槧折閱售之。德化李木齋編修裒書，多蘭陵孫氏祠堂舊藏，記有南宋本兩漢書，觸目垂涎，卒爲李有後，乃稍稍收拾其殘本，或抄或配，日與書棚估客相親，其時同收袁書者有王理安校官啓原，

〔註 1〕葉啓倬、葉啓慕合著，〈觀古堂藏書目跋〉，葉德輝著，《觀古堂藏書目》（長沙：葉氏觀古堂，民國 4 年），頁 96。

守缺抱殘，恒過余居，考辨眞僞。己庚之際，再至都門，值商邱宋氏緯
蕭草堂、曲阜孔氏紅櫚書屋兩家收藏，散在廠甸，余力不能全有，擇其
目所缺載，及刻有異同者購之。如：明活字本《太平御覽》，與萬曆甲辰
重刻《太平御覽》，《前後七子詩文》，集部康雍諸老藏校諸書，得二十箱
梱載南歸。壬辰通籍乞假田居十餘年間，得善化張姓書數櫥。張曾久宦
山東，中有王文簡池北書庫、諸城劉文清、歷城馬國翰玉函山房故物，
益以袁氏售而未盡之餘，往往先得其殘編，久而自相配合，上下三四世，
南北三十年，由是四部之儲，稍爲完備〔註2〕。

此段文字葉德輝夫子自道式的道出生平幾次重要的採購過程及成果。第一
次，光緒十一年（1885 年），在北京廠肆搜訪，得有《皇清經解》中之專本及單
行之本，也有初印的佳本。第二次，光緒十二、十三年（1886～1887）之間，在
湖南長沙，收到一大批袁芳瑛臥雪廬的藏書殘本，其中有宋元舊槧，折閱取得，
多蘭陵孫氏祠堂舊藏。第三次，光緒十五年（1889 年）至光緒十六年（1890 年），
葉德輝再至都門，適巧遇商邱宋氏緯蕭草堂及曲阜孔氏紅櫚書屋兩家收藏散在廠
甸，葉氏「擇其目所缺載，及刻有異同者」購之，得二十箱梱載回湘。其中較著
名的有：明活字《太平御覽》、明萬曆甲辰重刻《太平御覽》、《前後七子詩文》
及集部康雍諸老所藏校的諸書等。第四次，光緒十八年（1892），葉德輝中進士
後乞假田居，十餘年中間，得有善化張姓人家的書籍數櫥；其中有王士禛池北書
庫、諸城劉文清、歷城馬國翰玉函山房的故物。幾次的收集下來，四部的藏書可
謂完備。

《郋園讀書志》也曾多次提及採購書籍之情事，就統計所得，葉德輝明言以
採購方式訪得之圖書，至少有下列數種：

1、《漢熹平石經殘字》一冊（卷一）
2、《漢熹平石經殘字石刻拓本》八幀（卷一）
3、《南宋高宗御書石拓本》八十六張（卷一）
4、《京氏易傳》三卷，《周易略例》二卷，《關氏易傳》一卷，《周易舉正》
　　三卷，《正易心法》一卷，《周易古占注》二卷，《乾坤鑿度》二卷，《乾鑿
　　度》二卷（卷一）
5、《三家詩稿》二冊（卷一）

〔註 2〕葉德輝，〈觀古堂藏書目序〉，葉德輝，《觀古堂藏書目》（長沙：葉氏觀古堂，民國
　　　　4 年），頁 1～3。

6、《戰國策》三十三卷（卷一）

7、《論語集解》十卷（卷二）

8、《七經孟子考文補遺》，《周易》十卷，《尚書》二十卷，《毛詩》二十卷，《左傳》六十卷，《禮記》六十三卷，《論語》十卷，《古文孝經》一卷，《孟子》十四卷（卷二）

9、《詩書古訓》六卷（卷二）

10、《鄭志》三卷，《鄭記》一卷（卷二）

11、《說文注鈔跋》二冊（卷二）

12、《重續千字文》二卷（卷二）

13、《字鑑》五卷（卷三）

14、《漢雋》十卷（卷三）

15、《宋史》四百九十六卷（卷三）

16、《十七史詳節》二百七十三卷（卷三）

17、《吳越備史》六卷（卷三）

18、《國榷》五冊（卷三）

19、《春明退朝錄》一卷（卷三）

20、《孤兒編》二卷（卷三）

21、《吳郡圖經續記》三卷（卷四）

22、袁州本《郡齋讀書志》四卷，〈後志二本考異〉一卷，〈附志〉二卷（卷四）

23、《絳雲樓書目》二冊不分卷（卷四）

24、《毛詩注疏》二十卷（卷四）

25、《藝文類聚》一百卷，又一部（卷六）

26、《聯新事備詩學大成》三十卷（卷六）

27、《唐類函》二百卷（卷六）

28、《西京雜記》六卷（卷六）

29、《墨池編》六卷（卷六）

30、《梅花喜神譜》二卷，又一部（卷六）

31、《玄玄棋經》六冊（卷六）

32、《子彙》十二冊（卷六）

33、重刻武英殿聚珍版七種（卷六）

34、《杜工部集箋注》二十卷（卷七）

35、《權文公文集》二十七卷（卷七）

36、《韓文》四十卷，〈外集〉十卷，〈遺集〉一卷（卷七）

37、《杜樊川集》二十卷又一部（卷七）

38、《笠澤叢書》四卷，〈補遺〉一卷（卷七）

39、《花蕊夫人詩集》一卷（卷八）

40、《桂苑筆耕集》二十卷（卷八）

41、《東坡集》四十卷，〈後集〉二十卷，〈奏議〉十五卷，〈內制〉十卷，〈附樂語外制〉三卷，〈應詔集〉十卷，〈續集〉十二卷（卷八）

42、《偽本斜川集》十卷（卷八）

43、《吳文肅公集》二十卷，〈附錄〉一卷（卷八）

44、《謝疊山先生文集》五卷（卷八）

45、《滄溟先生集》三十卷（卷九）

46、《張居來集》三十五卷（卷九）

47、《徐文長文集》三十卷，〈三集〉十二卷，〈逸稿〉二十四卷（卷九）

48、《尊水園集略》十二卷（卷十）

49、《松桂堂集》三十七卷，《延露詞》三卷，《南淮詞》三卷（卷十）

50、《西陂類稿》五十卷（卷十）

51、《劉繩庵內集》十六卷，〈外集〉八卷（卷十）

52、《歸愚詩文全集》六十七卷（卷十）

53、《蔗尾文集》二卷，《詩集》十五卷，《卻掃齋倡和集》三卷（卷十）

54、《厚石齋集》十二卷（卷十）

55、《從政錄》不分卷（卷十）

56、《詠歸亭詩鈔》八卷，《在亭叢稿》十二卷（卷十一）

57、《文選李善注》六十卷（卷十五）

58、《兩漢策要》十二卷（卷十五）

59、《三家宮詞》三卷，《二家宮詞》二卷（卷十六）

60、《十家宮詞》十二卷（卷十六）

61、《列朝詩集》乾集二卷，〈甲集前編〉十一卷，〈甲集〉三十二卷，〈乙集〉八卷，〈丙集〉十六卷，〈丁集〉十六卷，〈閏集〉六卷（卷十六）

62、《元詩選》首集一卷，〈一集〉六十八卷，〈二集〉二十六卷，〈三集〉十六卷（卷十六）

63、《明詩綜》一百卷（卷十六）

64、《心儀集》六卷,《停雲集》二卷(卷十六)

65、《清眞詞》二卷,〈補遺〉一卷(卷十六)

66、《玉笥山人詞集》一卷(卷十六)

67、《山中白雲詞》八卷,又一部(卷十六)

68、《詞源》二卷(卷十六)

69、《圭塘倡和詩》一卷(卷十六)

所上所列之六十九種,是《郋園讀書志》中明言購自書肆或書商者,括號內所注明者即其出處。書志中不列藏書來源者甚多,依此觀之,採購,是觀古堂藏書中採訪的主要途徑。

二、交 換

圖書資料交換,在現代圖書館事業中是一種藏書採訪的途徑之一。圖書館之間,不但可以互通有無、增進友誼更可以充實館藏,使圖書館達到各勻所需、各勻所求的圖書採訪目的。尤其在國家圖書館、大學圖書館及專門圖書館,「交換」,成爲一項重要業務〔註3〕。葉德輝觀古堂藏書,有一部分是透過交換得來。葉氏云:

> 庚子以後,與日人往來,時以已刻叢書易彼國影刻宋元本醫書及卷子諸本;海內朋好,或以家刻新書交易。至辛亥已得卷十六萬有奇,以重刻計之,在二十萬卷以外〔註4〕。

光緒二十六年(1900)以後,葉德輝與日本學者往來密切,經常以自己所刊刻之叢書與彼國影刻之宋元本醫書及卷子諸本交換。對於國內同好,則易之以家刻新書,因而觀古堂藏書遂愈聚愈多。《郋園讀書志》中至少有二處記其與海內友人圖書交換之情形。葉氏云:

> 是書傅沅叔同年得之于蘇州閶門,卷一,首有石林後裔、白文方印……沅叔不知其爲何人,余告之,故始知之。適余有明嘉靖庚戌毗陵蔣氏刻六卷分體本《李義山詩集》,因請以相易,遂以此本歸余〔註5〕。

此處記載葉德輝以「明嘉靖庚戌蔣氏刻六卷分體本《李義山詩集》」與同年傅增湘交換「石林避暑錄話回卷明嘉興項德棻宛委堂校刻本」之事。另葉氏又云:

〔註3〕胡述兆、吳祖善合著,《圖書館學導論》(台北:漢美,民國79年),頁100。

〔註4〕同註2。

〔註5〕葉德輝,《郋園讀書志》卷五〈石林避暑錄話四卷〉條(台北:明文書局,民國79年),頁543。

光緒戊申三月，余回蘇州洞庭展墓，道出江寧，同訪陶齋尚書端方公于金陵。節署時，方有收買仁和丁氏八千卷樓藏書儲之江南圖書館之議，居間媒介者爲江陰繆小山太夫子荃孫，所有宋元舊本，均取頭本呈送，此《晏子春秋》，亦在其內。當時均以爲元本，余力證其爲明時活字印本，且告以余有藏本，與此無異。陶齋曰：即是明活字印，亦見所未見，能割愛以貽我乎？余曰：公前年贈余以宋本《南嶽總勝集》，余正未有報也，是直可謂抛玉引磚矣。五月還湘，遂郵寄歸之〔註6〕。

此記葉德輝以「明活字印本《晏子春秋》八卷」與端方交換「宋本《南嶽總勝集》」之經過。由此可知，交換實亦葉氏訪書之一途。《郋園讀書志》除以上二則之外，對此未加著錄；《觀古堂藏書目》所著錄之日本影刻宋元本醫書及卷子諸本，據前所述，當爲交換所得。

三、贈　送

贈送，在現代圖書館的館藏發展中，雖是一種較無系統的採訪方式〔註7〕；卻是充實館藏極有價值之來源〔註8〕。任何圖書館都有或多或少來自四面八方的贈送資料，這筆資料之數量往往相當可觀，不容忽視〔註9〕。觀古堂的藏書採訪，也有一部分來自贈送。《郋園讀書志》有四處載及此事：

（一）卷一《漢熹平石經序表殘石拓本》兩張

此《漢熹平石經序表殘石》，雒陽新出土者，徐森玉孝廉鴻寶持以贈余〔註10〕。

（二）卷四《士禮居藏書題跋記》六卷

潘文勤公，刻有滂喜齋、功順堂兩叢書，外有宋王象之《輿地記碑目》、沈濤《說文古文考》及此書皆單行本也。己丑夏過都門，公以《說文古本考》見贈〔註11〕。

（三）卷五《繪圖列女傳》八卷又一部

余藏有此書，不知何時失去。在蘇州寓中，莫楚生觀察來訪偶爾談及是書刻本之善，惜不再遇。觀察云：彼曾藏有二部，可以其一相讓，因檢此見證。

〔註6〕同前註，卷五〈晏子春秋八卷〉條，頁463。
〔註7〕吳明德，《館藏發展》（台北：漢美，民國80年），頁142。
〔註8〕張鼎鍾，〈圖書館的技術服務－資料的徵集〉，中國圖書館學會出版委員會編，《圖書館學》（台北：學生，民國79年），頁274。
〔註9〕同註3，頁96。
〔註10〕同註5，頁19。
〔註11〕同註5，頁418。

良友之惠，不可忘也〔註12〕。

（四）卷五《乙卯避暑錄話》二卷

　　是書，即莫楚生觀察所藏者，余擬假之影鈔。觀察慨然檢以相贈。良友之惠，先澤之遺，他日子孫當共寶之〔註13〕。

　　以上四則，第一則記徐森玉送《漢熹平石經序表殘石拓本》兩張；第二則記潘文勤送沈文濤《說文古本考》；第三則記莫楚生送嘉慶丙辰顧氏小讀書堆刻本《繪圖列女傳》八卷；第四則記莫楚生送明弘治庚戌秦酉嚴鈔本乙卯《避暑錄話》二卷。葉德輝相當珍惜這些贈送資料，以爲「良友之惠」、「不可忘也」、「他日子孫當共寶之」。

四、鈔　錄

　　鈔錄書籍，本是治學之一法，亦可爲充實典藏之途徑。特別是稀見傳本抑或價值連城不易購得之珍本，多半以此種方式取得。觀古堂藏書中也有不少是以此一方式獲致，《郋園山居文錄》有二處載及此事：

（一）卷上，影元本葉先生詩話跋

　　原書藏常熟瞿氏鐵琴銅劍樓，良士司馬爲余影鈔，異日當令手民模刻存眞，庶不負良友之愛云爾〔註14〕。

（二）卷下，與瞿良士借印四部宋元善本書啓

　　前託繆小老由尊處代鈔《珞琭子賦》二種，抄貲已交小老轉繳，此時計已早登記室矣〔註15〕。

以上兩則記葉德輝自「鐵琴銅劍樓」借鈔書籍之事。第一則記瞿啓甲（字良士）爲其影鈔「影寫本《石林詩話》三卷」事；第二則記葉氏託繆荃孫至「鐵琴銅劍樓」代鈔「珞琭子賦二種」之事。

　　此外《郋園讀書志》亦有多處提及借鈔傳錄者：

（一）卷五，墨子十五卷

　　此本刻印至精，新若手未觸者，缺十三、十四、十五三卷，從莫楚生藏本補

〔註12〕同註5，頁489。

〔註13〕同註5，頁545。

〔註14〕葉德輝，《郋園山居文錄》，《郋園先生全書》（長沙：中國古國刊印社，民國24年），卷上頁36。

〔註15〕同註14，卷下頁18。

鈔完全〔註16〕。

（二）卷六，明萬曆壬辰大統曆一卷

此萬曆大統曆，爲獨山莫氏銅井山房藏本，余從楚孫觀察借得，屬傭書人影
抄之，其法式全與今時憲書無異〔註17〕。

（三）卷六，大統曆注十二卷

大統曆注十二月各爲一卷，余從江南圖書館藏明人精鈔本影鈔〔註18〕。

（四）卷十，歸愚詩文全集六十七卷

己丑過夏都門時，見于琉璃廠肆，因文鈔缺十九、二十兩卷，未及購取。壬
辰偕計入都，仍見于故肆，因復購歸。並從友人處假得全集影鈔所缺二卷，
遂成完璧〔註19〕。

（五）卷十六，修辭鑑衡二卷

然則此書非僅論詩論文沾漑後學，而宋人不傳之書，亦藉以存留，是固不可不
亟爲傳錄者也。浙中天一閣書散出，余從坊友楊來青閣借鈔之，凡半月而鈔畢〔註20〕。

以上五則皆述及借鈔傳錄書籍之事。第一則記從莫楚生藏本補全明江藩白賁衲
重刻唐堯臣本《墨子》所缺之十三、十四、十五三卷；第二則記從楚孫觀察處借鈔明
萬曆壬辰《大統曆》一卷；第三則記從江南圖書館影鈔《大統曆注》十二卷。第四則
記從友人處借鈔《歸愚詩文全集》葉氏所缺之十九、二十兩卷；第五則記從楊來青閣
借鈔影寫元至順四年刻本之《修辭鑑衡》二卷。由此可知，抄錄亦爲葉氏藏書採訪方
式之一。

綜合以上所言，採購、交換、贈送、借鈔爲觀古堂藏書採訪的四大方式。

第二節　藏書的整理

葉德輝對於藏書的整理，在其所撰著的《藏書十約》有完整的敘述。此書所
述，兼顧理論與實際的密切聯繫，因而觀古堂藏書的作業流程，頗能符合科學管
理原則。今敘述於後：

〔註16〕同註5，頁519。
〔註17〕同註5，頁662。
〔註18〕同註5，頁663。
〔註19〕同註5，頁1122。
〔註20〕同註5，頁1703。

一、購　置

古人講究典籍的購求，鄭樵有所謂的「求書八法」即：即類以求、旁類以求、因地以求、因家以求、求之公、求之私、因人以求、因代以求〔註21〕。

頗有「上窮碧落下黃泉」之概，於購求之技術可謂面面俱到。對於圖書的購置，葉氏的觀點十分實際，葉氏云：

> 置書先經部，次史部，次叢書。經先十三經，史先二十四史，叢書先其種類多、校刊精者。初置書時，豈能四部完備，于此入手，方不致誤入歧途〔註22〕。

此一番話具體道出葉氏藏書之標準及程序，也可說是葉德輝個人藏書經驗之心得。由此可知，觀古堂圖書選擇的優先考慮：經、史及叢書。

而訪書的過程，藏書家每每受挫於宋元刻本舊抄名校之不能坐致，苦於尋常版本之校勘不精。葉德輝提出簡易之法，以為採訪之參考，葉氏曰：

> 經有明南監本，皆雜湊宋監元學諸刻而成，其書亦尚易覯。而北監本、毛晉汲古閣本次之，此板之舊者，為乾嘉以前學者通用之書。官刻有武英殿本為最佳，廣東翻刻則未善。……史亦以明南監《二十一史》為善，其板亦雜湊宋監元路諸本而成，惟其板自明以來，遞有補修。國朝嘉慶時，其板尚在江寧藩庫，明正德時，印本補板尚少，難得其全，嘉靖萬曆後，修板多諸生罰項為之，最為草率，而北監本之脫誤，尤為荒唐。明沈得符《野獲編》云：諸史校對鹵莽，訛錯轉多，至于遼金諸史，缺文動至數葉，俱仍其脫簡接刻，文理多不相續，即謂災木可也。毛晉汲古閣僅刻《十七史》，中有據宋本重雕者，惜亦不全，或以邵經邦《弘簡錄》續之，究屬不類。故南監本外，則以武英殿刻本為完全，當時館臣校刊，多據宋刻善本，又處分頗嚴，故訛誤遂少，若得明南監正德前後本，則以明聞人詮刻《舊唐書》，武英殿活字聚珍本《舊五代史》，康熙原修《明史》，配合以成全書，不宜以尋常習見之本羼入也。叢書則明弘治間華珵重印宋左圭《百川學海》、程榮《漢魏叢書》、毛晉《津逮秘書》、武英殿《聚珍板叢書》、鮑廷博《知不足齋叢書》、潘仕誠《海山仙館叢書》、伍崇曜《粵雅堂叢書》，其書多而且精，足資博覽，俟有餘

〔註21〕鄭樵，《通志》卷七十一，《校讎略》，《中國目錄學資料選輯》（台北：文史哲，民國70年），頁354。

〔註22〕葉德輝，《藏書十約》，《書目類編》九十一冊（台北：成文出版社，民國67年）頁43。

力，徐求他刻叢書及單行善本，舊刻名抄，于是次第收藏，舉古今四部
之書，皆爲我有矣〔註23〕。

葉氏依其藏書經驗之所得列出優良的版本以供參考，大致而言：經以明南監本、
北監本、毛晉汲古閣爲佳；史則以明南監《二十一史》武英殿本最出色；叢書則
以明弘治間華珵重印宋左圭《百川學海》、程榮《漢魏叢書》、毛晉《津逮秘書》、
武英殿《聚珍板叢書》、鮑廷博《知不足齋叢書》、伍崇曜《粵雅堂叢書》等較適
合收藏。此爲觀古堂藏書之「基本選書書目」，觀古堂即由此發展而來。

圖書收藏，在經費與品質的考慮下，有計劃的篩選是必要的；葉德輝有關「購
置」之主張頗符合現代圖書館之「圖書選擇」原則。「圖書選擇」是將館藏發展具
體化的一種工作〔註24〕；選書者，如何兼顧讀者要求、圖書品質、經費考量的確
需要智慧與技巧。私人藏書，在浩瀚的學海中要選出好書實不容易；葉德輝的主
張及作法，可謂藏書處理的初步。

二、鑑　別

四部備集之後，葉德輝以爲當知鑑別之道，而鑑別之道則先通知目錄開始〔註
25〕。不通目錄，即不知古書的存亡，不知古書的存亡，一切僞撰抄撮張冠李戴之
書，將雜然濫收、淆亂耳目。目錄中最值得參考者，莫過於《欽定四庫全書總目
提要》與阮元《揅經室外集》（即四庫未收書目），此二目可爲通知目錄之途徑。

鑑別必知板刻之良否，欲知板刻之良否，葉德輝以爲前賢今人之讀書志、藏
書志及藏書目錄可供參考。比較可取的，有：錢曾《讀書敏求記》、張金吾《愛日
精廬藏書志》、黃丕烈《士禮居藏書題跋記》、楊紹和《楹書隅錄》、瞿鏞《鐵琴銅
劍樓藏書目錄》、丁丙《善本書室藏書志》、陸心源《皕宋樓藏書志》、《儀顧堂題
跋續跋》、丁日昌《持靜齋書目》、日本森立之《經籍訪古志》、楊守敬《日本訪書
志》、《留眞譜》、孫星衍《祠堂書目》、倪模《江上雲林閣書目》、張之洞《書目答
問》等〔註26〕。諸家之書目亦各有短長，如：錢曾《讀書敏求記》，葉德輝以爲：
「所見古子雜家，足資多識，而于刊刻年月，行格字數，語焉不詳〔註27〕。」；張

〔註23〕同註22，頁 43～44。
〔註24〕同註7，頁 89。
〔註25〕同註22，頁 44。
〔註26〕同註22，頁 45。
〔註27〕同前註。

瞿丁陸「四家之目，全抄各書序跋，最足以資考據〔註28〕。」；楊守敬《日本訪書志》、《留真譜》二書則「備參考不盡可據〔註29〕。」；至於清人諸儒校刻善本列於目者，葉德輝以爲：「孫星衍《祠堂書目》，時亦載之；倪模《江上雲林閣書目》、丁日昌《持靜齋書目》，所載極夥；近人張文襄之洞《書目答問》，則專載時刻，便於讀者購求〔註30〕。」行家之語，甚爲寶貴，藏書者依此收藏，或可免遺珠之憾。事實上，藏書書目、藏書題跋爲考訂版本必須查驗之輔助資料〔註31〕，考訂版本應備之參考書目，葉德輝在《書林清話》〈古今藏書家記板本〉一節有更詳明的臚列〔註32〕。

　　鑑別版本的方法，葉德輝亦提出具體可循之原則，葉氏云：

> 最要者無論經史子集，但係仿宋元舊刻必爲古雅之書，或其書有國朝考據諸儒序跋題詞，其書亦必精善。明刻仿宋元者爲上，重刻宋元者次之；有評閱者陋，有圈點者尤陋。閔齊伋、凌濛初兩家所刻朱墨套印子集各書，亦有評語圈點，而集部尚佳。抄本有元抄、明抄之分，有藍格、綠格、朱絲闌、烏絲闌之別，且有已校、未校之高低，元抄多薄繭，明抄多棉宣，元抄多古致，明抄多俗書。證以書中避諱，始于某帝，終于何時，尤易辨別。有經名人手抄手校者，貴重尤過于宋元；有名人收藏印記者，非當時孤本，即希見之書〔註33〕。

此處言及刻本、抄本之鑑別技術。就刻本言：其一，仿宋元舊刻必爲古雅之書；其二，有清朝考據諸儒之序跋題詞，其書亦必精善；其三，明刻仿宋元者爲上，重刻宋元者次之；其四，書有評閱、圈點者不可取，惟閔、凌兩家所刻之朱墨套印集部之書例外。就抄本而言：其一，紙料方面，元抄多薄繭，明抄多棉宣；其二，抄工方面，元抄多古致，明抄多俗書。而不管刻本、抄本、字體、避諱、墨色均是判定之根據。除此之外，留意善本之一要訣爲：有否經名人手抄手校？有否名人收藏印記？有，則「貴重尤過於宋元」、「非當時孤本即希見之書」。

　　另外《書林清話》〈宋元刻僞本始於前明〉也談到鑑別的技術，葉氏又云：

> 按高氏說書估作僞之弊，至爲透闢。然究之宋刻眞本，刻手、紙料、

〔註28〕同前註。
〔註29〕同前註。
〔註30〕同前註。
〔註31〕李清志，《古書版本鑑定研究》（台北：文史哲，民國75年），頁26。
〔註32〕葉德輝，《書林清話》（台北：世界，民國77年），頁4～9。
〔註33〕同註2，頁45。

墨刻，迥然與元不同。元人補修宋版、明人補修宋元，多見古本書之人，可以望氣而定。如宋元舊版，明時盡貯於國子監，自元迄明，遞有補修，其板至國朝嘉慶時，始燬於江寧藩庫之火。明初刻本流傳尚多，試取其紙料、墨色、印工驗之，斷乎不能混入天水。南宋末年刻印之書，轉瞬入元，其氣味便有清濁之異，宋清而元濁，究亦不解其所以然。惟元末明初之書，稍難分別，正統以後，則又判然。南監修板最後印者，板式參差不齊，字跡漫漶難辨，即令工於作偽，無如開卷了然；至所稱扣填姓名，非獨墨色濃淡各殊，而字行決不能聯貫，且新紙染舊，燥氣未除，初印新雕，鋒鋩未斂，種種無形之流露，可以神悟得之。吾沈溺於此者三十餘年，所見所藏，頗有考驗，高氏之言，但明其迹，吾所論則純取之於神理也〔註34〕。

葉德輝更進一步指出具體鑑別之法，依其累積三十餘年之經驗，除就古書之紙料、墨色、印工、手跡、版式作細密之觀察比較之外，可以「望氣而定」，如此全由「神悟」得之之法，事實上乃是眼力、技術與智慧的綜合運用。

三、裝　潢

　　書不裝潢，則不耐用，破葉斷線，觸手可厭；因而，葉德輝每得一書，則付匠人裝飾，因其以為日久必當意懶，書必叢亂。裝訂的原則及方法，憑其所見所藏，葉氏作如是之說明：

　　　　裝釘不在華麗，但取堅緻整齊。面紙以細紋宣紙染古銅色，內褾以雲南薄皮紙。釘時書面內襯以單宣或汀貨，或潔淨官堆，或仍留原書面未損者。本宜厚不宜薄，釘以雙絲線，書內破損處，覓合色舊紙補綴；上下短者，以紙襯底一層，無書處襯兩層，則書裝成不至有中凸上下低之病。書背逼至釘線處者，亦襯紙如之，襯紙之處鑽小孔，一孔在襯紙，一孔在原書之邊，以日本薄繭紙捻條，騎縫跨釘，而後外護以面紙，再加線釘，線孔佔邊分許，而全能力于紙捻，日久線斷而葉不散，是為保留古書之妙法〔註35〕。

葉德輝以為裝訂的原則不在華麗而在是否堅緻整齊，朝著「堅緻」、「整齊」的目標，裝訂的用紙、材料、工具、規格皆必講究。此處鉅細靡遺道出其保留古書之

妙法，用諸今日之古籍處理仍十分實用。

　　常見的幾種裝訂方式，其利弊若何？葉氏又云：

　　　　蝴蝶裝如裱帖，糊多生霉而引蟲傷；包背如藍皮書，紙豈能如皮之
　　　堅韌，此不必邯鄲學步者也。蝴蝶裝雖出於宋，而宋本百無一二。包背
　　　本明時間有之，究非通用之品，家中存一二部以考古式藉廣見聞，然必
　　　原裝始可貴，若新仿之，既費匠工，又不如線裝之經久，至無謂也〔註36〕。

葉德輝以爲裝訂之式，斷不可用蝴蝶裝及包背裝，前者糊多生霉易引蟲傷；後者
則不夠堅韌亦不經濟，葉氏傾向於線裝之經濟耐用。

　　至於其他裝訂之技術及細節，葉氏又云：

　　　　北方書喜包角，南方殊不相宜。包角不透風，則生蟲；糊氣三五年
　　　尚在，則引鼠，余北來之書，悉受其害。又北方多用紙糊布匣，南方則
　　　易含潮，用夾板夾之最妥，夾板以梓木、楠木爲貴，不生蟲不走性，其
　　　質堅而輕；花梨棗木次之，微嫌其重，其他皆不可用。二十年前，余書
　　　夾多用樟木，至今生粉蟲，無一部不更換，始悔當時考究之未精。宋元
　　　舊刻及精抄精校，以檀木楠木爲匣襲之；匣頭鑴刻書名撰人，宜于篆隸
　　　二體。夾板繫帶邊孔須離邊二分，其上下則準書之大小，如書長一尺，
　　　帶離上下約二寸，以此類推，指示匠人遵守勿失。蓋離上下過近，則眉
　　　短腹長；離上下過遠，則頭足空而不著力，此亦裝訂時所宜講求者也。
　　　裝訂之後，隨時書邊，書名、撰人、刊刻時代，不可省字，以便檢尋〔註
　　　37〕。

顧及書籍的保存期限，裝訂必須考量地理、氣候等因素，而在材料及處置上作適
當的調整。如書之包角，南方不宜；書匣宜用夾板，夾板以梓木、楠木、花梨棗
木爲佳，樟木則易生粉蟲，殊不耐用。其他如封面、書背等之細節整理，均考慮
到實用及美感等因素，可謂經驗之談。

四、陳　列

　　書籍陳列，葉德輝按經、史、子、集、叢書等五類處理；爲保護善本，特將
宋元舊刻精校名抄別爲一類。執行排序之詳細作法，葉氏有云：

　　　　單本一二卷者，袖珍巾箱長不及五寸，大本過尺許者，以別櫥庋之。

〔註36〕同前註。
〔註37〕同註22，頁46～47。

單本小本之櫥，其中間以直格寬窄不一，再間以橫格，高二三寸或四五寸不等，橫格皆用活板，以便隨時抽放。叢書類少者，一部佔一櫥；多者，一部佔二櫥三櫥不等。由上至下，以三櫥爲一連，櫥寬工部尺一尺八寸、高二尺，每櫥列書三行，合三櫥一連高六尺，並坐架一尺二寸，共七尺二寸，取閱時不至有伸手之勞。列書依撰人時代，亦以門戶相聚，如：十子、七子、五子、三家、四家、八家之類，皆銜接相承，則易於查閱。又如總集，有以元明國朝人選集唐宋者，有以國朝人選錄三代秦漢魏晉人者，仍以詩文時代爲衡，不論撰人之先後；其專詩專文，各以類從。不使淩雜，至都會郡邑之詩文總集，依省次列之。欽定之書，冠于國朝之首。大抵陳列之次，不必與目錄相同，諸史志尚有以類相排比者，因未嘗拘拘于時代也〔註38〕。

基於管理及使用方便之考量，葉德輝在排架及歸類之實務上，不拘泥於目錄之安排而採彈性之作法。對於櫥架之處理，尺寸特別的書籍，葉氏以別櫥置之；叢書類少者，一部一櫥，多者一部二櫥、三櫥不等，櫥架之規格則以便於隨時抽放爲原則。而各類書之排列順序，葉氏仍以實際、方便爲尚，如列書則依撰人時代或門戶來排列；總集則以詩文之時代爲標準，不論撰人之先後；別集，則各以類相從等。凡此種種，均十分有條理；至於外來著作，葉氏則以爲「宜並釋藏別室儲之，不復繩以四部之例〔註39〕」，較諸錢謙益以西書爲一類，及四庫將之附於「雜家雜學」之作法，高明許多。

五、抄　補

　　書籍貴在完整精確，欲求書籍之完整精確，維修之功必不可少。書籍的維修，一言以蔽之曰：抄補；對於舊書的短卷缺葉，葉德輝採如下之作法：

　　　　必覓同刻之本，影抄補全；或無同本，則取別本，覓傭書者錄一底本，俟遇原本，徐圖換抄，庶免殘形之憾。…………凡書經手自抄配者最佳，出自傭書之手，必再三覆校，方可無誤。已抄之書，則人校之，人抄之書，則己校之，多一人寓目，必多校出二三處誤字脫文。經史更不得草率，一字千金，渻後人多少聚訟，豈非絕大功德哉！凡抄補之卷，苟其書不必影寫，當依原書行格，刻一印板，所費不過千文。抄者既有

〔註38〕同註22，頁47～48。
〔註39〕同前註。

範圍，可以隨寫隨校，如某行某字起，至某字止，一行抄畢，訛脱朗然，
省事惜陰，覆校亦易，使抄而不校、校而不精，不如聽其短缺，尚不至
魚目混珠也。傭書人未有能爲唐人碑誌體者，無已，取其無破體無俗字
者，破體俗字，令校者不改不能，遍改不盡，至爲眼花，敗興之事，余
受此厄多矣〔註40〕。

葉氏對抄補書籍之作業十分重視，首覓善本抄錄補全，力求親自抄配，如不克，
則覓能爲唐人碑誌體之傭書手代勞，傭書手不能，至少須求無破體俗字者爲之。
抄書之後，必當詳加校對；葉氏以爲書抄而不校或校而不精，皆十分不可取，不
如聽其短缺。此一認眞精實之校勘態度，值得吾輩效法。

六、傳　錄

　　清末收藏書籍顯然比五代、北宋方便。五代、北宋之時，經史正書民間鮮有
刻本，因而非有大力者，不可言收藏；即有大力，亦非易事。宋元以後，士人只
要有錢有力，四部之藏不僅可以坐致百城，古器古物且可琳琅滿目，即使如此，
葉德輝對藏書之處理仍然重視傳錄。所謂「傳錄」即是請人照其原樣抄錄下來。
何種書籍需要傳錄，葉氏以爲：

　　　　蓋其書或僅有抄本，不能常留，過目易忘，未存副錄，校刻則有不
　　給，久假復不近情，有彼此借抄，可獲分身之術〔註41〕。

大抵而言，需要傳錄之書基本上該書僅有抄本、不能常留、過目易忘、未存副錄，
亦即比較稀貴、借期有時間限制之書。

　　如何傳錄？葉氏依其經驗曰：

　　　　傳錄之法，多倩傭書者，以別舍處之，以工貲計，湘省最廉，善書
　　者一日可書五千字，凡字一千，不過七八十文內外，若至百文一千，則
　　謀者蠅集矣！故抄一書字至十萬，僅費錢七八千，較之千金買漢書，貂
　　裘賄侍史，其廉爲何如耶？抄寫之紙，以日本高麗細繭紙爲上，其紙吸
　　墨而滑筆，但使寫手輕勻，易于增色，其次中國之潔淨花胚。杭連雖白，
　　至爲不佳，墨乾則筆澀，墨溼則字毛，一遇積霉，或沾鼠溺，則腐碎不
　　可觸手，此余二十年所親歷，故能言其害也〔註42〕。

〔註40〕同註22，頁48～49。
〔註41〕同註22，頁49。
〔註42〕同註22，頁49～50。

傳錄之法，至爲簡易，「多倩傭書者，以別舍處之」。傭書之工資及抄書之紙質，葉氏言之甚詳。傳錄之紙質葉氏以爲當愼加選擇，依其個別經驗，日本高麗之細繭紙及中國之潔淨花胚較佳。至於抄工工資低廉一事，是否涉及當時環境之人爲剝削，也頗耐人尋味。

七、校　勘

　　古籍校勘，是從事文史研究者之基本治學工夫。除了國家大規模有組織地校勘典籍之外。歷代儒臣學者、藏書大家無不重視校勘工作〔註43〕。孫從添《藏書紀要》一書中把校勘古書看成藏書必要條件：爲藏書而校書，爲刻書而校書〔註44〕。葉德輝亦不例外！葉德輝重視藏書的校勘工作，以爲書不校勘，其弊無窮，不如不讀。校勘有何益處？葉氏云：

　　　　校勘之功，厥善有八：習靜養心、除煩斷慾、獨居無俚、萬慮俱消，一善也；有功古人、津逮後學、奇文獨賞、疑實忽開，二善也；日日翻、不生潮霉、蠹魚蛀蟲、應手拂去，三善也；校成一書，傳之後世，我之名字，附驥以行，四善也；中年善忘、恒若搜索、一經手校、可閱數年，五善也；典制名物、記問日增、類事撰文、俯拾即是，六善也；長夏破睡、嚴冬禦寒、廢寢忘餐、難境易過，七善也；校書日多、源流益習、出門探訪、如馬識途，八善也〔註45〕。

葉氏以爲校勘的好處，既利於書籍且利於修身養性，比起古人的臨池佔帖，訓愿寫經，其意境似有過之。但也有人認爲葉德輝的校書八善，充滿士大夫閒情逸致無聊消遣之意味〔註46〕。

　　清朝校勘名士各有其法，葉氏的校勘方法則有二，葉氏云：

　　　　今試言其法，曰死校、曰活校。死校者，據此本以校彼本，一行幾字，鉤乙如其書，一點一畫，照錄而不改，雖有誤字，必求原本。顧千里廣圻、黃堯圃丕烈所刻之書是也。活校者，以群書所引改其誤字，補其闕文；又或錯舉他刻，擇善而從，別爲叢書，板歸一式，盧抱經文弨、孫淵如星衍所刻之書是也〔註47〕。

〔註43〕吳楓，《中國古典文獻學》（濟南：齊魯書社，1982年），頁202。
〔註44〕孫從添，《藏書紀要》，《書目續編》（台北：廣文，民國57年），頁13～15。
〔註45〕同註22，頁50。
〔註46〕張舜徽，《中國文獻學》（台北：木鐸，民國72年），頁89。
〔註47〕同註45。

「死校」即所謂「求古」〔註48〕，爲了保留古籍原貌，「一點一畫，照錄而不改，雖有誤字，必求原刻」。顧廣圻、黃丕烈所刻之書便是運用此法校勘，以存其真。「活校」亦即所謂「求是」法〔註49〕，「以群書所引改其誤字，補其闕文；又或錯舉他刻，擇善而從，別爲叢書，板歸一式」，盧文弨、孫星衍所刻之書便是採用此法校勘，以求其是。此二法，並非清朝校勘家刻書之秘傳，遠自兩漢即爲經師解經之法。鄭玄注《周禮》，取故書杜子春諸本錄其字而不改其文，用的是「死校」。劉向校錄《中書》、許慎撰《五經異義》，或多所更定，或自爲折衷，用的是「活校」。其後，隋陸德明撰《經典釋文》，臚載異本；岳珂刻《九經三傳》，抉擇眾長，也是一死校一活校〔註50〕。此二法葉氏以爲「不僅獲校書之奇功，抑亦得著書之捷徑也已」〔註51〕。但學者認爲「活校」若運用不當，極有可能變成亂改古書，不僅無法「求是」，反致「求誤」，用者不可不愼。較妥當之法是保存原文，另寫注解和校勘記說明理由，如此才比較周延合理〔註52〕。

八、題　跋

　　題跋是做學問的方法，葉德輝十分重視題跋的處理，以爲：凡書經校過，及新得異本，必繫以題跋，方爲不負此書〔註53〕。題跋的種類有三，葉氏云：

　　　　或論其著述之指要，或考其抄刻之源流，其派別蓋有數家焉。論著述之指要者，記敘撰人時代仕履、及其成書之年月、著書中之大略，宋晁公武《郡齋讀書志》、陳振孫《直齋書錄解題》二家之目是也。辨論一書之是非與作者之得失，如吾家宋石林公《過庭錄》、明王世貞《讀書後》二家之書是也。……若夫考抄刻之源流者，官監書棚，流傳有緒，毛抄錢借，授受必詳，則錢曾《讀書敏求記》、何焯《義門讀書記》實導其源。至孫星衍《平津館藏書記》、《廉石居書籍題跋記》、黃丕烈《士禮居藏書題跋記》，專記宋元版之行字、新舊抄之異同，蓋從錢何二家，益暢其流，以趨于別徑者也〔註54〕。

第一類「記述撰人時代仕履及其成書之年月、著書中之大略」爲摘要性的題跋，

〔註48〕杜邁之、張承宗合著，《葉德輝評傳》（長沙：岳麓書社，1986年）頁72。
〔註49〕同前註。
〔註50〕同註45。
〔註51〕同註22，頁51。
〔註52〕同註48。
〔註53〕同註22，頁51。
〔註54〕同註22，頁51～52。

如：宋晁公武《郡齋讀書志》、陳振孫《直齋書錄解題》；第二類「辨論一書之是非與作者之得失」爲論辨性的題跋，如：宋葉夢得《過庭錄》、明王世貞《讀書後》；第三類「考其抄刻之源流者」乃探源性的題跋，如：錢曾《讀書敏求記》、何焯《義門讀書記》、孫星衍《平津館藏書記》《廉石居書籍題跋記》、黃丕烈《士禮居藏書題跋記》。第一類形同讀書摘要，可作編寫圖書卡片之參考〔註55〕；第二類類似讀書筆記、讀書札記，利於做學問；此二類乃四庫全書提要之所本。第三類即版本考據，探討宋元版之行字、新舊抄之異同，有助於版本之鑒別。

如何運用此三種方法製作題跋，其好處又爲何？葉氏云：

> 綜稽眾體，各有門庭，竊謂宜集諸家之長，以成一家之説。撰人仕籍，見于正史傳志者，不待詳言，如或正史未載，則博考群籍以補之，而一書之宗旨始末，先挈其大綱，使覽者不待卷終，可得其要領。其刻本之爲宋爲元、爲仿宋爲重刻，宋抄本之爲影寫爲過錄，以及收藏前人之姓名印記，並仿欽定天祿琳瑯之例，詳稽志乘私記，述爲美談，俾前賢抱殘守缺之苦心，不至書存而人泯滅〔註56〕。

製作題跋宜採諸家之長以成一家之說；如此一來利己利人且利於文化，對於書籍的流傳及前賢抱殘守缺之努力都有正面的作用。葉德輝將平生讀書所得記錄成篇，成《郋園讀書志》十六卷，其著錄方式便是綜稽眾體，成一家之言，頗具版本鑒定之參考價值。（詳見本論文第五章第二節。）

九、收　藏

古今典籍之聚散，論者以爲有四厄：一爲獨夫之專斷，一爲人事之不臧，一爲兵匪之擾亂，一爲藏書者之鮮克有終〔註57〕。其中唯「人事之不臧」爲藏書家所可預防，因而在硬體的維護上，古代藏書家十分注意防火、防潮、防賊等設施，葉德輝亦然。葉氏云：

> 藏書之所，宜高樓宜寬敞之淨室，宜高牆別院與居宅相遠。室則宜近池水，引溜就下；潮不入書樓。宜四方開窗通風，兼引朝陽入室，遇東風生蟲之候，閉其東窗。窗櫺俱宜常開，樓居尤貴高敞。蓋天雨瓦溜，其潮氣更甚于室中也。列櫥之法，如寧波范氏天一閣式、四庫之文淵閣、

〔註55〕同註48。
〔註56〕同註22，頁52。
〔註57〕陳登原，《古今典籍聚散考》，《書目類編》第九六冊（台北：成文，民國67年），頁16。

浙江之文瀾閣，即仿為之。其屋俱空，楹以書櫥，排列間作坎畫形，特有間壁耳。古人以七夕曝書，其法亦未盡善，南方七月正值炎薰，烈日曝書，一嫌過于枯燥，一恐暴雨時至，驟不及防；且朝曝夕收，其熱非隔宿不退，若竟收放櫥內，數日熱力不消，不如八九月秋高氣清，時正收斂，且有西風應節，藉可殺蟲，南北地氣不同，是不可不辨者也。春夏之交，宜時時清理，以防潮溼；四五月黃霉，或四時久雨不晴，則宜封閉；六七月以後至冬盡春初，又宜敞開，櫥下多置雄黃石灰，可辟蟲蟻，櫥內多放香烈殺蟲之藥品，古人以芸草，今則藥草多矣，肉桂香油或嫌太貴，西洋藥水藥粉，品多價廉，大可隨時收用，食物引鼠，不可存留，燈燭字簍引火之物不可相近。絳雲樓之炬，武英殿之災，此太平時至可痛心之事也〔註58〕。

葉德輝對於防濕、防蟲、防霉及防火等安全設施的維護十分重視。藏書樓之選擇，以乾淨、寬敞、通風、採光度佳、安靜為宜。列櫥之法，葉氏以為可仿寧波天一閣、四庫文淵閣、浙江文瀾閣，排列間作坎畫形。各種安全設施之事前規劃、事後補救，都一一顧及，如防火一事葉德輝特別注意：「燈燭字簍引火之物，不可相近」，因為絳雲樓及武英殿的大火，葉氏以為是「太平時至可痛心之事」。其他如防霉防蟲，除放置必要之藥物以抗拒防患之外，葉氏也配合天氣節候，作適當之處置，如曝書不在七夕而選擇八九月間秋高氣清之時。

還書借書之細節，為免煩勞悔吝，葉氏作如是之處理：

閱過即時檢收，以免日久散亂。非有書可以互抄之友，不輕借抄；非真同志著書之人，不輕借閱。舟車行笥，其書無副本者，不得輕攜。遠客來觀，一主一賓，一書童相隨，僕從不得擅入藏書之室，不設寒具，不箸衣冠，清茗相訓，久談則邀入廳事。錢振笵注義山文集，每竊佔用之書，京師書坊，至今言之疾首。魏源借友人書，則裁割其應抄者，以原書見還，日久始覺，不獨太傷雅道，抑亦心術不正之一端。凡此防範之嚴，所以去煩勞、消悔吝，正非借書一痴還書一痴也〔註59〕。

此為觀古堂藏書之管理法則，其重點不外有：一、書籍閱畢，隨時上架；二、無法資源共享之人，不輕易借鈔；三、非我同志著書之人不輕易借閱；四、書無副本、不得攜出室外；五、遠客來觀僕從不能擅入藏書之室；六、藏書之室不招待

〔註58〕同註22，頁52～53。
〔註59〕同註58。

賓客。以上種種，皆符合當今圖書館閱覽管理之原則。至於魏源借書裁割一事，論者以爲葉氏似有偏見，以其缺乏足夠證據也〔註60〕。

十、印 記

藏書必有印記，印記不僅是一種藝術品，也是收藏家資以考證的憑藉。透過藏書印記可爲版本鑒定提供如下參考：一藉藏書印記推斷大體的版刻時代；二、藏書印記反映藏書家鑒別能力，透過藏書印記可知某本書曾經何人收藏，如此我們可以參證於某家，取信於某家；三、通過藏書印記可以獲知一書通過何家收藏，由此按圖索驥，尋找各家有無著錄，從著錄再進一步取得前人鑒定意見；四、通過藏書印記可知一書之遞藏源流〔註61〕。因而治板本學者必重視藏書印記。在藏書上鈐蓋印記始於宋朝，宋本《孔子家語》以有東坡折角玉印，其書遂價值連城；葉盛菉竹堂藏書，每鈔一書，鈐以歷官關防，長久以來藏書家一直資以考證〔註62〕。然惡刻閒印，終如美人黥面佛頭著糞，豈僅是白璧之微瑕，簡直如秦火之餘厄。對此葉德輝云：

> 今爲言印記之法：曰去閒文、曰尋隙處。何謂去閒文，姓名表字，樓閣堂齋，于是三三印，一印四五字足矣，金石書畫漢塼古泉之類，當別爲一印。今人收藏印，多有以姓字齋堂一切藏器累累至數十字者，此亦何異于自作小傳哉！余見宋元人收藏書籍碑帖字畫，多止鈐用姓名，或二字別號三字齋名，此正法也。明季山人墨客，始用閒章，浸淫至于士大夫，相習而不知其俗，此最刺目之事。況印體自明文何以後，流派滋多，二三十年不遇一作手，咸同以來，有鄧石如一派，其末流爲江湖游食之貲，而乾嘉時浙西六家之宗傳，久成絕響，故不得工于仿漢及善松雪文何體，不如不印，免至名蹟受污，藏家如黃丕烈百宋一廛、韓泰華金石錄十卷，人家已覺體俗，何況其他乎？何謂尋隙處，凡書流傳愈久者，其藏書印愈多，朱紫縱橫，幾無隙紙，是宜移于書眉卷尾，以免齟齬，亦視名印之大小，朱白間別用之。小印朱文重疊，尚無不可，若白文與大印聚于一行，則令閱者生厭矣。凡書有字處，朱文白文俱不相宜。余藏抄本《續吳郡圖經》，原有董文敏戲鴻堂朱文方印，復經長白董

〔註60〕同註48。

〔註61〕李致忠，《古書版本學概論》（北京：書目文獻出版社，1990年），頁204～210。

〔註62〕同註22，頁53～54。

齋學士收藏，乃于董印上加蓋長白敷槎氏白文方印，學士爲曹子清通政
寅外甥，淵源自正，而竟以特健藥之癖，爲此倒好嬉之事，是亦未尋隙
處之過。余之藏書多未鈐印，蓋愼之至也〔註63〕。

葉氏以爲印記之正法有二，其一曰去閒文，其二曰尋隙處。印文文字，當如宋元
人收藏之碑帖字畫，多止鈐用姓名，或二字別號三字齋名，精簡明晰，否則累累
數十字，無異於自作小傳，總是不妥。印文字體，若不能工於仿漢及善松雪文何
體，不如不印，免得名跡受辱。印文所在，尋隙爲上；如若朱紫縱橫，幾無隙紙
則宜于書眉卷尾，否則白文大印共聚一行，徒令閱者生厭。因而，葉德輝對藏書
印記向採保守方式：多未鈐印。

　　除此之外，葉德輝還將觀古堂藏書詳加分類編目，其分類的細則詳見本論文
第五章第二節。另坊間流傳葉氏藏書處理之軼事有二，其一曬書、其二防火。據
王覺源先生云：「每年曬書，亦算是葉氏生活中的一件大事，他訂每年六月六日爲
"翻書節"（因氣候關係，曬書不一定是這天）。但事必躬親，翻動處理，從不假
手他人。珍本書中，並夾置春宮畫片，謂防火災〔註64〕。」曬書不在六月六日而
在八九月間前已提及，至於珍本中夾春宮圖片之事，市井言之鑿鑿，苦無確證，
僅能存疑。

第三節　藏書的利用

　　自古以來，藏書家每因聚書辛苦，因而扃鑰甚密，藏書不輕易供人閱覽也不
輕易外借。以范氏天一閣爲例，則明確規定拒絕他人登閣。阮元《天一閣書目紀》
云：「司馬（范欽）歿後，封閉甚嚴。凡各房鎖鑰，分房掌之。禁以書下各梯，非
各房子孫齊至，不開鑰。子孫無故開門入閣者，罰不與祭三次。私領親友入閣，
及擅開廚者，罰不與祭一年。擅將書借出者，不與祭三年。因而典鬻者，永擯逐
不與祭〔註65〕。」，其規定如此之嚴密。清代藏書家如：錢曾一再叮嚀子孫愼守勿
失〔註66〕；瞿鏞經常援引唐代杜暹所云：「清俸買來手自校，子孫讀之知聖教，鬻

〔註63〕同註62。
〔註64〕王覺源，〈奇人異事葉德輝〉，《近代中國人物漫譚》（台北：東大，民國78年），頁596。
〔註65〕同註57，頁393。
〔註66〕錢曾撰，管庭芬、章鈺校證，《讀書敏求記校證》，《書目叢編》（台北：廣文，民國56年），頁257。

及借人爲不孝」之語告誡兒孫愼於通假，不得輕易外借〔註67〕。葉德輝也不例外，葉氏極重視藏書，視之爲傳家之寶，希望「讀書種子一日不絕，則余藏書一日不散，于此以卜家澤之短長〔註68〕」，因而經常告誡子孫護持藏書，葉氏〈山中十憶詩・憶藏書〉曾云：

> 四千餘冊手常披，坐擁書囊作絳帷，百宋千元猶有待，廿年一刻未
> 相離，別來似隔良朋面，亂後如同故國思，記得銘廚留祖訓，借人不孝
> 鬻非兒〔註69〕。

「記得銘廚留祖訓，借人不孝鬻非兒」可見其重視藏書、愼守藏書之用心。銘廚祖訓指的是明葉盛的〈文莊公書廚銘〉，此銘嘗如此告誡子孫：「讀必謹，鎖必牢，收必審，閣必高，子孫子，惟學斅，借非其人亦不孝〔註70〕。」，與唐代杜暹「鬻及借人爲不孝」用意相同。

近人對葉德輝惜借事亦有所論，王覺源云：

> （葉氏）家中藏書甚豐，珍本尤深藏不露，且絕不借人。爲防杜親
> 友開口借書，常於書齋標貼一字條：老婆不借、書不借。視與老婆同等
> 珍貴〔註71〕。

爲防藏書失散，葉氏的作法實無可議之處。事實上，葉德輝也並非吝於通假之人，只是借書的對象有所篩選，較爲嚴格罷了。前已述及，葉德輝規定「非有書可以互抄之友，不輕借抄；非眞同志著書之人，不輕借閱。舟車行笥，其書無副本者，不得輕攜〔註72〕。」，有書可以互抄之友及眞同志著書之人，基本上，葉德輝仍是願意與之資源共享。其從子葉啓崟嘗云：

> 長沙王益吾閣學以著書傾海內，每從大伯父借瓻還瓻，使者無一日
> 之間絕〔註73〕。

可見「借瓻還瓻」乃觀古堂之常事，葉氏不吝通假，甚爲明顯。

除此之外，葉德輝在圖書通假的事實，尚有二端，今敘述於後：

〔註67〕瞿鏞，《鐵琴銅劍樓藏書目錄》，《書目叢編》（台北：廣文，民國 56 年），頁 1506。
〔註68〕同註 5，頁 435。
〔註69〕葉德輝，《朱亭集》，《郋園先生全書》（長沙：中國古書刊印社，民國 24 年），頁 7 ～8。
〔註70〕葉盛，《菉竹堂書目》，《書目類編》第二九冊（台北：成文，民國 67 年）頁 3。
〔註71〕同註 64。
〔註72〕同註 58。
〔註73〕葉啓崟，〈郋園讀書志後序〉，葉德輝，《郋園讀書志》（台北：明文書局，民國 79 年），頁 1748。

一、編撰藏書目錄及讀書志

　　葉德輝利用其豐富之典藏，編撰藏書目錄及讀書志，俾世人即目以求。其弟子劉肇隅云：

> 辛亥國變，避亂邑之朱亭鄉中，以舊編《觀古堂藏書目》，重加理董，乙卯以活字排印二百部，一時海內外風行〔註74〕。

葉德輝於民國五年（1916），刊成「一生精力所注」之「觀古堂藏書目四卷」〔註75〕；並以活字排印二百部，供人傳鈔或贈送同好。葉德輝以為此目不僅可以補正張之洞《書目答問》之缺謬，亦足備清史藝文志之史材〔註76〕。

　　另外葉氏又編著《郋園讀書志》十六卷，葉啓勳云：

> 辛壬癸甲間世父避亂邑之朱亭，曾手定《觀古堂書目》四卷，大兄尚農以活字印行，自後續有所得，及啓勳兄弟所收約數百種，詳注舊目行間，正擬彙編重刊，逢亂中止稿存家中。世父平時每得一書，必綴一跋，啓勳兄弟所得，亦必呈請審定題尾，積年既久成十六卷，名曰《郋園讀書志》，較書目為多且詳焉〔註77〕。

葉德輝在刊行《觀古堂藏書目》四卷之後，藏書又續有所得，於是將其生平讀書題跋命子姪抄出編錄《郋園讀書志》十六卷，以活字排印數百部，其目的即在廣為書籍之流傳。此二書，對於版本的鑑別考訂，用力甚深；對於古籍之流通，貢獻甚大。本論文之第五章將深入探討。

二、刊行古籍近刻

　　葉德輝曾云：「欲求不朽者，莫如刊布古書一法〔註78〕。」，為使古籍能廣為流傳，葉氏往往就其藏書之中，選取未經傳刻或罕見之本，一一予以刊行。根據統計，其所著及校刻書凡十數百種，且多以行世〔註79〕。民國十六年（1927），葉氏弟子劉肇隅編《郋園四部書敍錄》附〈郋園刻板書提要〉，杜邁之、張承宗在《葉

〔註74〕劉肇隅，〈郋園讀書志序〉，葉德輝著，《郋園讀書志》（台北：明文書局，民國79年），頁2～3。
〔註75〕同註2。
〔註76〕同註1。
〔註77〕葉啓勳，〈郋園讀書志跋〉，葉德輝著，《郋園讀書志》（台北：明文書局，民國79年），頁1750。
〔註78〕同註32，頁4。
〔註79〕許崇熙，〈郋園先生墓志銘〉，閔爾昌輯，《清朝碑傳全集》四（台北：大化，民國73年），頁3784。

德輝評傳》附錄中重新加以繫年〔註80〕，今列出其重要之刻書於後：

光緒十八年（1892）
《鬻子》二卷
光緒十九年（1893）
《郭氏玄中記》二卷　　（晉）郭璞撰
光緒二十一年（1895）
《郭璞爾雅圖贊》一卷　　（清）嚴可均輯
《郭璞山海經圖贊》一卷　　（清）嚴可均輯
《許慎淮南閒詁》二卷
《淮南萬華術》二卷　　（漢）劉安纂
《沈下賢集》十二卷　　（唐）沈亞之撰
光緒二十三年（1897）
《甌羅寶書畫過目考》四卷　　李玉棻編輯
光緒二十四年（1898）
《三家詩補遺》三卷　　（清）阮元撰
《朱氏遺札》一卷　　（清）朱一新撰
光緒二十五年（1899）
《唐女郎魚玄機詩》一卷、附〈名人題跋〉一卷
《漢律疏證》六卷　　杜貴墀撰
光緒二十六年（1900）
《山公啓事》一卷　　《山公佚事》一卷
《典禮質疑》六卷　　《桐華閣詞鈔》二卷　　杜貴墀撰
光緒二十七年（1901）
《孫柔之瑞應圖記》一卷
光緒二十八年（1902）
《觀古堂書目叢刻》
《觀古堂匯刻書》
《觀古堂所著書》
《天文本單經論語校勘記》一卷

〔註80〕同註48，頁123～133。

《孟子劉熙注》一卷

《傅子》三卷、〈訂誤〉一卷

《晉司隸校尉傅玄集》三卷

《明南雍經籍考》二卷　　（明）梅鷟撰

《絳雲樓書目補遺》一卷　　（清）錢謙益撰

《靜惕堂宋元人集書目》一卷　　（清）曹溶撰

《說文段注校》三種：

　　《說文段注札記》一卷　　（清）龔自珍撰

　　《說文段注札記》一卷　　（清）徐松撰

　　《說文段注抄按》一卷，〈補〉一卷　　（清）桂馥撰

光緒二十九年（1903）

　　《素女經》一卷

　　《玉房秘訣》一卷、附《玉房指要》一卷

　　《洞玄子》一卷

　　《宋紹興秘書省續編到四庫闕書目》二卷

　　《華陽陶隱居內傳》三卷　　（宋）賈嵩撰

　　《華陽隱居集》二卷　　（梁）陶弘景撰

　　《萬卷堂書目》四卷　　（明）朱睦㮮撰

　　《金陵百詠》一卷　　（宋）曾極撰

　　《嘉禾百詠》一卷　　（宋）張堯同撰

　　《曝書亭刪餘詞》一卷、附原稿目錄一卷、校勘記一卷　　（清）朱彝尊撰

　　《讀書法匯》一卷　　杜貴墀撰

光緒三十年（1904）

　　《蔡邕月令章句》四卷

　　《竹崦庵傳鈔書目》一卷　　（清）趙魏撰

　　《青樓集》一卷　　雪蓑漁隱記

　　《巖下放言》三卷　　（宋）葉夢得撰

光緒三十一年（1905）

　　《辛丑消夏記》五卷　　（清）吳榮光撰

　　《疑雨集》四卷　　（明）王彥泓撰

　　《桐華閣文集》十二卷　　杜貴墀撰

　　《佛說四十二章經注》一卷　　宋眞宗御注

光緒三十二年（1906）

　　《古今書刻》二卷　　　（明）周弘祖撰

　　《影宋刊南嶽總勝集》三卷　　　（宋）陳田夫撰

　　《七國象棋局》一卷　　（宋）司馬光撰

　　《投壺新格》一卷　　（宋）司馬光撰

　　《打馬圖經》一卷　　（宋）李易安撰

　　《除紅譜》一卷　　（宋）朱河撰

光緒三十三年（1907）

　　《雙梅景闇叢書》

　　《麗廔叢書》

　　《木皮散人鼓詞》一卷　　　賈鳧西著（附《歸莊萬古愁曲》一卷）

　　《乾嘉詩壇點將錄》一卷

　　《佛說十八泥犁經》一卷　　（魏）安世高譯

　　《佛說鬼問目蓮經》一卷　　（魏）安世高譯

　　《餓鬼報應經》一卷　　附東晉錄

　　《佛說雜藏經》一卷　　（晉）法顯譯

　　《石林燕語》十卷、附校一卷　　　（宋）葉夢得撰，宇文紹奕考異

光緒三十四年（1908）

　　《素女方》一卷

　　《元朝秘史》一卷、續二卷

　　《爾雅補注》四卷　　（清）周春撰

　　《宋忠定趙周王別錄》八卷

　　《徵刻唐宋人秘本書目》一卷、附考證二卷　　　（清）黃虞稷、周在浚編

　　《板橋雜記》三卷　　　余子曼著

　　《吳門畫舫錄》一卷　　　西溪山人編

　　《檜門觀劇絕句》三卷　　　金檜門撰

　　《石林燕語》辨一卷　　（宋）汪應辰編

　　《石林詩話》三卷　　（宋）葉夢得撰

宣統二年（1909）

　　《繪圖三教搜神大全》七卷

　　《玉澗雜書》一卷　　（宋）葉夢得撰

　　《禮記解》四卷　　（宋）葉夢得撰

《避暑錄話》二卷　　（宋）葉夢得撰

《老子解》二卷　　（宋）葉夢得撰

宣統二年（1910）

《宋趙忠定奏議》四卷

宣統三年（1911）

《潛采堂宋元書目》一卷　　（清）朱彝尊撰

《唐開元小說》六種

《重刊次柳氏舊聞》　　（唐）李德裕編

《梅妃傳》一卷

《楊太眞外傳》二卷

《李林甫外傳》一卷

《高力士外傳》一卷　　（唐）郭湜撰

《安祿山事跡》三卷　　（唐）姚汝能纂

《燕蘭小譜》五卷、附《海鷗小譜》一卷

《石林詞》一卷　　（宋）葉夢得撰

《石林家訓》一卷　　（宋）葉夢得撰

《石林治生家訓要略》一卷　　（宋）葉夢得撰

《建康集》八卷　　（宋）葉夢得撰

《嚴東有詩集》十卷　　嚴長明著

民國三年（1914）

《天地陰陽交歡大樂賦》一卷　　（唐）白行簡撰

民國四年（1915）

《通曆》十二卷　　（唐）馬總撰　　（宋）孫光憲續撰

《百川書志》二十卷　　（明）高儒撰

《汪文摘謬》一卷　　（清）葉燮撰

民國五年（1916）

《午夢堂全集》　　（明）葉紹袁輯

民國六年（1917）

《疏香閣遺錄》四卷

《己畦文集》二十二卷　　（清）葉燮撰

《己畦詩集》十卷　　（清）葉燮撰

《己畦殘餘詩稿》一卷　　（清）葉燮撰

《己畦原詩》四卷　　（清）葉燮撰

民國七年（1918）

《修辭鑒衡》四卷　　（元）王構撰

《求古居宋本書目》八卷　　（清）黃丕烈撰

《分乾詩鈔》四卷　　（清）葉舒穎撰

民國八年（1919）

《佳趣堂書目》不分卷　　（清）陸漻撰

《學山詩稿》　　（清）葉舒穎撰

民國九年（1920）

《別本結一廬書目》不分卷　　（清）朱學勤撰

民國十年（1921）

《孝慈堂書目》一卷　　（清）王聞遠撰

第五章　觀古堂藏書目錄與
藏書題記概述

　　葉德輝碩學通才以藏書名海內，一生致力於古書的收集；嗜書如命，且將之
與維護家族及子孫地位緊密聯繫。然葉氏於嗜好相尚之中，亦深知藏書之聚散無
常；為免一旦藏書散亡之後，一切盡作飛灰煙滅，因而編撰《觀古堂藏書目》聊
以記錄藏書狀況，期能書亡而目存。平生博極群書、貫通經史、好學不倦，每得
一書，必綴一跋；或校其文字異同，或述其版刻原委，無不纖細畢詳，積年既久
成《郋園讀書志》。平日閱歷，隨記心得，成《書林清話》。此三書與其藏書關係
密切，為其豐富典藏之具體成果，今略述於後：

第一節　《觀古堂藏書目》

一、編印原委

　　《觀古堂藏書目》是葉德輝觀古堂的藏書目錄。其編印之原委，分見於兩篇
文獻。〈觀古堂藏書目序〉云：

　　　　平時每得一書，必綴一跋，不敢侈言板片，更不敢自詡收藏，惟或
　　纂輯一書，不至有閱世借人之苦。宋元本雖不多見，亦時有一臠之嘗，
　　居恒讀汲古閣秘本書目，注載宋元舊鈔，價值多者三十兩，少者三五錢，
　　而當時有「三百六十行生意，不如賣書毛氏。」之諺。使余生與並世，
　　又豈獨讓紅豆山莊與之對壘乎，又笑近人以百宋廛宋相夸，至為見小，
　　假使得一《百川學海》殘冊，中即有數十家宋本在內。又如九行本《十
　　三經》、大字本《十七史》，元修明補亦可列名百宋廛宋，余不敢為此欺

人語也。昔明書估葉景逵選刻萬寶詩山，自錢牧翁《絳雲樓書目》以下，皆誤以爲宋本。明沈辨之野竹齋《韓詩外傳》，即通津草堂本改題，孫氏星衍誤以爲元本，至今相沿不悟。在錢孫二公賞鑒名一世而疏陋如此，則無怪陸心源盡以所藏售之日人，而日人島田翰轉以無識相輕薄也。辛亥鼎革避亂縣南朱亭鄉中，重編此目，以志一生精力之所注，分類與四庫不同，具詳凡例。兒子啓慕、啓倬請以活字排印，分貽諸從兄弟。余爲縷述先世家學及生平所歷之境，他日如有好事，仿黃蕘翁年譜，逐日爲余記所收藏，則余別有題跋諸書在，可以取證也〔註1〕。

葉氏編印此一書目的動機，在此言之甚詳，除卻「志一生精力之所注」、「縷述先世家學及生平所歷之境」之外，對佞宋尙元之輩觀念之錯誤、見識之褊狹、鑒別之無知，做到提供版本資料、糾正鑒別偏差之收效。

此外，〈觀古堂藏書目跋〉對其編印之原委，有更詳細的解說，葉氏之子葉啓倬、葉啓慕云：

《觀古堂藏書目錄》四卷，家大人編於光緒辛丑壬寅間。部類粗定，每爲啓倬等言：目錄之學，分類至難，吾之爲此，聊以記錄，不可示人也。迨辛亥避亂邑之朱亭，因攜此目重爲編訂，意謂兵燹之後，書亦散亡，書亡而目存，亦聊作前塵之夢影而已；不謂亂後書得幸存，而此目稿已數次更寫，蓋今距辛亥又及六年。中更兵事，逋逃南北，奔走京都、上海，書客如鱗。家君每歲歸來，必有新刻舊本書多櫥，充斥廊廡間，檢之彌月不能罄。平生好書之癖，雖流離顛沛，固不易其常度也。家君平日遇宋元明刻舊本，多手自勘定，題跋精詳，曾編《郋園藏書題跋記》四卷，啓倬繕錄成帙，並擬付刊。故此目於一切宋元刻本、名校舊抄，大半載而未盡，然明以來精刻善本則詳錄靡遺。家君恒言，此目可以補正張文襄《書目答問》之缺誤，亦足備清史藝文志之史材〔註2〕。

此跋十分詳實的敘述葉德輝編印《觀古堂藏書目》的原因、經過及期許。光緒辛丑、壬寅年間，即光緒二十七、八年（1901～1902），葉氏即已著手編訂。辛亥革命期間，葉氏避居湘潭朱亭山中時，將之予以重編；爾後因續有收藏，因而陸續修正，於民國五年（1916）付刊。此目於宋元刻本、名校舊抄，或許大半載而未

〔註1〕葉德輝，〈觀古堂藏書目序〉，葉德輝，《觀古堂藏書目》（長沙：葉氏觀古堂，民國4年），頁1～3。

〔註2〕葉啓倬、葉啓慕合著，〈觀古堂藏書目跋〉，葉德輝，《觀古堂藏書目》（長沙：葉氏觀古堂，民國4年），頁96。

盡，但對於明以來的精刻善本特別是清代刻本，則載錄甚詳，靡有遺漏。葉氏對此一書目之期許甚高，以爲不僅可以補正張之洞《書目答問》的缺誤，亦足以作爲清史藝文志之文獻材料。

二、分類之體例

《觀古堂藏書目》全書凡四卷：卷一經部、卷二史部、卷三子部、卷四集部；共計著錄藏書五千一百四十八種、六千八百零三部、十一萬一千五百零一卷，其分類方式具見凡例。經部分十三類：易、書、詩、禮、樂、春秋、論語、孝經、爾雅、石經、經解、小學、緯候。每類又細分若干子目，其分類之體例、子目之界定及分併改隸之學術考慮，今敘述於後。

首敘經部各類。葉氏云：

> 易教廣大，注家各明一義大要；漢儒徵實，魏晉以後蹈空，國朝諸儒多搜兩漢之逸文，發揮古義，而空言說理者，亦分道而馳，今從撰人時代敘次爲一類，不復區分其派別，庶無失廣大之義焉。書自僞傳行世，而兩漢今古文遂微；唐人無識，乃爲僞傳作正義；相沿至宋以後，久列學官，於是伏孔馬鄭之遺經掃蕩無存矣。疑僞傳者，始宋朱子，至明梅鷟作《尚書考異》，攻僞遂有專書。國朝閻若璩《古文尚書疏證》，抉發僞跡，其義益明，王鳴盛後案江聲集注音疏，去僞存眞大闢途徑。孫星衍《尚書今古文注疏》，吾友皮錫瑞《今文尚書疏證》，搜羅古佚，卓然完經，學者篤守數家之書，則僞傳可廢，今絜其大要，仍以撰人時代敘錄焉。

> 詩則《漢志》有齊、魯、韓三家。毛詩出自河間獻王府中，得郭氏箋行至今不廢。三家之中，齊、魯亡最早，韓則亡於北宋之間，故輯三家者，惟韓稍完備，又得外傳爲之羽翼，其書雖亡，而亦存。今于毛詩之外，敘次爲三家詩之屬，以其有家可別，固異于易書之雜陳矣。

> 禮則《周禮》、《儀禮》、《禮記》，久沿三禮之稱，然《記》非經也，烏得而三，況大小二戴，並列學官，唐人作正義去大戴而取小戴，褊陋甚矣！幸大戴完書具在注者日多，漢學中興微言不絕如線，今敘次三禮外爲大戴記之屬，其通考三禮者爲禮經解之屬，別考五禮者爲禮書之屬。

> 樂之久亡矣！《樂記》附于《禮記》，不得爲經，唐以後志目或以樂技雜厠其間，殊乖經旨。今自蔡邕琴操以下，錄其有關雅樂及考訂律呂者次爲一類，其餘樂工琴史之屬退入藝術，匪云復古，蓋以尊經俾覽

者，知鄭衛之分，而得制作之經意。

《春秋》，《漢志》臚列眾家，今存者惟左傳、公穀；《國語》本為外傳，《國策》、《史記》作旨相同，然自班范以後，代有史書，于是《史記》遂為諸史之冠，此勢之不得不分者也。四庫以《國語》厠入雜史，殊昧經史分合之原，今故敘次三傳外為春秋經解之屬、為國語之屬、為國策之屬，斯條流明析綱紀燦然矣。

《論語》，《漢志》入六藝，而以《孟子》入儒家，誠以儒者九流之一，不得儕于聖作。自宋儒四子書出，明人補刻于《開成石經》，于是孟氏之書遂別晏荀而與思曾同其尊貴，今以其所願學孔敘次論語類為孟子之屬；其專注〈大學〉、〈中庸〉者，仍入《禮記》。通四子者列入經解，《孔子家語》、《徒人圖法》，漢志亦入《論語》，今《家語》雖非漢志之舊，實記孔子言行弟子遺事之文，《圖法》雖已不存，而闕里文獻、聖賢圖像之書，作者接軫，故敘次為家語之屬。四庫以其不在誦習之列，出之儒家傳記，此不明乎義例者也。

《孝經》、《爾雅》，《漢志》同為一家，而《史籀》以下，諸書始稱小學，四庫以《爾雅》入小學訓詁之屬，未免輕重不倫，今從《漢志》，微變其例，以《孝經》為一類，《爾雅》為一類。《急就》、《說文》諸字書仍為小學，俾各從其類，而經與小學不致混同。

石經文字，《隋志》入小學似矣，然《開成石刻》乾隆監本，煌煌巨製，詎得以小學目之，況近儒或校文字，或敘廢興，著述眾多，體例詳縝，又非別立一類，不能統括群書，今于諸經後，敘次石經為一類。

隋唐以後無專經之學，而經解出焉。四庫沿唐宋志之例，名曰五經總義，不知經實有六，增以《論語》、《孝經》、《爾雅》是曰《九經》。五經本不足以該其全名，亦不如經解之古今詳為區別，敘次為九經佚注之屬、為九經說解之屬、為九經傳記目錄之屬、為九經文字之屬、為九經音義之屬。

《隋志》小學以《說文》列于《字林》、《玉篇》之前，而以音注說文者依時代次錄，國朝諸儒注解《說文》者無慮數百家，其書既多，不得不別為類聚，今于小學敘次為訓詁之屬、為說文解字之屬、為字書之屬、為音韻之屬，以雜體書終之，雜體云者：《千文》、《蒙求》，為學僮所佔畢，猶之弟子職本四言韻語，亦即幼儀《急就章》為七言字書，實則蒙學古有是例，非臆撰也。

　　　　緯候爲五經之餘，亦東漢經學之別子，四庫塵求《易緯》，附于易
　　類，明孫瑴《古微書》附于五經總義，今以輯錄者多，敘次爲一類，其
　　無者，專書亦不複見〔註3〕。
細繹上言，得之易、書、孝經、爾雅、石經、緯候各類，或因其領域龐雜廣大，
或因著述眾多體例詳贍，敘次爲一類，其下不再細分子目。其他則依其學術性質
及發展之分合析分。詩分：毛詩及三家詩；禮分：周禮、儀禮、禮記、大戴記、
禮經解、禮書；樂僅分：古今樂書一目，以涵蓋有關雅樂及考訂律呂者，樂工琴
史則歸入「藝術」；春秋分：左傳、公羊傳、穀梁傳、春秋經解、國語、國策；論
語分論語、孟子、家語；經解分：九經佚注、九經說解、九經傳記目錄、九經文
字、九經音義；小學分：訓詁、說文解字、字書、音韻、雜體書。

　　　值得注意的是，凡例上的子目名稱與其後書目分類之名稱略有差異，如：禮
類的「禮經解」，書目作「總義」；春秋類的「春秋經解」作「三傳經解」、「國語」
作「國語外傳」；經解的「九經佚注」作「諸經古注」、「九經說解」作「諸經注解」、
「九經傳記目錄」作諸經記載目錄、「九經文字」、「九經音義」簡化成「文字」、「音
義」、卻多了「四書注解」一目；小學的「音韻」作「韻書」、「雜體書」作「雜書」。
前後不一，應該是作業上的疏誤所致。

　　　史部分爲十二類，分別是：正史、編年、注歷、霸史、雜史、雜傳、政書、
地理、譜系、簿錄、金石、史評。凡例云：
　　　　正史類者，正統之史，非謂史之正也。馬班以下，官修私撰，屹然
　　與經對峙焉。其文其事有待音注而後詳者，而闕則補之、繁則刪之，是
　　爲音注抄補之屬；年表元號，史之大綱，是爲年表元號之屬。
　　　　注歷類者，即起居注也，其中有傳記、有實錄，故從梁阮孝緒《七
　　錄》之例，次爲一類，不復區分其屬焉。
　　　　編年類者，《隋志》古史之易名，而古史則對乎雜史，以立體者也。
　　志以竹書出自汲冢，而以古史目之。然自兩漢紀後，至於元經作者，實
　　繁體皆相仿，至宋司馬《通鑑》，上續獲麟，朱子《綱目》，專取筆削，
　　同一編年之作，又各分途，今敘次其與竹書相類者爲古史之屬，義法司
　　馬者爲通鑑之屬，繼朱子而作者爲綱目之屬。紀事本末創於宋人爲編年
　　之變例，以踵事者多，列爲紀事本末之屬。

〔註3〕葉德輝，〈觀古堂藏書目經部序例〉，葉德輝，《觀古堂藏書目》（長沙：葉氏觀古堂，
　　民國4年），頁1～4。

霸史類者，偏隅割據，異乎正統之史也。宋以後志目往往屬入雜史，其義未安，四庫題稱載記，雖本《晉書》，然彼所錄止一事一隅，此則世更數主，地號小朝，固不可同日語矣。

雜史類者，蓋與古史相對待，而為近史所不能賅括，故別為一體者也。其有義仿正史，或紀皇古、或撰新書，並以時代相從，敘次為別史之屬；其有紀述名臣言行、朝野舊聞者為紀事之屬；詳載典章制度、因革損益者為掌故之屬；若夫民風俗尚瑣屑雜文，既非小說之書，間補正史之略，為瑣記之屬。

雜傳類者，或史無其人而補之，或史略其事而詳之，今敘次記一人者為別傳之屬，諸人共一書者，為列傳之屬。

政書類者，一代政治之所繫，後人以資考論者也。天子所出為詔令，臣工所論為奏議，舊志別為一類，不免紛歧，今敘次於首，為詔令之屬、為奏議之屬。職官、刑法、故事、舊儀，《隋志》各為一類，茲增損其例為法制之屬，為職官之屬、為民政之屬、為典禮之屬、為兵制之屬、為刑法之屬、為考工之屬，義本六官而治歸一統矣。

地理類者，史家地理溝洫志之流也，今敘次為總志之屬、為分志之屬、為水道之屬、為古蹟之屬、為山水之屬、為雜志之屬、為外紀之屬。

譜系類者，統乎帝王世繫臣民譜錄而言之者也。舊以姓氏人名之作入之類書，殊為未允，年譜雖近傳記，然上溯受姓之原，中列分年之事，列之譜系，斯名義符矣。

簿錄類者，史家藝文經籍之流也，四庫以書籍金石為一類，謂之目錄，義難賅貫，例亦雜糅，況國朝金石之學，撰述無慮數百家，自宜析出別為一類。至書籍板本題跋，滋多闕佚，校勘成書者眾，概名目錄，循覽多歧，今故敘次為目錄之屬、為題跋之屬、為考訂之屬，近人書目有以題跋考證，入之儒家考訂者，不如此之門戶分明矣。

金石類者，所以補史志之闕文，證古今地名之同異。歐趙以降，代有專家，至國朝而極盛，今於此類敘次為目錄之屬，為圖象之屬、為文字之屬、為都會郡縣志之屬、為考釋之屬、為義例之屬，四庫以言義例者入詩文評，使讀者茫然無可尋繹，蔽矣。

史評類者，史家論贊之流也。宋以後志目始立斯名，今仍取之以論史書得失者，為史法之屬，論一朝之治亂及一一事之是非者為史事之屬

〔註4〕。

上述各類，注歷及霸史以下皆未再細分。注歷類，有傳記有實錄，葉德輝依從梁阮孝緒《七錄》之例，將之獨立爲一類。霸史類，宋以後之志目往注將之併入雜史，四庫放入載記，葉氏以爲二者作法皆有所不妥，因而將之獨立出來。其他各類，正史之下分：正史、音注抄補、年表元號。編年分：古史、通鑑、綱目、紀事本末。雜史分：別史、紀事、掌故、瑣記。雜傳分：別傳、列傳。政書分：詔令、奏議、職官、法制、民政、典禮、兵制、刑法、考工。地理分：總志、分志、水道、古蹟、山水、雜志、外紀。譜系分：姓氏、年譜。簿錄分：目錄、題跋、考訂。金石分：目錄、圖象、文字、都會郡縣志目、考釋、義例。史評分：史法、史事。凡例與書目名稱舛誤者僅有一處，金石類之下的考釋，書目作「釋文」。史部凡例，較偏向各類目之界定，條理至爲明晰，令人一目瞭然。

　　子部分爲十五類，分別是：儒家、道家、陰陽家、法家、名家、墨家、縱橫家、雜家、農家、小說家、兵書、數術、方伎、藝術。凡例云：

　　　　儒家類者，著書以垂誡，致主以匡時，《漢志》所陳，悉可推論，宋人闡明性理，于是有理學之書；國朝諸儒精於考據校勘，于是考亭困學之流風，其傳愈遠。今敘次北宋以前，上溯兩漢諸家爲論譔之屬，程朱以後爲理學之屬；宋元以來考證經史、疏解名物者爲考據之屬，以明儒書無空談而捄語錄末流之失。

　　　　道家類者，體兼儒而用則法，非《道藏》全書漫無限斷者，所得比而同之，今于此類抉擇稍嚴，亦冀覽者知道之本旨云爾。

　　　　陰陽家類者，出于羲和之官，大抵祖古明堂陰陽授時之典，而漸離其宗，《漢志》所存，今已併失，楊雄撢思渾天以作太元以視古陰陽之說稍殊而頗合于治理。《漢志》本列儒家，今以元包潛虛皇極經世諸書繼續而作，次爲一類，俾曉然于古之陰陽，與儒相出入，而非後世數術五行家所得比論，斯固足用爲治矣。

　　　　法家類者，議法而不主法者也，故與刑律之類旨同而用殊。

　　　　名家類者，出於議禮之官，《漢志》敘錄諸家廑求鄧析、尹文、公孫龍三子，今從《隋志》補人物志，而以白虎通論獨斷入之。

　　　　墨家類者，其學見闢於孟氏，徒人既散，書亦罕傳，後人志目，強

<hr />

〔註4〕葉德輝，〈觀古堂藏書目史部序例〉，葉德輝，《觀古堂藏書目》（長沙：葉氏觀古堂，民國4年），頁1～3。

以釋氏闌入，不知釋近莊列爲道之支流，非墨也。近人又有以遠西景教諸書比附者，聲光重學，雖似出于墨，然俗異而教殊，譬之江海同源，星宿終不能引之合流也。今於諸子外別爲釋藏、西學二目，如阮孝緒《七錄》，以釋老爲外錄之例，此類不復驪列焉。至于地志傳記、音義算法說部體與四部相類者，仍分隸各部以備參稽。

縱橫家類者，蘇張口辯，本無傳書存者，惟鬼谷一家則近于道，然後世干祿之學，實由此而萌芽。挾策逢時，弋取富貴，士風日薄，周鼎遂移，是則蘇秦階之屬也。今取長短經、八面鋒之類附之有餘慨矣！

雜家類者，古之雜學，隋唐以後，論說抄纂之屬，亦並入焉。然類書實抄纂也，《隋志》取以附之，今敘次周秦以來，下至唐宋雜編爲論撰之屬，明其爲古雜之傳，其泛論事物考證見聞者，爲紀述之屬，辨別古器品題清玩，爲鑒賞之屬，終以類書爲類事之屬。

農家類者，生民衣食之源，而帝王利用厚生之本也。《漢志》神農野老而外不及蠶桑，殆其時齒民喪亂之餘，地醜而俗變，故其業不修歟。今蠶桑之利，遍于東南，農田水利之書，家喻戶曉，故敘次爲農桑之屬。花木譜記禽魚圖贊，四庫取遂初之例別爲譜錄一類，殊非循名核實之義，今以花木爲種植之屬，禽魚爲畜牧之屬。茶酒出于農業之餘，舊亦入于譜錄，今並敘次爲飲饌之屬。

小說家者稗官野史之文、人君資以化民成俗者，後世喜言神怪風謠俗諺，好事者，往往輯錄成書，今敘次爲記載之屬、爲異聞之屬。

兵書類者，《漢志》與數術、方技敘列九流十家之後，蓋三者皆非諸子之學，可以歸六經之支裔，爲聖明之股肱也。戰國兵禍之烈，諸侯皆以詭變相訏，故太公本在道家，自孫吳著書遂因緣而入兵略，今從《漢志》敘次爲權謀之屬，爲形勢之屬，爲陰陽之屬，爲技巧之屬。

數術類者，明堂義和史卜之職，所以通三才而序百物者也。今增消《漢志》敘次爲天文之屬，爲曆象之屬、爲算術之屬、爲時日之屬、爲星命之屬、爲龜筮之屬、爲雜占之屬、爲形法之屬。曆算本名曆譜，同爲一類，今算術爲中外利用之學，述造日眾，故別爲之屬，而仍以中西相類次，庶得知其門戶之異同云。

方技類者，卻病延年以重民命者也。秦焚詩書而數術、方技之書日益繁衍。蓋數術依附於讖諱，方技兼雜以神仙，其術爲時主所好尚，其書遂附以流傳，今從《漢志》敘次爲醫經之屬、爲本草之屬、爲經方之

屬、爲房中之屬、爲神仙之屬。本草者，經方所從出，別增一屬，以異于神仙之藥餌焉。

藝術類者，《唐志》始有其名，《隋志》以八體六技入小學，蓋本《漢志》之遺，而以新雜漆調絃譜正聲技雜等曲簿入樂，以握槊投壺棋勢雜博入兵，此泥于《漢志》而不知變通者也。又于小說入古今藝術水飾等書，尤爲戾于本義，今從《唐志》統爲藝術類，敘次爲書畫之屬、爲石刻之屬、爲文房之屬、爲雜技之屬。四庫以法帖入金石，大小不倫，今以與法書相繫，故次于書畫之後〔註5〕。

子部之凡例於解釋各類之定義之後，述及諸子之學術要旨及其源流衍變之大勢，並闡析其分類之原由及大要，敘述頗爲詳盡。其中：道家、陰陽家、法家、名家、墨家、縱橫家因其學術性質之需要獨立爲一類，不再細分子目。其他各類，儒家因學術之流變，分：論撰、理學、考據。雜家分：論撰、紀述、鑒賞、類事。農家分：農桑、種植、畜牧、飲饌。小說家分：記載、異聞。兵書分：權謀、形勢、陰陽、技巧。數術分：天文、曆象、算術、時日、星命、龜筮、雜占、形法。方技分：醫經、本草、經方、房中、神仙。藝術分：書畫、石刻、文房、雜技。在各類分併改隸之際，葉德輝多半就前人之志目中取長補短擇善而從。

集部分爲六類，分別是：楚辭、別集、總集、詩文評、詞、曲。凡例又云：

楚辭者，風雅之變體，其離詩而成一家、亦猶史之離乎春秋，固勢之不能限斷者也。後世間有擬作多列集中，惟宋高似孫騷略專務摹仿秩然具體云。

別集類者，《漢志》詩賦略之濫觴。然有詩賦而無文，以文次於諸子類也。魏晉以降，詩文不分，於是專集之書盈千累萬，學者既從而選錄之，又從而評論之，於是有總集類，有詩文評類。詞爲詩餘，導源於唐，而備體於宋，以其句之無定，又謂之長短句，後人推其本事，定以牌名，北宋以來，號爲極盛，其製近於集，而非集，故別爲類焉。曲者詞之別子，其牌名太半相同，而以利於樂人按歌，每參以方音俗語，北曲南曲韻判中原，雜劇傳奇體兼小說，四庫錄其譜而不著其書，是固別裁之義，茲則私家簿目，故並載焉〔註6〕。

〔註5〕葉德輝，〈觀古堂藏書目子部序例〉，葉德輝，《觀古堂藏書目》（長沙：葉氏觀古堂，民國4年），頁1～4。

〔註6〕葉德輝，〈觀古堂藏書目集部序例〉，葉德輝，《觀古堂藏書目》（長沙：葉氏觀古堂，

集部之凡例，並未將其下之子目詳細分列出來，僅敘述各類之淵源、發展及體製之特色。參考其後之書目，我們可以得知，除楚辭、詩文評之下不再細分之外，別集分：漢魏六朝詩文集、唐人詩文集、宋人詩文集、金元人詩文集、明人詩文集、明遺民詩文集、國朝貳臣逆臣詩文集、國朝理學諸儒詩文集、國朝人詩文集、國朝小集。總集分：詩文統編、詩編、文編、唐人詩文、宋人詩文、元金遼詩文、明人詩文、國朝詩文、合刻詩文，都會郡縣詩文。詞分：詞集、總集、詞選、詞話、詞韻。曲分：宮調、雜劇、韻目。

以上所述關於分類問題的說明，歸納起來，有如下幾點：

第一，《觀古堂藏書目》分為四部四十六類。其中二十八類又各析分若干子目。

第二，不再區分子目之十八類，或從撰人時代敘次為一類，或依從學術內涵性質獨立為一類。

第三，類目的分併改隸擇善而從，考慮其發展分合之學術特質。

第四，諸家書目有分類欠妥者，都逐一加以考核校正。

第五，提及之書目計有：《漢書：藝文志》，梁阮孝緒之《七錄》、《隋書‧經籍志》、《唐書‧藝文志》、《宋史‧藝文志》、《四庫全書總目》等。

三、與《四庫全書總目》比較

《觀古堂藏書目》的分類架構，基本上遵循傳統四部分類。四部分類，起自《隋志》；《隋志》總結漢魏六朝目錄分類的成就，確立此一分類方式，此後七百多年，官私簿錄十九沿襲，所不同者只是子目略加更動而已。如：《群書四部錄》分四部四十二類；《古今書錄》、《舊唐書‧經籍志》分四部四十五類；《崇文總目》分四部四十五類；《新唐書‧藝文志》分四部四十四類；《郡齋讀書志》分四部四十二類；《遂初堂書目》分四部四十四類；《直齋書錄解題》分四部五十三類；《文獻通考經籍考》分四部五十七類；《宋史‧藝文志》分四部四十五類〔註7〕。《百川書志》分四部九十三類；《澹生堂藏書目》分四部七十類；《千頃堂書目》分四部四十九類〔註8〕。《四庫全書總目》分四部四十四類六十七個子目；葉德輝《觀古堂藏書目》則分四部四十六類一百三十三個子目。在分類上，葉氏較四庫精細，

民國4年），頁1。

〔註7〕呂紹虞，《中國目錄學史稿》（台北：丹青，民國75年），頁103～108。

〔註8〕同註7，頁178～188。

為了解此二書目之差異，分列對照表於後：

表七：

四庫全書總目		觀古堂藏書目	
部目	類　　目	部目	類　　目
經	易 書 詩 禮（周禮、儀禮、禮記、三禮總義、通禮、雜禮書） 樂 春秋 孝經 五經總義 四書 小學（訓詁、字書、韻書）	經	易 書 詩（毛詩、三家詩） 禮（周禮、儀禮、禮記、大戴禮記、總義、禮書） 樂（古今樂書） 春秋（左傳、公羊傳、穀梁傳、三傳經解、國語、外傳、國策） 論語（論語、孟子、家語） 孝經 爾雅 石經 經解（諸經古注、諸經注解、諸經記載目錄、文字、音義、四書注解） 小學（訓詁、字書、說文解字、韻書、雜書） 緯候
史	正史 編年 紀事本末 別史 雜史 詔令奏議（詔令、奏議） 傳記（聖賢、名人、總錄、雜錄、別錄） 史鈔 載記 時令	史	正史（正史、音註抄補、年表元號） 編年（古史、通鑑、綱目、紀事本末） 注歷 霸史 雜史（別史、紀事、掌政、瑣記） 雜傳（別傳、列傳） 譜系（姓氏、年譜） 簿錄（目錄、題跋、考訂）

史	地理（總志、都會郡縣、河渠邊防、山川、古蹟遊記、外記） 職官（官制、官箴） 政書（通制、典禮、邦計、軍政、法令、考工） 目錄（經籍、金石） 史評		史	地理（總志、分志、水道、古蹟、山水、雜志、外紀） 政書（詔令、奏議、職官、法制、民政、典禮、兵制、刑法、考工） 金石（目錄、圖像、文字、都會郡縣志目、釋文、義例） 史評（史法、史事）
子	儒家 道家 法家 兵法 農家 醫家 天文算法（推步、算書） 術數（數學、占候、相宅、相墓、占卜、陰陽五行、雜技術） 藝術（書畫、琴譜、篆刻、雜技） 譜錄（器用、食譜、草木、鳥獸、蟲魚） 雜家（雜學、雜考、雜說、雜品、雜纂、雜編） 類書 小說（雜事、異聞、瑣語） 釋家		子	儒家（論撰、理學、考據） 道家 法家 陰陽家 名家 墨家 縱橫家 雜家（論撰、紀述、鑒賞、類事） 農家（農桑、種植、畜牧、飲饌） 小說家（記載、述異） 兵書（權謀、形勢、陰陽、技巧） 數術（天文、曆算、算術、時日、星命、龜筮、雜占、形法） 方技（醫經、本草、經方、房中神仙） 藝術（書畫、石刻、文房、雜藝）
集	楚辭 別集 總集 詩文評 詞曲（詞集、詞選、詞話、詞譜、詞韻、南北曲）		集	楚辭 別集（魏晉六朝詩文集、唐人詩文集、宋人詩文集、金元人詩文集、明人詩文集、明遺民詩文集、國朝貳臣逆臣詩文集、國朝理學諸儒詩文集、國朝文集、國朝小集） 總集（詩文統編、詩編、文編、唐人詩文、宋人詩文、元金遼詩文、明人詩文、國朝詩文、合刻詩文、都會郡縣詩文） 詩文評 詞（詞集、總集、詞選、詞韻） 曲（官調、雜劇、韻目）

　　葉德輝《觀古堂藏書目》的分類法與《四庫全書總目》大同小異。經部，較四庫少了「五經總義」及「四書」，卻多了「論語」、「爾雅」、「石經」、「緯候」等類。子目方面，葉氏的作法：詩，細分爲：毛詩、三家詩。禮，四庫細分爲：周禮、儀禮、禮記、三禮總義、通禮、雜禮書；葉氏則分爲：周禮、儀禮、禮記、大戴禮記、總義、禮書。春秋，四庫未細分子目，並將「國語」策入「雜史」，葉氏以爲如此作法「殊昧經史分合之原」〔註9〕，將之分爲：左傳、公羊傳、穀梁傳、三傳經解、國語外傳、國策。小學，葉氏多四庫「說文解字」及「韻書」二目。經解，亦即四庫的「五經總義」，葉氏以爲：「名曰五經總義，不知經實有六，增以論語、孝經、爾雅是曰九經。五經本不足以該其全名，亦不如經解之古今詳爲區別〔註10〕。」因而以「經解」取代「五經總義」，在子目方面細分爲：諸經古注、諸經注解、諸經記載目錄、文字音義、四書注解。四庫將論、孟、學、庸合併爲「四書」類；葉氏則將論、孟併爲「論語」類，學、庸入「禮記」類，考慮其學術發展之需要而作如是調整。《孔子家語》，四庫「以其不在誦習之列，出之儒家傳記」，葉氏則因「今家語雖非漢志之舊，實記孔子言行弟子遺事之文，圖法雖已不存，而闕里文獻，聖賢圖像之書作者接軫〔註11〕。」因而敘次爲「家語」目。孝經、爾雅，四庫將「爾雅」入「小學訓詁」，「孝經」獨立爲一類；葉德輝譏其「輕重不倫」〔註12〕，將孝經、爾雅各列爲一類。

　　史部，四庫爲十五類，葉氏僅爲十二類。葉氏較四庫多「注歷」、「霸史」、「譜系」、「簿錄」、「金石」；少「別史」、「詔令奏議」、「傳記」、「史鈔」、「載記」、「時令」、「職官」及「目錄」。四庫將「別史」獨立成一類；葉氏則將之列爲「雜史」下之一子目。四庫列「紀事本末」爲一類；葉氏則將之附於「編年」類之下。「編年」類再細分爲：古史、通鑑、綱目、紀事本末。四庫將「詔令奏議」獨立爲一類，且細分爲：詔令、奏議兩子目；葉氏將「詔令」、「奏議」納於「政書」之下。「政書」再分爲：詔令、奏議、職官、法制、民政、典禮、兵制、刑法、考工。四庫之「政書」則分爲：通訓、典禮、邦計、軍政、法令、考工。四庫將「傳記」分爲：聖賢、名人、總錄、雜錄、別錄；葉氏無此類目，「傳記」的部分置於「雜傳」類，而後細分爲：別傳、列傳。四庫的「史鈔」、「載紀」、「時令」爲葉氏所無，葉氏卻多了「注歷」、「霸史」、「譜系」，其他類目分支較四庫爲細。「正史」

〔註 9〕同註3。
〔註10〕同註3。
〔註11〕同註3。
〔註12〕同註3。

細分爲：正史、音注抄補、年表元號；「雜史」分爲：別史、紀事、掌故、瑣記；「譜系」分爲：姓氏及年譜。四庫將「職官」分爲官制及官箴；葉氏將之納於「政書」之下；四庫列「目錄」爲一類，其下細分經籍、金石兩目；葉氏以爲「四庫以書籍、金石爲一類謂之目錄，義難賅貫，例亦雜糅。況國朝金石之學撰述無慮數百家。自宜析出別爲一類。至書籍版本題跋，滋多闕佚，校勘成書者眾，概名目錄，循覽多歧」〔註13〕；因而葉氏別立「簿錄」、「金石」類。「簿錄」之下分：目錄、題跋、考訂；「金石」下分：目錄、圖像、文字、都會郡縣志目、釋文、義例。對於四庫把言「義例」者入「詩文評」，葉氏以爲將「使讀者茫然無可尋繹蔽矣」〔註14〕。「地理」類，四庫細分爲：總志、都會郡縣、河渠、邊防、山川、古道雜記、遊記、外記；葉氏則分爲：總志、分志、水道、古蹟、山水、雜志、外紀。史部，二者分合的差異較大。

　　子部，四庫分十四類，葉氏十五類。類目相同的有：儒家、道家、法家、農家、雜家、小說家、數術及藝術。但葉氏的「儒家」則細分爲：論撰、理學、考據。「雜家」類，四庫的子目爲：雜學、雜考、雜說、雜品、雜纂、雜編；葉氏爲：論撰、紀述、鑒賞、類事，其中「類事」一目即四庫的「類書」類。「農家」類，四庫未再細分；葉氏則分爲農桑、種植、畜牧、飲饌。對於花木、譜記、禽魚、圖贊，四庫取遂初之例別爲「譜錄」一類，葉氏以爲「殊非循名核實之義」〔註15〕。小說家，四庫細分爲：雜事、異聞、瑣語；葉氏則分爲記載、述異。「數術」（四庫爲「術數」）之子目二目略有差異，葉氏爲：天文、曆象、算術、時日、星命、龜蓍、雜占、形法；四庫則爲：數學、占候、相宅、相墓、占卜、陰陽五行、雜技術。四庫將「醫家」獨立一類，葉氏則將之置於「方技」類之下。四庫將「天文算法」與「數術」別列成二類，葉氏則將之併於「數術」一類。四庫的「兵法」即葉氏的「兵書」，葉氏更將之細分爲：權謀、形勢、陰陽、技巧。「藝術」類，四庫以「法帖」入「金石」，葉德輝以爲此一作法「大小不倫」，因而以之與「法書」相繫，次于「書畫」之後。此外，葉氏有四庫所無的類目爲：陰陽家、名家、墨家、縱橫家；四庫有而葉氏無的則爲：釋家。

　　集部，四庫分五類，葉氏分六類。四庫將「詞曲」合併，葉氏則分列。子目方面，葉氏的分類較爲細緻，「別集」類下再分：漢魏六朝詩文集等十個子目；「總集」類之下再分詩文統編等十個子目。四庫「詞曲」類下，分：詞集、詞選、詞話、詞

〔註13〕同註4。
〔註14〕同註4。
〔註15〕同註5。

譜、南北曲。葉氏「詞」類下，分：詞集、總集、詞選、詞話、詞韻。曲下分：宮調、雜劇、韻目，都比四庫的分類仔細。對於四庫有關曲處理方式的「錄其譜而不著其書」，葉氏以爲是「固別裁之義」〔註16〕，因而將私家簿目也一併登載。

第二節　《郋園讀書志》

一、編印原委及其體例

　　葉德輝編印《郋園讀書志》之原委，可從下列諸文獻覓出端倪。〈郋園讀書志序〉云：

> 　　吾師葉郋園吏部，承先世之楹書，更竭四十年心力，凡四部要籍，無不搜羅宏富，充棟連櫥；而別本重本之多，往往爲前此藏書家所未有。肇隅髫年，即從吾師遊，每登觀古堂，倒簏傾筐，任意繙閱，于是者逾廿年。偶檢一書，則見前後多有題跋，吾師嘗進肇隅教之曰：「凡讀一書，必知作者意旨之所在，既知其意旨之所在矣，如日久未之溫習，則必依稀惝恍，日知而月忘，故余于所讀之書，必於餘幅筆記數語。或論本書之得失，或辨兩刻之異同，故能刻骨銘心，對客瀾翻不竭。宋晁公武《郡齋讀書志》、陳振孫《直齋書錄解題》，異日吾子爲余彙輯成書，即可援其例也。」肇隅唯唯聽之，時吾師年未艾也。辛亥國變，避亂邑之朱亭鄉中，以舊編《觀古堂藏書目》重加理董，乙卯以活字排印二百部，一時海內外風行，然皆知吾師于群書皆有題跋未錄出也。丙辰夏尚農、習齋兩世兄，始屬傭書寫錄，略依書目，分部得文若干篇。大抵體近《述古敏求記》，較多考證之資；例本《甘泉雜記》，兼寓抉擇之意；遠追晁陳二家志錄之流別，近補紀阮二公提要之闕書，是固合考訂校讎收藏賞鑒爲一家言，而不同於何元錫終日爲達官搜采舊書，顧廣圻畢生爲人校刊善本；跡同掠販，徒耗精神也〔註17〕。

此序是由葉德輝弟子劉肇隅所作，文中序其編撰《郋園讀書志》之緣起。《郋園讀書志》是葉氏讀書心得之匯編；葉氏雅好藏書，竭四十年心力於斯，凡四部要籍，無不搜羅宏富；且其治學謹嚴，每得一書必推求本原、辨其版本、注其錯誤、搜

〔註16〕同註6。
〔註17〕劉肇隅，〈郋園讀書志序〉，葉德輝著，《郋園讀書志》（台北：明文書局，民國79年），頁2～3。

采異本；常於書之餘幅筆記數語,「或論本書之得失,或辨兩刻之異同」不僅知作者意旨之所在,且能發前人未發之蘊奧。丙辰年間,即民國五年(1916),葉氏命子姪將其平日收藏各書之題跋序次抄出匯集編纂成書;分部依《觀古堂藏書目》的分類方式,採經、史、子、集排列順序,「體近《述古敏求記》,較多考證之資;例本《甘泉雜記》,兼寓抉擇之意;遠追晁陳二家志錄之流別,近補紀阮二公提要之闕書。」,集眾家之長補眾家之短,因而劉肇隅以為其師葉德輝集考訂、校讎、收藏、賞鑒於一身。

　　此外,葉氏從子葉啓崟在〈郋園讀書志後序〉亦云:

　　　　大伯父吏部君幼承先祖父之訓,不讀無用之書,收藏四十年,於宋元明鈔外,尤好收國朝諸家塾精校精刊之本,興之所至,每有題跋,夾於卷中,尚農習齋兩從兄先後鈔呈請授梓人,因命啓崟為之詮次,其中近刻多而宋元少者,大伯父恒言各家藏書題跋日記,于宋元佳處,已詳盡靡遺,雖有收藏,無庸置論,惟明刊近刻他人所不措意者,宜亟亟為之表彰,此亦他日續修《四庫全書》之藍本也〔註18〕。

此文言及《郋園讀書志》取材上的一大特色,是葉氏對明刻近刊(特別是清朝諸家塾精校精刊之本),他人所不措意者,尤亟亟為之表彰,不同於其他各家題跋日記之著力於宋元舊槧,因而葉啓崟以為《郋園讀書志》可做為「他日續修四庫全書之藍本」。另葉德輝之其他兩位從子:啓勳、啓發,在〈郋園讀書志跋〉中,亦分別發表其參與編印之心路歷程。葉啓勳云:

　　　　先世父文選君,幼承家學,寢饋于中,四十餘年中間,宦遊京師,更從廠肆搜求,四部之書,尤臻美富。啓勳四五齡時就外傅,歸視櫃中書,輒心好之,年逾志學,世父遂以簿錄版本之學見勖,余小子朝夕追隨粗窺崖略,遂日與書棚賈客周旋。時值國事紛更,湘中舊家之藏多不能保守。辛酉夏縣人王理安孝廉啓原之書,亦多散出,啓勳時有所獲,歸呈世父鑒定,皆當日欲收不得之書也。辛壬癸甲間世父避亂邑之朱亭,曾手定《觀古堂書目》四卷,大兄尚農以活字印行,自後續有所得,及啓勳兄弟所收,約數百種,詳注舊目行間,正擬彙編重刊,逢亂中止稿存家中。世父平時每得一書,必綴一跋;啓勳兄弟所得,亦必呈請審定題尾,積年既久成十六卷,名曰《郋園讀書志》,較書目為多且詳焉。……

〔註18〕葉啓崟,〈郋園讀書志後序〉,葉德輝著,《郋園讀書志》(台北:明文書局,民國79年),頁1748。

　　若夫辨版刻之時代、釘鈔校之精粗、考卷數之多寡、別新舊之異同，以
　　及藏書印記、先輩佚聞，莫不精審確鑿，直欲接蹟晁陳，駕王堯臣《崇
　　文總目》馬貴與《經籍考》而上之，以視錢遵王之收販骨董，黃蕘圃之
　　專重宋元，更自有別也〔註19〕。

《觀古堂藏書目》刊行之後，觀古堂之訪書續迭有所得，葉氏子姪連同己身平素
積累一併收入《郋園讀書志》之中，因而本藏書題跋記，較《觀古堂藏書目》所
著錄之書爲多且詳。窺觀古堂藏書之全貌，除《觀古堂藏書目》外，《郋園讀書志》
尤不可或缺。本書在版本目錄學之成就，葉啓勳以爲可與晁公武《郡齋讀書志》、
陳振孫《直齋書錄解題》相比美；而凌駕王堯臣《崇文總目》、馬端臨《文獻通考
經籍考》之上；較錢曾的多蓄舊籍，黃丕烈的專重宋元，則更周延更完備。其因
乃葉德輝「辨版刻之時代、訂鈔校之精粗、考卷數之多寡、別新舊之異同，以及
藏書印記、先輩佚聞，莫不精審確鑿。」所致。

　　另外，葉啓勳也云：

　　　　大伯父吏部君，早歲通籍，不樂仕進，日以搜訪舊刻書爲事，專力
　　于考據之學，嘗訓啓發曰：「版本之學，爲考據之先河，一字千金，何可
　　瞉視？昔賢嘗以一字聚訟紛紜，故予每得一書，必廣求眾本，考其異同，
　　蓋不如是，不足以言考據也！」吾家自宋少保石林公以來，代有聞人，
　　或以科名顯貴，或以著述流傳；先祖于咸豐之間，避赤寇之亂，徙居長
　　沙，先世本略有楹書，至大伯父益擴而充之，遂日益富。每得一書，必
　　綴一跋，或校其文字異同，或述其版刻原委，無不纖細畢詳。國變以後，
　　湘垣烽火頻仍，大伯父避亂闔門，深慮藏書不保，貽書從兄弟，屬將書
　　跋次第鈔出，意謂藏書不幸不保，尚可留一影目。戊午以後，續有收入，
　　益以予兄弟、從兄弟所得，跋文益多，遂手編定爲讀書志略，分十六卷
　　凡十六冊，中有四冊，專爲考論乾嘉以來詩壇諸家詩集而作者也〔註20〕！

　　此跋再次強調《郋園讀書志》編印的原委。其中值得注意的有二，其一，葉
氏處理題跋的用意有部分是因爲擔心兵燹之後，藏書不保，因而囑咐子姪將書跋
鈔出以爲至少如此尚可留一影目存在人間。其二，本書有專論乾嘉以來詩壇諸家
詩集之作，一朝詩派儒風因之而有所考鏡。

〔註19〕葉啓勳，〈郋園讀書志跋〉，葉德輝著，《郋園讀書志》（台北：明文書局，民國79年），
　　　　頁1750。
〔註20〕葉啓勳，〈郋園讀書志跋〉，葉德輝著，《郋園讀書志》（台北：明文書局，民國79年），
　　　　頁1751～1752。

綜合以上文獻，我們可以獲知《郋園讀書志》之編印原委及其體例之重點如下：一、《郋園讀書志》是葉德輝生平讀書對其藏書所作題跋之匯集。二、葉氏為免兵燹之後，藏書不保，促子姪將其平日收藏之題跋依序抄出；子姪於民國五年（1916）開始編撰，至民國十五年（1926）編定，葉氏遇害後，由其子姪及弟子劉肇隅於民國十七年（1928）於上海刊印。三、全書十六卷，依四部分類排列，撰寫體例則參考晁公武《郡齋讀書志》、陳振孫《直齋書錄解題》之體式。著錄之時，對各書著者之背景、版刻之時代、鈔校之精粗、卷數之多寡、本書之得失、兩刻之異同、藏書之印記、先輩之佚聞等，莫不精審確鑿。四、取材寬廣，較《觀古堂藏書目》為多且詳，對明刊近刻尤為著力，後四卷甚且有特為專論乾嘉詩壇諸家詩集而作者。五、兼取眾家之長，卓然成一家之言，與量販之輩不可同日而語。六、可作他日續修四庫全書之藍本。

二、引用之目錄書

《郋園讀書志》覆核嚴謹，屢引前人之藏書目錄及藏書題跋以相驗證。茲將其所徵引之目錄著作，列舉於後，並各舉出處一條，以稽其實：

1、《漢書藝文志》：卷五《晏子春秋》八卷。

2、《隋書經籍志》：卷五《鬼谷子》三卷

3、《舊唐書‧經籍志》：卷一《白虎通》二卷。

4、《崇文總目》：卷二《經典釋文》三十卷。

5、《新唐書‧藝文志》：卷七《陸宣公集》二十四卷。

6、《郡齋讀書志》：卷十五《九僧詩集》一卷補遺一卷。

7、《通志藝文略》：卷一《白虎通》二卷。

8、《玉海中興書目》：卷三《通鑑紀事本末》四十二卷。

9、《直齋書錄解題》：卷八《范石湖居士詩集》三十四卷。

10、《文獻通考經籍考》：卷六《分門瑣碎錄》六卷。

11、《宋史‧藝文志》：卷十六《辛稼軒長短句》十二卷。

12、《南雍志經籍考》：卷三《古今列女傳》三卷。

13、《紅雨樓題跋記》：卷五《輟耕錄》三十卷。

14、《澹生堂書目》：卷九《解學士詩集》十二卷。

15、《述古堂藏書目》：卷五《乙卯避暑錄話》二卷。

16、《千頃堂書目》：卷三《古今列女傳》三卷。

17、《天一閣書目》：卷十六《文斷》二冊。

18、《讀書敏求記》：卷六《北堂書鈔殘本》三十四卷。

19、《孝慈堂書目》：卷八《黃山谷集》九十七卷。

20、《明史藝文志》：卷九《陽明先生文錄》十四卷。

21、《四庫全書總目》：卷三《吳越春秋》十卷。

22、《天祿琳瑯書目》：卷四《絳雲樓書目》二冊不分卷。

23、《天祿琳瑯書目續編》：卷六《世說新語》六卷。

24、《汲古閣宋元秘本書目》：卷六《墨池編》六卷。

25、《絳雲樓書目》：卷十五《唐文粹》一百卷。

26、《孫氏祠堂書目》：卷五《人物志》三卷。

27、《平津館鑒藏書籍記》：卷七《梁昭明太子文集》五卷。

28、《拜經樓藏書題跋記》：卷三《鄭志》三卷，《鄭記》一卷。

29、《挈經室外集》：卷五《莊子成玄英疏》三十五卷。

30、《江上雲林閣書目》：卷三《後漢書補注》二十四卷。

31、《愛日精廬藏書志》：卷八《太倉稊米集》七十卷。

32、《曝書雜記》：卷三《謝疊山批點陸宣公奏議郎曄注》十五卷。

33、《汲古閣校刻書目補遺》：卷八《濟北晁先雞肋集》七十卷。

34、《靜惕堂書目》：卷八《石林居士建康集》八卷。

35、《鐵琴銅劍樓書目》：卷十五《文選李善注》六十卷。

36、《批注四庫全書簡明目錄》：卷六《藝文類聚》一百卷。

37、《持靜齋書目》：卷三《國榷》五冊。

38、《楹書隅錄》：卷六《墨緣彙觀錄》六卷。

39、《宋元善本書經眼錄》：卷五《鹽鐵論》十卷。

40、《書目答問》：卷十七《經樓文鈔》六卷，《春暈閣詩鈔》六卷。

41、《士禮居藏書題跋記》：卷五《墨子》十五卷。

42、《皕宋樓藏書志》：卷七《唐柳河東集》四十五卷外集五卷遺文一卷。

43、《萬卷樓書目》：卷九《何大復集》三十七卷。

44、《經籍訪古志》：卷十五《玉臺新詠》十卷。

45、《廉石居藏書記》：卷六《武經總要》四十卷，《行軍須知》二卷。

46、《結一廬書目》：卷七《黃御史集》八卷附錄一卷。

47、《儀顧堂題跋》：卷三《晉書》一百三十卷。

48、《日本訪書志》：卷十《楚辭章句》十七卷。

49、《藝風堂藏書記》：卷九《楊鐵崖古樂府》十卷，《復古詩集》六卷。

50、《留眞譜》：卷五《纂圖互注楊子法言》十三卷。

51、《古文舊書考》：卷四《古今書刻》二卷。

52、《善本書室藏書志》：卷二《埤雅》二十卷。

53、《邵亭知見傳本書目》：卷八《黃山谷集》九十七卷。

《郋園讀書志》所引用之目錄書，根據以上分析，至少有五十三種。引用次數超過二十次以上的計有：《郡齋讀書志》、《直齋書錄解題》、《四庫全書總目》、《讀書敏求記》、《天祿琳瑯書目》、《孫氏祠堂書目》、《鐵琴銅劍樓書目》、《善本書室藏書志》等八種。其中以《四庫全書總目》最多，凡百餘次；《直齋書錄解題》居次，計四十餘次。《郋園讀書志》引用各藏書目錄及藏書題記，主要在考證著者之生平及學術、書名之異同、篇卷之多寡、書籍之存佚、書籍之眞僞及流傳，或訂補諸書目諸題記之謬誤。

三、解題分析

《郋園讀書志》的題跋，對版本、目錄、校勘學應包含之主要項目，大抵皆有著錄，舉其犖犖大者，約有下列諸端，每端各舉數例以明之：

（一）著錄作者之姓名、籍貫、仕履及生平

1、卷十，〈凌雪軒詩集六卷〉

《凌雪軒詩集》六卷，長洲徐夔撰。夔字龍友，別號西塘，廩膳生，義門何先生入室弟子，同里惠學士半農先生為詩壇老宿，雅推重君，督學粵東，邀君往客嶺南，歲餘卒。事具邵泰所撰小傳〔註21〕。

2、卷十二，〈甌北詩集五十三卷〉

《甌北詩集》五十三卷，趙翼撰。王昶《湖海詩傳》：趙翼字雲松，號甌北，陽湖人。乾隆二十六年，殿試第三人及第，官至貴西道。薄褐《山房詩話》：雲松性情倜儻，才調縱橫，及第改翰林，數年簡放知府，擢貴西道，尋以母老留養，遂不復出〔註22〕。

3、卷六，〈墨緣彙觀錄六卷〉

《墨緣彙觀錄》法書二卷、續一卷、名畫二卷、續一卷，共六卷，無撰人

〔註21〕葉德輝，《郋園讀書志》（台北：明文書局，民國79年），頁1164～1165。
〔註22〕同註21，頁1343～1344。

名，惟自序題松泉老人〔註23〕。

《郋園讀書志》著錄各書，首列其作者資料；作者資料可考者，則列其姓名、籍貫、仕履及生平簡介。不可考者，則云：「無撰人」或「無撰人名」。如例三及卷六〈事物紀原十卷〉條所載〔註24〕。

（二）著錄編者、注者、序者等之資料

1、卷十六，〈金文最一百二十卷〉

　　此張月霄金吾所編《金文最》一百二十卷。向無刻本，近廣州始刊出，此原稿精鈔本也。月霄名金吾，字愼旃，月霄其別號，祖仁濟父先基，皆邑諸生。月霄年二十二補博士弟子員即棄去，篤志儲藏，與同里陳子準善彙收群籍，合之舊得八萬餘卷，闢詒經堂詩史閣，求舊書裝以藏之〔註25〕。

2、卷五，〈鬼谷子三卷〉

　　《鬼谷子》三卷，梁陶宏景注〔註26〕。

3、卷四，〈北戶錄三卷〉

　　《北戶錄》三卷，題萬年縣尉段公路纂，登仕郎前京兆府參軍龜圖注〔註27〕。

4、卷四，〈通典二百卷目錄一卷〉

　　唐杜佑《通典》並目錄二百一卷，明嘉靖戊戌巡按廣東御史王德溢，提學僉事吳鵬刊行，方獻夫爲之序〔註28〕。

此四例，例一著錄編者，例二例三著錄注者，例四則是序者。資料詳細的敘其生平，簡略者則僅列其名姓。

（三）記載藏書家、校書者、刻書者、鈔書者之行事

1、卷十五，〈玉峰詩纂六卷〉

　　《四庫全書》〈總集類存目提要〉以爲：志乘之餘書不足道，惟歷經名家賞鑒朱印纍纍皆有可考。前序闌匡上有秀水朱氏潛采堂圖書九字，朱文篆長方印，則朱竹垞曝書亭收藏也。序下有檇李項藥師藏六字，朱文篆書長方印，萬卷樓藏書記六字，朱文篆書方印，則嘉興項篤壽也。《嘉興府志・循吏傳》：篤壽，字子長，嘉靖壬戌進士，官至廣東參議，其季弟即元汴，世所稱天籟

〔註23〕同註21，頁714。
〔註24〕同註21，頁613。
〔註25〕同註21，頁1679。
〔註26〕同註21，頁523。
〔註27〕同註21，頁386～387。
〔註28〕同註21，頁366。

閣項子京也。詳朱彝尊《曝書亭集》〈萬歲通天帖跋〉，又有光祿大夫四字，白文篆書方印，亦其印記也。元汴好收藏書畫，篤壽好收藏書籍，一門風雅，名炫藝林，洵禾中佳話也〔註29〕。

2、卷三，〈舊唐書二百卷〉

《舊唐書》，自來藏書家無宋元舊刻，故世以明聞人詮校刻本為最善，然其訛脫之處，亦以無他本可校，故讀者不知也。此為先世祖中巷派石君公，以明至樂樓鈔本校過，訂訛補脫，逐卷逐葉，丹黃爛然，真至寶也。石君公原諱萬，後更樹廉，又作樹蓮，別號南陽轂道人。明諸生，好收藏宋版書，同時與錢遵王、徐健庵、毛子晉往來交契，沒後徐為作傳，稱其手校書為何義門推重〔註30〕。

3、卷二，〈說文新附考六卷續考一卷〉

乾嘉時，吳門有兩布商，一以文學著稱，一以藏書得名，其人即鈕匪石樹玉、汪閬源士鍾也。鈕精于小學，所著：《說文校錄》、《說文段注訂》及此《說文新附考》，有功許書，久為士林推重。汪則好收宋元本書，擇其尤者翻雕行世，如：宋景德本《儀禮單疏》、元泰定本《孝經注疏》、晁公武衢州本《郡齋讀書志》、《雞峰普濟方》，皆世間不傳之孤本，賴其重刻，天下後世始得傳其書〔註31〕。

4、卷四，〈從古堂款識學一卷〉

《從古堂款識學》一卷，嘉興徐士燕編錄，其父壽臧先生同相所釋，山東濰縣陳氏寶簠齋藏器銘字也。壽臧先生，為張叔未解元廷濟之女夫，于金石之學，具有淵源。士燕秉承家教，能讀父書手錄，是編傳其先澤字跡，亦雅與其父相似，洵善繼善述者〔註32〕。

例一，為藏書家之故實；例二，為校書者；例三，刻書著；例四，則為鈔書者。

（四）解說書名之名義與異同

1、卷三，〈孤兒編二卷〉

此《孤兒編》二、三兩卷，為甘泉汪孟慈部郎喜孫，述其父容甫明經中學行之作；謂之《孤兒編》者，喜孫生九歲，而中沒，志哀也。中少負狂名，同時人記載之文往往言之過甚；喜孫一一辨正之，並皆援引當時人語以相佐

〔註29〕同註21，頁1640～1641。
〔註30〕同註21，頁280～281。
〔註31〕同註21，頁226。
〔註32〕同註21，頁449。

證，是亦仁人孝子之用心也〔註33〕。

2、卷十五，〈大宋文鑑一百五十卷〉

《宋文鑑》一書本名《皇朝文鑑》〔註34〕。

例一解說《孤兒編》一書書名之含義；例二則敘述《宋文鑑》之異名。

（五）記載一書之篇目及內容

1、卷五，〈晏子春秋八卷〉

《晏子春秋》八卷，明活字印本，每半葉九行，行十八字，前有目錄，載內外篇章次第，下接劉向校錄文，書分八篇，內篇：諫上第一、諫下第二、問上第三、問下第四、雜上第五、雜下第六；外篇：重而異者第七、不合經術者第八〔註35〕。

2、卷五，〈風俗通十卷〉

前序標題《大德新刊校正風俗通義》，目錄前題《風俗通義》，正卷題《風俗通義》〈皇霸〉第一、〈正失〉第二、〈愆禮〉第三、〈過譽〉第四、〈十反〉第五、〈聲音〉第六、〈窮通〉第七、〈祀典〉第八、〈怪神〉第九、〈山澤〉第十，每篇均冠以「風俗通義」四字，分五篇為一卷〔註36〕。

3、卷六，〈青樓集一卷〉

《青樓集》一卷，記有元一代女伶之盛，所載諸腳色，即今貌兒戲之濫觴。中有婆惜獸頭等名稱。婆惜沿宋時俗稱，《宣和遺事》所載閻婆惜是也；獸頭似謂蠢材，至今上海妓寮中，尚有此語，是可徵方言所自來矣〔註37〕。

4、卷三，〈己未詞科錄十二卷〉

《己未詞科錄》十二卷，紀康熙鴻博特科大典及興試諸人傳略也〔註38〕。

例一、例二，記載一書之篇目；例三、例四，則介紹一書之內容大旨。

（六）稽考篇卷之異同及書籍之殘存

1、卷五，〈淮南鴻烈解補注二十八卷〉

《淮南鴻烈解》二十八卷，題漢太尉祭酒許慎記上，後學劉績補注，後學王溥校刊，黑口版，每半葉九行，行十七字。《四庫全書》著錄為二十一卷，

〔註33〕同註21，頁345。
〔註34〕同註21，頁1618。
〔註35〕同註21，頁461。
〔註36〕同註21，頁537～538。
〔註37〕同註21，頁650。
〔註38〕同註21，頁343。

高誘注本。宋刻本有兩本，二十八卷者爲道藏本，黃丕烈《士禮居藏書題跋記》所稱校宋舊鈔本，即從之出者也；二十一卷者爲北宋刻，宋晁公武《郡齋讀書志》所稱之本是也〔註39〕。

2、卷七，〈梁昭明太子文集五卷又一部〉

　　昭明太子集，隋唐志均稱有二十卷。《宋史·藝文志》始止五卷，是五卷本爲有刻本最古之本矣。宋淳熙八年，袁說友刻之池陽郡齋者，即五卷本〔註40〕。

3、卷五，〈雲麓漫鈔十五卷〉

　　《雲麓漫鈔》，世傳舊刻，惟明商維濬《稗海》本僅止四卷，蓋據不全本刻之。道光末年，始有蔣光煦別下齋刻《涉聞梓舊叢書》本十五卷，蔣刻無序跋，不知據何本重刊。余向藏此二本，曾記宋陳振孫《直齋書錄解題》云：此書二十卷，續鈔二卷，竊疑蔣刻亦未必全。後得陳仲魚鱣藏手校鈔本，卷數與蔣刻相同。據陳跋借吳兔床騫拜樓藏鈔本傳錄，又取鮑淥飲廷博知不足齋藏鈔本校之，均爲十五卷，則宋以來所傳足本，僅此矣〔註41〕。

4、卷七，〈曹子建集七卷〉

　　《曹子建集》十卷，大題《曹子建集》卷第幾，而版心以十干紀數，云甲集幾卷，半葉九行，行十八字。前有正德五年長安田瀾序云：舊本詩在五卷、樂府六卷、頌贊銘七卷、章表令八卷、文啓詠序書誄哀辭九卷、通移九卷、樂府八卷、頌贊銘五卷、章表六卷、令七啓九、詠摘移十卷、文序書誄哀七卷，其餘仍舊。七步詩散出諸書述行賦附三卷，七步詩附九卷。按田序所謂舊本，據云，即《通考》所載，宋陳振孫《直齋書錄解題》云，今本二十卷與《唐志》同，其間亦有採取《御覽》、《書鈔》、《類聚》諸書所有意，皆後人附益，然則非當時全書也。余謂漢魏六朝諸家集，見于宋以後書目者，大都後人從唐宋人類書採輯而出，其間訛誤漏遺在所不免，如再補輯，但就宋本原編，別爲附錄，方足徵信〔註42〕。

例一、例二，稽考一書篇卷之異同；例三、例四，則考證書籍殘缺存佚之狀況。

（七）引述前人書志參證或訂補其疏舛

　　1、卷二，〈埤雅二十卷〉

〔註39〕同註21，頁 533～534。
〔註40〕同註21，頁 773。
〔註41〕同註21，頁 547。
〔註42〕同註21，頁 762～763。

《埤雅》明本甚多，而以此本爲最善。孫星衍《平津館鑒藏書籍記續編》：明版類所稱黑口版，每葉二十行，行二十字，每卷後皆有音釋，別本釋天有後缺二字；此本無之者，即此本也。《四庫全書總目》〈經部·小學類〉著錄爲浙江巡撫採進本，云：刊本釋天之末注後闕二字；然則併此書亦有脫佚，非完本矣！是館臣未見此刻本，故亦不知有音釋。近人丁丙《善本書室藏書志》載有：《重刊埤雅》二十卷，明刊黑口本。朱學勤《結一廬書目》載有：《埤雅》二十卷，明初細字本。瞿鏞《鐵琴銅劍樓藏書目》載有：《埤雅》二十卷，明刊本。均未詳記行字。惟繆太夫子荃孫《藝風堂藏書記》有明仿宋本云，每半葉十行，行二十字，與此行字合，殆即一本〔註43〕。

2、卷六，〈世說新語六卷又一部〉

考《唐書·藝文志》稱：劉義慶《世說》八卷、劉孝標續十卷；《崇文總目》十卷；晁公武《郡齋讀書志》謂當是孝標續義慶元本八卷，通成十卷，又謂家有詳略二本，迥不相同。而陳振孫《直齋書錄解題》作三卷，與今本合，其三卷，又分上下，則疑陸游分之〔註44〕。

3、卷三，〈三國史辨誤一卷〉

此書，《四庫全書》〈正史類〉著錄云：不著撰人名氏。《武英殿聚珍版叢書》已印行，而此鈔本撰人題何焯屺瞻，不知何故，焯著有《義門讀書記》，中有所校《三國志》三卷，核與此不相合。《四庫全書提要》疑焯弟子陳景雲作，然以《義門讀書記》比勘，亦斷其非景雲作，則疑以傳疑，固不必強以撰人實之也〔註45〕。

4、卷一，〈韓詩外傳十卷〉

《韓詩外傳》十卷，明沈與文野竹齋刻本，宋本外此爲第一善本。孫星衍《孫祠書目》著錄，其《平津館鑒藏書籍記》，誤以爲元至正本，不知沈固明人也。同時，吳中蘇獻可通津草堂刻此書，行字與此相同，流傳頗少。海內藏書家惟見于仁和朱氏結一廬、錢唐丁氏善本書室兩目。丁氏所藏，已歸江南圖書館，曩曾取蘇沈兩本相校，乃知沈本即蘇氏原版，蓋沈得蘇版于印行時，補刻亞形木牌記于序後，今沈本較蘇本爲多者，以其印行在後故也。丁目誤以通津草堂屬之沈氏，實不知版刻一而人則二，然亦見丁氏固審定爲一

〔註43〕同註21，頁234～235。
〔註44〕同註21，頁641～642。
〔註45〕同註21，頁277～278。

刻本矣〔註46〕。

例一、例二，是說明某書於某書志著錄的情形，此一方式，在《郋園讀書志》出現的頻率相當高。例三、例四，則訂正前人書志載記的錯誤，最有功於目錄學。

（八）記述版式、行款、字樣、牌記及避諱

1、卷一，〈詩緝三十六卷〉

《詩緝》三十六卷，宋嚴粲撰。明刻本，無年月，版心上有「味經堂」三字，每半葉九行，行十八字，小字雙行，字數同，以版式字體論，蓋嘉靖時刻也〔註47〕。

2、卷三，〈漢雋十卷〉

《漢雋》十卷，宋林越撰。《四庫全書總目》〈史部·史鈔·存目提要〉所稱：元延祐庚申袁桷序刻本者也。版心大黑口，每半葉九行，每行大字，無整行，小字雙行，每行三十字，字皆松雪體，蓋有元一朝風氣如此也〔註48〕。

3、卷七，〈楚辭辨證二卷〉

此高麗仿南宋嘉定刻本。《楚辭辨證》二卷，書中桓匡貞頊讓緟等字避諱缺筆。桓嫌名完，玄嫌名縣，懸避殷字，有避有不避，讓之嫌名攘壤均不避，豈以已祧之廟，故耶〔註49〕！

4、卷二，〈重刻元至正本玉篇三十卷〉

前有《玉篇廣韻指南》一卷，末有長方大木印云：至正丙午良月，南山書院新刊二行十二字〔註50〕。

5、卷八，〈濟北晁先生雞肋集七十卷〉

宋晁補之《雞肋集》七十卷，明鈔宋本，宋諱間缺筆，半葉十行，行十八字〔註51〕。

以上五則，例一、例二，記述版式、行款、字體；例三、例五，言及避諱；例四，言及牌記。依由行款、版式、字體、牌記及避諱來考正一書之版本，是最標準最直接的方法之一。

（九）記述一書之成書年代、著書原委或評其價值

〔註46〕同註21，頁89～90。
〔註47〕同註21，頁91。
〔註48〕同註21，頁276。
〔註49〕同註21，頁758～759。
〔註50〕同註21，頁231。
〔註51〕同註21，頁925。

1、卷十五，〈麟溪集二十二卷〉

此《麟溪集》二十二卷，明鄭太和編，明黑口本。太和，浦江人，世所稱義門鄭氏者六。此書裒集一時名人投贈表揚詩文之屬。成于元至正十年至明成化十一年〔註52〕。

2、卷二，〈詩書古訓六卷〉

《詩書古訓》六卷，阮元撰，凡《詩》四卷、《書》二卷，謂之古訓者，取詩古訓是式之誼也。古訓即故訓，凡二經之外，如：《周禮》、《儀禮》、《大戴禮記》、《小戴禮記》、《春秋三傳》、《國語》、《國策》、《論語》、《孝經》、《爾雅》、《孟子》以及周秦兩漢諸子史漢，有可以證明經義者，皆採撫於經文之後，不加案斷，使讀者實事求是，治一經以通群經，例至善也。書成於道光十六年，至十九年其子福始刊行；咸豐乙卯，南海伍崇曜刻入《粵雅堂叢書》，此原刻本極少見〔註53〕。

3、卷四，〈諡法通考十八卷〉

《諡法通考》十八卷，明王圻撰。萬曆丙戌刻本，每半葉九行，行二十字。王圻著有《續文獻通考》，於禮考之末，增諡法一類，以補馬氏《通考》之闕，但祇錄及前代，未載明朝，此則自上古以至萬曆丙申，凡有諡之人皆備載其全，足資讀史者之考鏡〔註54〕。

例一、例二，敘述一書之成書年代及著書原委；例三，則評論一書之價值。《郋園讀書志》對於此三部分皆詳加考訂，足供學者參考。

（十）敘述學術流變

1、卷二，〈經義雜記三十卷〉

國朝經學凡三變，其始崑山顧炎武、餘姚黃宗羲，痛元明以來，空談心性之非，欲以淹貫博通力矯其失。然或尊朱子或祖象山，于宋學一途，並無鴻溝之劃，故吳縣惠氏父子、勤縣萬氏兄弟，均治樸學，而惠氏為崑山羽翼，萬氏為餘姚嫡傳，其時說經之書，未嘗顯標漢幟也。自惠棟遞變其家學，全祖望特起于四明，于是前此所謂治樸學者，至是遂純粹成為漢學。漢學既成，又分今文、古文，嘉道之間，劉逢祿得陽湖莊氏之傳，以公羊倡今文之學，龔自珍、魏源為其門人，咸同諸儒，遂承其習，二百年間，蓋經三變矣〔註55〕。

〔註52〕同註21，頁1651。
〔註53〕同註21，頁189。
〔註54〕同註21，頁373。
〔註55〕同註21，頁184～185。

2、卷九，〈李空同六十六卷〉

　　有明一代之詩家，聲氣之廣、氣燄之盛，無過前後七子，而前七子中以李夢陽為魁相。夢陽官戶部郎中，以疏劾劉瑾，氣節震海內，當時幾蹈不測之禍，故遂為物望所歸。其講學樹復古之旗，居恆持論，使天下不讀唐以後書，所為詩文，遠則宗漢魏，近則取盛唐。陳義既高，士大夫靡然從風，而文體為之一變；其後，學者摹擬太過，剽竊成風，論者追溯根原，群以禍始，歸獄夢陽，並其所長，亦吹求力加排擊〔註56〕。

以上二則皆述及學術流變，例一言及清朝經學，例二言及前七子之李夢陽。由此可知，《郋園讀書志》不僅著力於目錄版本，實亦有功於學術流變史及文學史。

（十一）區別版本之異同、評斷版本之優劣

　　1、卷十五，〈唐文粹一百卷〉

　　《唐文粹》，予所見明刻本最多而宋元本絕少。案宋時此書凡三刻：一寶元三年臨安進士孟琪刻本，每葉二十八行，每行二十五字，是為北宋初刻本。一宋鼓城劉氏刻本，合百卷為五十卷，與《崇文總目》、《郡齋讀書志》所載卷數合，每葉二十六行、每行二十五字，是為北宋再刻本。一紹興九年臨安府刻本，後列校監銜名，每葉三十行，每行二十五字，是為南宋初刻本〔註57〕。

　　2、卷十五，〈唐文粹一百又一部〉

　　《重校正唐文粹》一百卷，明萬曆戊午建武鄧渼刻本，每半葉十行，行二十字，字畫橫輕直重，為世所稱，宋體字之正式筆法方整，萬曆刻本之絕佳者〔註58〕。

　　3、卷二，〈埤雅二十卷〉

　　《埤雅》明本甚多，而以此本為最善。孫星衍《平津館鑒藏書籍記續編》：明版類所謂黑口版，每葉二十行，行二十字〔註59〕。

例一區別版本之異同；例二、例三則詳斷版本之優劣。葉氏平日每得一書，必取眾本互勘比較，《郋園讀書志》有關版本比較及評價之見解甚為精善，可供後人考證版本之資。

（十二）敘述一書之版刻源流

〔註56〕同註21，頁1000～1001。
〔註57〕同註21，頁1609～1610。
〔註58〕同註21，頁1618。
〔註59〕同註43。

1、卷四，〈讀書敏求記又一部〉

最初爲雍正四年趙孟昇刻，譌謬甚多。乾隆十年，嘉興沈尙傑逐一校正，因重刻之。其後，版又漫漶，至乾隆六十年，錢唐胡重復補刊，然皆同一本也。道光五年，阮福得其師嚴厚民明經杰所藏鈔本校舊刻，多出數十條，因據以重刻此本是也〔註60〕。

2、卷二，〈郝懿行爾雅義疏二十卷〉

《郝懿行爾雅義疏》凡五次刻版：其一道光六年阮文達刻《皇清經解》本；其一道光三十年兩江總督陸建瀛刻本。序稱《經解》繁重，不能家有其書，因屬長洲陳君奐重爲校刊云云。其一咸豐六年河督楊以增以阮陸二本均爲王引之刪本，覓得原稿，重刊未竣，仁和胡珽補刊成之。其一同治四年家刻進呈足本。其一光緒十三年湖北官書局本。此三本，同出一源，前皆有宋翔鳳序。五本之中，楊胡刻本希見，次則陸刻，此即陸本也〔註61〕。

以上兩則，例一述及《讀書敏求記》；例二述及《郝懿行爾雅義疏》，二者皆言及其版刻之源流。

（十三）記載藏書印記及藏書授受源流

1、卷二，〈說文解字注三十二卷〉

前序下有「洞庭葉氏藏書之印」八字，朱文篆書長方印；篇目下有「葉廷琯印」四字，白文篆書方印；「第九洞天中中人」七字，朱文篆書方印；一篇上有「何紹基子貞父」六字，朱文篆書小長方印〔註62〕。

2、卷四，〈元和郡縣圖志四十卷〉

每冊前一葉有「千頃堂圖書」五字，白文篆書方印；「大興朱氏竹君藏書之印」十字，朱文篆書長方印；「好學爲福齋藏」六字，朱文篆書方印；「慕齋鑒定」，朱文篆書圓印；「宛平王氏家藏」六字，白文篆書方印。蓋本黃虞稷家中舊藏，傳至朱竹君學士家，朱印纍纍，授受可數也〔註63〕。

以上兩則皆與藏書印記有關，例二更由朱印纍纍之藏書印記考及藏書授受之源流。

（十四）記載先輩佚聞及書林掌故

1、卷三，〈己未詞科錄十二卷〉

〔註60〕同註21，頁408。
〔註61〕同註21，頁176～177。
〔註62〕同註21，頁217～218。
〔註63〕同註21，頁375。

其時主試四人，先族祖文敏公方藹居其一，公爲明文莊公盛七世孫，順治己亥科以一甲第三人及第，官至禮部侍郎加尚書銜，於時爲翰林院掌院學士。聖祖派爲讀卷大臣，洵異數也。其時吾族祖應薦舉者四人，九來公奕苞敷文公方蔚皆文敏，從兄弟崑山派二十五世也，副使公灼棠紀革派二十四世也，中書公崇舒汾湖派二十六世也〔註64〕。

2、卷四，〈天寥公甲行日記八卷〉

據家譜載，公生於明萬曆己丑十一月二十四日，卒於順治戊子九月二十七日，享年六十，此記絕筆於二十五日，蓋僅隔易簀二日耳。文星欲暗而神明湛然，生前妻女同證眞靈，沒後，其子橫山公以循吏兼文苑，國史有傳，詩缽有傳，當時奉爲儒宗，後世祀之欒社。其孫元禮公垂虹佳話，恍惚魏晉間人，至今逸事流傳，膾炙人口，汾湖靈秀之氣，乃獨鍾於吾家〔註65〕。

3、卷四，〈士禮居藏書題跋記六卷〉

國朝吳中藏書之富，甲於天下，絳雲、汲古，其最著也。乾嘉以後，首黃氏士禮居，大抵其書多錢、毛二家之藏，而他姓名本亦間出焉！同時張氏金吾、陳氏鱣、顧氏千里、錢氏大昕、孫氏星衍皆以藏書名，借觚還瓻，流風餘韻，傳爲一時〔註66〕。

4、卷四，〈書目答問不分卷又一部〉

同治中興湘鄉曾文正國藩，督師江南，削平金陵粵寇。獨山莫子偲先生友芝客文正戎幕，其時江浙故家巨族，與上海鄰近者，大都避亂來滬瀆，其藏書家亦多散失流行於滬市中。文正在京師與邵先生爲講學之友，又爲袁太守兒女姻親，固亦通知版本者。文正門人揭陽丁禹生中丞日昌，巡撫江蘇，並酷好舊版書籍，莫先生爲二公眼目所見舊刻時刻尤多，故隨手批注《四庫全書簡明目錄》者，較邵批不同，以南北刻本，詳略互殊，見聞亦異也〔註67〕。

前兩則記先輩之佚聞，主要是葉氏祖先之可歌可泣事蹟；後兩則爲書林掌故之可喜可愕者，提及之藏書家計有：黃丕烈、張金吾、陳鱣、顧千里、錢大昕、孫星衍、莫友芝、丁日昌等。

（十五）記載書估之作僞

1、卷二，〈說文解字三十卷又一部〉

〔註64〕同註38。
〔註65〕同註21，頁396～397。
〔註66〕同註21，頁420。
〔註67〕同註21，頁438。

　　　　光緒壬午，山東丁氏重刻孫氏平津館本《說文解字》，詭稱得汲古閣舊藏宋本，吳縣潘文勤祖蔭作序，極稱譽之。余取孫本一再互勘，乃知其即據此本重雕，非眞宋本也〔註68〕。

　　2、卷八，〈竹洲文集二十卷〉

　　　　此書在明刻中最爲精善，字畫雅近柳體，閱之，如對宋槧，坊估往往將弘治六年程敏政序撤去僞充宋本，此爲吾邑舊家藏書，未落估人之手，故前程序猶存，足稱完善也〔註69〕。

此二則皆提及書估作僞之情實；書估爲冒充宋元舊本，售得高價，或詭託或作僞手法不一而足。《郋園讀書志》有許多篇幅觸及此一問題，吾人在版本鑒定時，爲求精確，不得不提高警覺。

（十六）記得書之經過

　　1、卷八，〈桂苑筆耕集二十卷〉

　　　　唐高麗崔致遠《桂苑筆耕集》二十卷，余向有番禺潘仕誠刻《海山仙館叢書》本，後于友人處見有影鈔高麗活字印本，知高麗舊有刻本，留心訪求，未獲見也。書估某持求售，書目一紙中有此書，亟取閱云，乃知即高麗活字印本，固雜他書並購取焉〔註70〕。

　　2、卷五，〈繪圖列女傳八卷又一部〉

　　　　余藏有此書，不知何時失去，在蘇州寓中，莫楚生觀察來訪，偶爾談及是書刻本之善，惜不再遇。觀察云：彼曾藏有二部，可以其一相讓，因檢此見贈，良友之惠，不可忘也〔註71〕。

此二則記葉德輝得書之經遇。前一則記購買，後一則記友朋相贈之事。《郋園讀書志》述及採訪者甚多，概見其得書管道之暢通。

（十七）詳載校勘過程、方法並附校勘記

　　1、卷一，〈儀禮十七卷〉

　　　　此爲明嘉靖刻三禮之一，每半葉八行，行十七字，士禮居曾刻其《周禮》一種，頗多訛舛，因以宋董氏集古堂本爲主，更以各種宋本校正之〔註72〕。

　　2、卷一，〈論語白文十卷附札記〉

〔註68〕同註21，頁209～210。
〔註69〕同註21，頁937。
〔註70〕同註21，頁870。
〔註71〕同註21，頁489。
〔註72〕同註21，頁104。

　　暇日因取七經孟子考文所引古文足利本一本二本三本、皇侃本、正平本、黎刻正平本、札記所引津藩有造館本、傅懋元觀察重刻唐卷子本校錄，與今本異者，合得三百餘事爲札記一卷，附於後〔註73〕。

3、卷二，〈宋王厚之復齋鐘鼎款識一冊〉

　　近年杭州書市有新印本，籤題阮刻王復齋鐘鼎款識，版藏上虞某氏，余取阮刻後印者對校，乃知近日新印爲洗版修補之本，書中題字圖記及款識花紋墨點缺字缺筆，絲毫無異，惟字經洗剔，不及原印之豐腴耳〔註74〕。

4、卷三，〈吳越春秋十卷又一部〉

　　從子嶠甫，近得明萬曆丙戌馮念祖重刊元本，取校此本，乃知馮本即係此版初印〔註75〕。

5、卷四，〈袁州本郡齋讀書志四卷〉

　　得此書半月許，忽于廠肆得汪氏藝芸書舍所刊衢州本，取校此本，文多詳核〔註76〕。

6、卷六，〈重刻武英殿聚珍版七種〉

　　余憶舊藏汪汝瑮所刻《書苑菁華》版式似是如此，取以相校，無累黍差，故敢斷爲汝瑮刻也〔註77〕。

　　《郋園讀書志》有關校勘方面的著錄，至爲完備，且符合校勘的原則。葉氏的著錄不僅及於校勘之過程、態度、方法，且徵實的附上校勘記。以上六則，可以窺探全書之校勘風貌。例一是以宋本校明本；例二記葉氏以日本諸《論語》版本校日本天文本單經《論語》的過程，並附上詳細的校勘記（**文繁不予贅錄**）；例三則是以後印本校前印本；例四以明萬曆丙戌馮念祖刻本校明萬曆辛丑楊爾曾刻本；例五以衢州本校袁州本；例六則以書苑菁華本校武英殿聚珍本。

第三節　《書林清話》

一、編印原委及體例

〔註73〕同註21，頁148。
〔註74〕同註21，頁255。
〔註75〕同註21，頁309。
〔註76〕同註21，頁400。
〔註77〕同註21，頁746。

　　前已述及，《書林清話》爲我國講述古籍版本知識的第一部專門著作，第一部
有系統的書史。葉德輝何以要編撰此一著作？〈書林清話敍〉一文，對此有相當
詳實的敍述，葉氏云：

　　　　往者宗人鞠裳編修昌熾，撰《藏書紀事詩》七卷，于古今藏書家，
　　　上至天潢，下至方外、坊估、淮妓，搜其遺聞佚事，詳註詩中；發潛德
　　　之幽光，爲先賢所未有。即使諸藏書家目錄有時散逸，而姓名不至滅如，
　　　甚盛德事也。顧其書限於本例，不及刻書源流與夫校勘家掌故，是固覽
　　　者所亟欲補其缺略者。吾家累代楹書，足資取證；而生平購求之所獲、
　　　耳目之所接，既撰《藏書十約》，挈其大綱，其有未詳者，隨筆書之，積
　　　久成帙，逾十二萬言，編爲十卷。引用諸家目錄題跋，必皆注明原書；
　　　而於吾所私藏，非諸家所闚，概不闌入。蓋一人獨賞之物，不如千人共
　　　見之物之足徵信，非秘藏亦非稗販，固不欲貽人口實焉耳。二十年前，
　　　撰《四庫全書版本考》一書，已成經史子三部，而集久未定，以《四庫》
　　　著錄之詩文集，但次時代，不別條流，且有應收未收、不應收而收，及
　　　禁燬銷燬之功令，濫登不可，割愛不能，一擲雲霄，幾將覆瓿。然宋元
　　　明刻，約具此編。國朝彙刻仿雕，則有南皮張文襄《書目答問》、福山王
　　　文敏《懿榮補編彙刻書目》二書，十得七入，可備參考。吾書雖發于半
　　　途，藏書家固不患無考證也。嗟乎，五十無聞，河清難俟，書種文種，
　　　存此萌芽，當今天翻地覆之時，實有秦火胡灰之厄，語同夢囈，痴類書
　　　魔，賢者憫其癖好而糾其繆誤，不亦可乎〔註78〕！

葉昌熾之《藏書紀事詩》，雖以文學形式記錄北宋至清末一千一百多位藏書家的故
事與史實，達到「發潛德之幽光，爲先賢所未有。」保存文獻之效，做了「即使
諸藏書目錄有時散逸，而姓名不至滅如」之一大德事，但限於體制，對刻書源流
及校勘家掌故缺乏系統敍述。有鑑於此，葉德輝遂利用其豐富的收藏及生平閱歷
之所得撰下《藏書十約》以補其缺略，然《藏書十約》僅是大綱，有所未詳，於
是葉氏乃奮其心力撰作《書林清話》，這其中除了一補葉昌熾之不足外，還加上葉
氏在辛亥革命前後，企圖以「書種文種」來對付時局「天翻地覆」的苦衷和意圖。
全書十二萬言，編爲十卷，其資料處理：「引用諸家目錄題跋，必皆注明原書；而
於吾所私藏，非諸家所闚，概不闌入」頗爲可取。

〔註78〕葉德輝，〈書林清話敍〉，葉德輝，《書林清話》（台北：世界書局，民國 77 年）頁
　　　1～2。

　　至於編印的過程、體例，及其他種種，〈書林清話跋〉有更深入的敘述。葉啓
崟云：

　　　　是書之作，蓋因宗人鞠裳講學撰《藏書紀事詩》，唯採掇歷來藏書
　　　家遺聞佚事，而於鏤版緣始，與夫宋元以來官私坊刻三者異同，莫得而
　　　詳。於是檢討諸家藏書目錄題跋，筆而錄之。於刻本之得失、鈔本之異
　　　同，撮其要領，補其闕遺，推而及于宋元明官刻書前牒文校勘諸人姓名。
　　　版刻名稱，或一版而轉鬻數人，雖至坊估之微，如有涉于掌故者，援引
　　　舊記，按語益以加詳。凡自來藏書家所未措意者，靡不博考周稽，條分
　　　縷晰。此在東漢劉班、南宋晁陳以外，別自開一蹊徑也。書成于宣統辛
　　　亥，中更兵燹，剞劂之工，刻而復停，今幸全書告成，歷年更多所補益，
　　　是固考板本話遺聞者所當爭睹矣。啓崟不敏，得受學伯父，犅識簿錄之
　　　學，因據稿本，取校原引各書，漏載者補之，重衍者乙之，凡五閱月而
　　　畢業，寄蘇呈伯父鑒定，付手足改正，深恐挂漏猶多，復率從弟康侯、
　　　家侯等助余檢校，又補正數十字，而後斯役也庶可副伯父撰述之深意云
　　　〔註79〕。

此段文字更翔實的介紹《書林清話》的撰作動機、撰述特色及編印原委。由文中
得知，此書成於清末，幾經修改，終於民國九年（1920）刊行。編印過程中，葉
德輝諸子姪，如：葉啓崟、葉啓勳、葉啓勣等，均擔任校對的工作。而葉氏撰作
的態度尤為嚴謹：「於刻本之得失，鈔本之異同，撮其要領，補其闕遺。」、「援引
舊記，按語益以加詳。」、「凡自來藏書家所未措意者，靡不博考周稽，條分縷晰。」
因而全書內容十分紮實。全書以筆記形式討論我國古代書籍的種種現象與問題，
及版本學方面的有關知識；對刻書之源流、書林之掌故、版刻之優劣，無不考論
闡析。葉啓崟以為此書是考板本話遺聞者所當參考之工具書，是劉向《別錄》、劉
歆《七略》、班固《漢書藝文志》、晁公武《郡齋讀書志》、陳振孫《直齋書錄解題》
之外，別開蹊徑之作。

　　對此，繆荃孫也有相同的看法，繆氏云：

　　　　煥彬於書籍鏤刻源流尤能貫串，上溯李唐，下迄今茲，旁求海外舊
　　　刻，精鈔藏家名印，何本最先，何本最備，如探諸喉，如指諸掌。此《書
　　　林清話》一編，仿君家鞠裳之《語石編》，比俞理初之《米鹽簿》，所以

〔註79〕葉啓崟，〈書林清話跋〉，葉德輝，《書林清話》（台北：世界書局，民國77年）頁
　　　293～294。

　　紹往哲之書，開後學之派別，均在此矣〔註80〕。

繆氏以爲《書林清話》一書，仿葉昌熾《語石編》、俞理初《米鹽簿》之體例，於書籍版刻之源流條分縷析「紹往哲之書，開後學之派別」雖有過譽之嫌〔註81〕；卻也反映葉氏撰著之用心。《書林清話》之後，葉氏收宋、元、明、清諸儒說部、筆記涉于刻書之事者，續作《書林餘話》二卷，「間有歷代刻書掌故、瑣記，爲前書所無者〔註82〕。」；可爲《書林清話》之補編或後錄。此外，日本學者長澤規矩也曾撰《書林清話校補〔註83〕》，也頗具參考價值。

二、內容概述

　　《書林清話》凡十卷十二萬言，葉德輝根據豐富的資料，用筆記形式提供古代雕版書籍的各項基本知識及專業知識。全書之內容，可歸類爲如下數端，每一端各舉數例以說明。

（一）書籍版片之各種名稱

　　1、卷一，〈書之稱冊〉

　　　　春秋左傳杜預序疏引鄭氏論語序鉤命決云：春秋二尺四寸書之，孝經一尺二寸書之。……是班鄭所見古簡策書，其大小雖不一，而稱書爲一冊，必由簡策之冊而來。《說文解字》：冊，符命也。諸侯進受於王也，象其札一長一短，中有二編之形。箐，古文，冊從竹。符，信也，漢制，以竹長六寸，分而相合，從竹，付聲，蓋一長一短相比謂之冊〔註84〕。

　　2、卷一，〈書之稱卷〉

　　　　卷子因於竹帛之帛，竹謂簡，帛謂紙也。《墨子》云：以其所行，書於竹帛。《漢書·東方朔傳》：箸於竹帛。王充《論衡》：短書俗記，竹帛胤文，非儒者所見，眾多非一。是竹帛本漢時通用物矣，帛之爲書，便於舒卷，故一書謂之幾卷〔註85〕。

〔註80〕繆荃孫，〈書林清話序〉，葉德輝，《書林清話》（台北：文史哲，民國77年）頁1～3。

〔註81〕同註80。

〔註82〕葉德輝，〈書林餘話序〉，葉德輝，《書林餘話》（台北：世界書局，民國77年）頁1。

〔註83〕長澤規矩也，《書林清話糾謬與補遺》，（台北：世界書局，民國77年）頁295～306。

〔註84〕葉德輝，《書林清話》（台北：世界書局，民國77年）頁10。

〔註85〕同註84，頁12。

全書一開始在〈總論刻書之益〉及〈古今藏書家紀板本〉二節之後，便對幾個書本的基本常識解析說明，如：書籍何以稱冊、稱卷、稱本、稱葉、稱部、稱函等。並扼要介紹：板本之名稱、板片之名稱及刊刻之名義等〔註86〕。

（二）板刻之沿革

1、卷一，〈書有刻板之始〉

書有刻本，世皆以爲始於五代馮道，其實唐僖宗中和年間已有之。據唐柳玭家訓云：中和三年癸卯夏，鑾輿在蜀之三年也。余爲中書舍人，旬休，閱書於重城之東南；其書多陰陽雜記、占夢、相宅、九宮五緯之流。又有字書小學，率雕板印紙，浸染不可曉，是爲書有刻板之始。……吾以爲謂雕板始於唐，不獨如前所舉唐柳玭訓序，可爲確證。唐元微之爲白居易《長慶集》作序，有繕寫模勒衒賣於市井之語。司空圖《一鳴集》九，載有爲東都敬愛寺講律僧惠確化募雕刻律疏。可見唐時刻板書之大行，更在僖宗以前矣〔註87〕。

2、卷一，〈刻板盛於五代〉

雕板肇祖於唐，而盛行於五代〔註88〕。

3、卷一，〈刀刻原於金石〉

刻竹削牘、鏤金勒石，皆以刀作字之先河，然紀事多用竹木，紀功專用金石，劃然二途，各有體也。漢末，蔡邕書九經，刻石鴻都太學，是爲以石刻經之始……石刻既繁，本版亦因之而出……夫石刻氐椎，曠工廢日，裝潢褾背，費亦不貲，因是群趨於刻板之一途〔註89〕。

4、卷一，〈刊刻之名義〉

刻板盛於趙宋，其名甚繁，今據各書考之：曰雕、曰新雕、曰刊、曰新刊、曰開雕、曰開板、曰開造、曰雕造、曰鏤板、曰鋟板、曰鋟木、曰鋟梓、曰刻梓、曰刻木、曰刻板、曰鑱木、曰繡梓、曰模刻、曰校刻、曰刊行、曰板行，皆隨時行文之辭〔註90〕。

以上四例皆與雕板有關。葉德輝採納葉夢得及柳玭的意見，且進一步提出證據，認爲我國雕板書籍肇祖於唐代、盛行於五代。刻板的來源，則源出於金石、墨拓，

〔註86〕同註84，頁9～29。
〔註87〕同註84，頁19～20。
〔註88〕同註84，頁21。
〔註89〕同註84，頁24。
〔註90〕同註84，頁27。

由之漸次發展，至宋刻板極盛，名目繁多。《書林清話》從卷三開始一直到卷十為止，探討自宋至清之我國雕板書籍的歷史與沿革。其中較值得注意者，如：活字版的印刷術、彩色套印的創始與傳播等〔註91〕。

（三）歷代刻書之情況與版刻特徵

1、卷六，〈宋刻書之牌記〉

　　宋人刻書，於書之首尾或序後、目錄後，往往刻一墨圍記及牌記；其牌記亦謂之墨圍，以其外墨闌環之也，又謂之碑牌，以其形式如碑也〔註92〕。

2、卷二，〈宋建安余氏刻書〉

　　夫宋刻書之盛，首推閩中；而閩中尤以建安為最，建安尤以余氏為最〔註93〕。

3、卷三，〈金時平水刻書之盛〉

　　金源分割中原不久，乘以干戈，惟平水不當要衝，故書坊時萃於此，而他處私宅刻本，亦間有之，今可考者，如：書軒陳氏……李子文……張謙……平水中和軒王宅……晦明軒張宅……嵩州福昌孫夏氏書籍鋪……碣石趙衍……〔註94〕。

4、卷七，〈元刻書之勝於宋本〉

　　宋本以下，元本次之，然元本源出於宋，故有宋刻善本已亡，而幸元本猶存，勝於宋刻者〔註95〕。

5、卷七，〈元刻書多名手寫〉

　　元刻字體有倩名手書者〔註96〕。

6、卷七，〈明人不知刻書〉

　　吾嘗言明人好刻書而最不知刻書〔註97〕。

7、卷七，〈明人刻書載寫書生姓名〉

　　明人刻書，亦有極其慎重，必書刻並工者〔註98〕。

8、卷九，〈武英殿聚珍板之遺漏〉

〔註91〕同註84，頁60～292。
〔註92〕同註84，頁152。
〔註93〕同註84，頁46。
〔註94〕同註84，頁89。
〔註95〕同註84，頁172。
〔註96〕同註84，頁175。
〔註97〕同註84，頁180。
〔註98〕同註84，頁186。

自《武英殿聚珍板叢書》出，於是明《永樂大典》中世所罕見各書，亦已十獲七八矣，然吾猶有恨者，當時編檢諸臣急於成功，各韻散見之古書，既采之未盡，而其與見行刻本有異者，全不知取以校勘，甚有見行者非足本，《大典》中有足本，亦遂忽略檢過，不得補其佚文。可知古今官修之書，潦草大都相類〔註99〕。

以上依時代先後各舉一、二則，以證明《書林清話》從宋到清有關各代刻書情況與版刻特徵的敘述。這一部分佔全書大半之篇幅，不僅介紹刻書發展的歷史、刻書的種類，且及於刻書的規格、材料、工價、印刷、字體、裝訂等技術。今將各代相關資料臚列於後，以供檢索：

宋：卷二 〈刻書有圈點之始〉
　　卷二 〈刻書分宋元體字之始〉
　　卷二 〈翻板有例禁始於宋人〉
　　卷二 〈宋建安余氏刻書〉
　　卷二 〈南宋臨安陳氏刻書之一〉
　　卷二 〈南宋臨安陳氏刻書之二〉
　　卷二 〈宋陳起父子刻書之不同〉
　　卷三 〈宋司庫州軍郡府縣書院刻書〉
　　卷三 〈宋州府縣刻書〉
　　卷三 〈宋私宅家塾刻書〉
　　卷三 〈宋坊刻書之盛〉
　　卷六 〈宋監本書許人自印並定價出售〉
　　卷六 〈南宋補修監本書〉
　　卷六 〈宋刻經注疏分合之別〉
　　卷六 〈宋蜀刻七史〉
　　卷六 〈宋監重刻醫書〉
　　卷六 〈宋監纂圖互註經子〉
　　卷六 〈宋刻書之牌記〉
　　卷六 〈宋刻本一人手書〉
　　卷六 〈宋刻書著名之寶〉

〔註99〕同註84，頁241。

卷七　〈明許宗魯刻書用說文體字〉

卷七　〈明刻書用古體字之陋〉

卷七　〈明時刻書工價之廉〉

卷七　〈明人刻書載寫書生姓名〉

卷七　〈明人裝訂書之式〉

卷七　〈明毛晉汲古閣刻書之一〉

卷七　〈明毛晉汲古閣刻書之二〉

卷七　〈明毛晉汲古閣刻書之三〉

卷七　〈明毛晉汲古閣刻書之四〉

卷七　〈明毛晉汲古閣刻書之五〉

卷七　〈明毛晉汲古閣刻書之六〉

卷七　〈明毛晉汲古閣刻書之七〉

卷七　〈明毛晉刻六十家詞以後繼刻著〉

卷八　〈明錫山華氏活字板〉

卷八　〈明華堅之世家〉

卷八　〈明安國之世家〉

卷八　〈明以來刻本之希見〉

卷十　〈明王刻史記之逸聞〉

清：卷九　〈內府刊欽定諸書〉

卷九　〈四庫發館校書之貼式〉

卷九　〈武英殿聚珍板之遺漏〉

卷九　〈無錫秦刻九經之精善〉

卷九　〈納蘭成德刻通志堂經解之一〉

卷九　〈納蘭成德刻通志堂經解之二〉

卷九　〈納蘭成德刻通志堂經解之三〉

卷九　〈國朝刻書多名手寫錄亦有自書者〉

卷九　〈國朝不仿宋刻經史之缺典〉

卷九　〈國朝阮元刻十三經注疏本之優劣〉

卷九　〈乾嘉人刻叢書之優劣〉

卷九　〈刻鄉先哲之書〉

卷九　〈吳門書坊之盛衰〉

卷九　〈都門書肆之今昔〉

卷十　〈近人藏書侈宋刻之陋〉

卷十　〈天祿琳琅宋元刻本之僞〉

觀乎以上條目，若加以組織排比，對各代之圖書情況及板刻特徵必有深刻之印象與概念。《書林清話》對於宋元明三代的解說最爲清楚，金與清則較爲粗疏。金是受囿於客觀條件的年代與文化關係；清則受限於主觀的心理因素。葉德輝生於清代，避諱較多，記載難免較疏〔註100〕。

（四）活字版印刷、彩色套印之創始與傳播

1、卷八，〈宋以來活字板〉

活字板印書之製，吾竊疑始於五代，……明陸深《金臺紀聞》云……毘陵人初用鉛字，視板印尤巧便，此爲今日鉛字活板之濫觴。宋慶曆中，畢昇造膠泥活字板，其法用膠泥刻字，薄如錢唇，每字爲一印，火燒令堅，先設一鐵版，其上以松脂蠟和紙灰之類冒之，欲印，則以一鐵範置鐵版上，及密布字印滿，鐵範爲一版，持就火煬之，藥稍融，則就一平板按其面，則字平如砥，若止印三二本，未爲簡易；若印數十百千本，則極爲神速。詳《夢溪筆談》。吾藏《韋蘇州集》十卷，即此板。其書紙薄如細繭，墨印若漆光，惟字畫時若豁缺，蓋泥字不如銅鉛之堅，其形製可想而知也〔註101〕。

2、卷八，〈明錫山華氏活字板〉

明人活字板，以錫山華氏爲最有名〔註102〕。

3、卷八，〈日本朝鮮活字板〉

活字板之製，流入外藩最早者，莫如朝鮮、日本，而尤以日本爲最精，以余考之，其盛行已在明初〔註103〕。

4、卷八，〈顏色套印書始於明季盛於清道咸以後〉

朱墨套印，明啓禎間，有閔齊伋、閔昭明、凌汝亨、凌濛初、凌瀛初，皆一家父子兄弟刻書最多者也〔註104〕。

以上四則，前三則與活字版印刷有關，第四則則論及彩色套印。北宋開始用活字板印書，爲我國書史之一件大事，葉德輝不僅在《書林清話》論及；《郎園讀書志》

〔註100〕杜邁之，張承宗合著，《葉德輝評傳》（長沙：岳麓書社，1986年），頁87。

〔註101〕同註84，頁201。

〔註102〕同註84，頁205。

〔註103〕同註84，頁212～213。

〔註104〕同註84，頁214～215。

中也具體描述此一膠泥活字印本之特點〔註105〕。《書林清話》卷八〈宋以來活字板〉還述及元、明、清活字印刷之概況。〈明錫山華氏活字板〉、〈明華堅之世家〉、〈明安國之世家〉則提及明代銅活字印書之名家：無錫華氏及安氏。〈日本朝鮮活字板〉則討論活字印刷之傳播。至於顏色套印的發展，葉氏以為「始於明季，盛於清道咸以後」〔註106〕，但據近人研究，此一觀點顯然有誤。國立中央圖書館藏有元至元六年（1340）中興路資福寺刊印的「金剛般若波羅蜜經」，經文朱色，注文墨色〔註107〕。1973年大陸西安碑林發現一幅「東方朔盜桃圖」版畫，用綠色、濃墨、淡墨三色印成，並有紅色印章，據考證是十二世紀金代平陽所印〔註108〕。由此可知，彩色套印自元代已經開始，直到萬曆以後，才蔚為風氣。萬曆時吳興閔齊伋、閔振業、閔昌明與同邑凌濛初、凌瀛初、凌汝亨等人皆已採用此一方法，刊刻帶有批註評斷的古籍〔註109〕。

（五）各時代特出的著名版本

1、卷三，〈宋私宅家塾刻書〉

宋時家塾刻本，其名姓亦甚繁多，今所最著如岳珂之相台家塾刻《九經》、《三傳》。廖瑩中之世綵堂刻《五經》、《韓柳集》，皆至今為人傳誦〔註110〕。

2、卷四，〈金時平水刻書之盛〉

金元分割中原不久，乘以干戈，惟平水不當要衝，故書坊時萃於此，而他處私宅刊本，亦間有之，今可考者，如：書軒陳氏……李子文……張謙……平水中和軒王宅……晦明軒張宅……嵩州福昌孫夏氏書籍舖……碣石趙衍……〔註111〕。

3、卷四，〈元監署各路儒學書院醫院刻書〉

太平路儒學，刻《漢書》百二十卷……寧國路儒學，刻《後漢書》一百二十卷……瑞州路儒學，刻《隋書》八十五卷……建康路儒學，刻《新唐書》二百二十五卷……池州路儒學，刻《三國志》六十五卷……信州路儒學，刻《北史》一百卷……《南史》八十卷……杭州路儒學奉旨刻《遼史》一百六

〔註105〕同註21，頁788。

〔註106〕同註104。

〔註107〕嚴文郁，《中國書籍簡史》（台北：商務印書館，民國81年）頁217。

〔註108〕同註107。

〔註109〕同註104。

〔註110〕同註84，頁77。

〔註111〕同註94。

十卷……《金史》一百三十五卷……杭州路儒學，刻《宋史》四百九十六卷……〔註112〕。

4、卷五，〈明人刻書之精品〉

明人家刻之書，其中爲收藏家向來珍賞者。如：豐城游明大昇，翻雕元中統本《史記集解索隱》一百三十卷……吳郡沈辨之野竹齋，刻《韓詩外傳》十卷……崑山葉氏菉竹堂刻《雲仙雜記》十卷……江陰涂禎……仿宋刻九行本桓寬《鹽鐵論》十卷……錫山安國桂坡館……刻《顏魯公文集》十五卷……〔註113〕。

5、卷九，〈無錫秦刻九經之精善〉

王士禎《分甘餘話》云：近無錫秦氏摹宋刻小本九經，剞劂最精，點畫不苟〔註114〕。

以上宋、金、元、明、清各舉一例，以明《書林清話》對於歷代特出版本的記載。大抵而言，版本較爲特出者，宋代有：建安余氏萬卷堂諸刻本〔註115〕、臨安陳氏諸刻本〔註116〕、廖瑩中世綵堂刻本〔註117〕、眉山七史刻本〔註118〕。金代有平水刻本，如：中和軒王宅《道德寶章》、《新刊禮部韻略》；書軒陳氏《銅人腧穴針灸圖經》；晦明軒張宅《經史證類大觀本草》、《丹淵集》等〔註119〕。元代有：書坊刻本〔註120〕、各路儒學刻本〔註121〕、私宅家塾刻本〔註122〕等。明代有：諸藩府刻本〔註123〕、諸家刻本〔註124〕、嘉靖年間諸坊刻本〔註125〕。清代有：武英殿本〔註126〕、無錫秦氏之摹宋本九經〔註127〕等。

〔註112〕同註84，頁90～91。
〔註113〕同註84，頁121～127。
〔註114〕同註84，頁241。
〔註115〕同註84，頁42～47。
〔註116〕同註84，頁47～55。
〔註117〕同註110。
〔註118〕同註84，頁147。
〔註119〕同註94。
〔註120〕同註84，頁103～110。
〔註121〕同註84，頁90～96。
〔註122〕同註84，頁97～103。
〔註123〕同註84，頁116～120。
〔註124〕同註84，頁121～127。
〔註125〕同註84，頁127～142。
〔註126〕同註84，頁241。
〔註127〕同註126。

（六）明王刻史記之逸聞

1、卷十，〈明王刻史記之逸聞〉

王士禎《池北偶談二十二》云：明尚寶少卿王延喆，文恪少子也。其母張氏、壽寧侯鶴齡之妹，昭聖皇后同產。延喆少以椒房入宮中，性豪侈，一日，有持宋槧史記求鬻者，索價三百金。延紿其人曰：姑留此，一月後可來取直。乃鳩集善工，就宋版本摹刻，甫一月而畢工，其人如期至索直。故紿之曰：以原書還汝。其人不辨眞贋，持去。既而復來曰：此亦宋槧，而紙差不如吾書，豈誤耶？延喆大笑，告以故。因取新雕本數十部散置堂上示之曰：君意在獲三百金耳，今如數予君，且爲君書幻千萬億化身矣。其人大喜過望。今所傳有震澤王氏摹刻印，即此本也。按此說最不可信〔註128〕。

2、卷十，〈女子鈔書〉

古今女子鈔書多者，以吳彩鸞爲最。《列仙傳》云：吳猛之女彩鸞，遇書生文簫於道，竟許成婚。簫貧不自給，彩鸞寫《唐韻》，運筆如飛，日得一部，售之，獲錢五緡，復寫，如是一載，稍爲人知，遂潛往興新越王山，各跨一虎，陟峰巒而去〔註129〕。

3、卷九，〈部門書肆之今昔〉

書肆中之曉事者，惟五柳之陶、文粹之謝及韋也。韋，湖州人；陶、謝皆蘇州人。……吾友周書昌，遇不全者亦好買之。書昌嘗見吳才老《韻補》爲他人買去，怏怏不快。老韋云：邵子湘《韻略》已盡采之。書昌取視之，果然。老韋又嘗勸書昌讀《魏鶴山古今攷》，以爲宋人深於經學，無過鶴山，惜其罕行于世，世多不知采用，書昌亦心折其言，韋年七十餘矣，面瘦如柴，竟日奔走朝紳之門；朝紳好事者，韋一見論其好何等書，或經濟、或辭章，或掌故，能各投所好，得重值，而少減輒不肯售，人亦多恨之〔註130〕。

4、卷十，〈藏書偏好宋元刻之癖〉

《遜志堂雜鈔》云：嘉靖中，朱吉士大韶，性好藏書，尤愛宋時鏤板，訪得吳門故家有宋槧袁宏《後漢紀》，係陸放翁、劉須溪、謝疊山三先生手評，飾以古錦玉籤，遂以一美婢易之，蓋非此不能得也。婢臨行題詩於壁曰：無端割愛出深閨，猶勝前人換馬時，他日相逢莫惆悵，春風吹盡道旁枝。吉士

〔註128〕同註84，頁273～274。
〔註129〕同註84，頁285。
〔註130〕同註84，頁260。

　　見詩惋惜，未幾捐館〔註131〕。

以上四則，皆爲掌故佚聞。第一則記刻書；第二則抄書；第三則賣書；第四則藏書。類此者，全書比比皆是。

〔註131〕同註84，頁292。

第六章　觀古堂藏書在圖書文獻史及版本目錄學之成就與影響

葉德輝觀古堂藏書在圖書文獻史及版本目錄學之成就與影響，有如下數端：

一、保存圖籍傳留後世

私家藏書，有助於圖籍之保存裨益學術文化。近人吳辰伯嘗云：

> 中國歷來內府藏書雖富，而爲帝王及蠹魚所專有，公家藏書則復寥
> 落無聞；惟士夫藏書風氣，則千數年來，愈接愈盛。智識之源泉雖被獨
> 持於士夫階級，而其精讎密勘，蓄意丹黃，秘冊借鈔，奇書互賞，往往
> 能保存舊籍，是正舛譌、發潛德、表幽光，其有功於社會文化者亦至鉅
> 〔註1〕。

此語道盡藏書家在文化發展中之定位與功能，其最特別之處，即爲圖籍保存之功。
藏書家精讎密勘、蓄意丹黃、秘冊互抄、奇書共賞，一來一往之中，達致流通廣
傳之作用，特別在印刷術尚不發達之際，藏書家更扮演著重要的角色。近人劉意
成亦云：

> 私人藏書是我國古代圖書館事業的主流，因爲不管藏家數量，還是
> 從社會作用和影響來看，私人藏書都遠遠超過公家藏書、書院藏書和寺
> 觀藏書，他們對保存古籍是有貢獻的〔註2〕。

就藏書數量而言，私家藏書往往挾其豐渥財力，能藏公家圖書館所不能藏者，其
功能就值得注意。清代藏書諸家尤其如此，葉德輝自不例外；葉氏財富亦貲，一

〔註1〕吳辰伯，《江浙藏書家史略》（台北：文史哲，民國71年），頁117～118。
〔註2〕劉意成，〈私人藏書與古籍保存〉，《圖書館雜誌》七期（1983年9月），頁60。

生萃力於圖書之收藏，據其兒子葉啓倬、葉啓慕之描述，葉氏每歲歸來，家中必當增添多櫥之新刻舊本，往往檢視彌月仍不能罄工。葉氏好書成癖，即使在流離顛沛之中，仍不改其常度〔註3〕。自光緒十二年（1886）入京會試始及至民國十六年（1927）遇害止，據估計其藏書量可能已超過三十萬卷〔註4〕。

葉氏擇良地設「觀古堂」以置書，而後細心維護、整理分類、編纂書目書志、校讎勘定、藏書利用，已具備現代圖書館之功能。後雖因兵燹及子孫不肖，致部分藏書散佚；但大體而言，觀古堂藏書一如其他私家藏書能保存圖籍傳留後世。

葉氏治學長於經學、小學。觀古堂藏書之數量，此二種領域的藏書量雖非最多，卻最齊全；因而此二類藏書，當有助於此二領域之研究。觀古堂藏書清人著述特多，作為「學術圖書館」或「專門圖書館」，觀古堂藏書是最具特色，最合乎標準的。

如就中國圖書館事業的發展而言，藏書樓是其間必經之階段；圖書館事業的開創，必以私家藏書樓為依據〔註5〕。葉德輝觀古堂藏書，在文化的經絡中，已然注入鮮活血液，做到基本的保存文獻之功，是顯明可見的事實。

二、刊刻叢書保存文獻

古人求書甚難，祁承㸁有所謂的「八求」、孫慶增有「六難」；一則言聚書範圍之浩漫，一則言購書條件之不易備也〔註6〕。北宋歐陽修得《韓昌黎集》於敗簏之中；明代士子欲得一普通子部之書如《春秋繁露》、《淮南子》者而不可得。然自有「類書」、「叢書」之後，此一困難即迎刃而解〔註7〕。

叢書由類書演變而來〔註8〕。叢書刊刻最早者，據近人研究結論顯示，當推宋俞鼎孫《儒學警悟》，其次則為宋左圭《百川學海》。左圭以後，刊刻叢書之風接踵而起，到了明代著錄尤盛，如：天一閣、汲古閣皆頗富盛名。刻書之盛，乾嘉尤最，如：鮑氏知不足齋叢書、黃氏《士禮居叢書》、張氏《學津討原》、《墨海金

〔註3〕葉啓倬、葉啓慕合著，〈觀古堂藏書目跋〉，葉德輝，《觀古堂藏書目》（長沙：葉氏觀古堂，民國4年），頁96。

〔註4〕蘇精，《近代藏書三十家》（台北：傳記文學，民國72年），頁38。

〔註5〕嚴文郁，《中國圖書館發展史》（台北：中國國圖書館學會，民國72年），頁1。

〔註6〕陳登原，《古今典籍聚散考》，《書目類編》第九十六冊（台北：成文出版社，民國67年），頁385～386。

〔註7〕謝國楨，〈叢書刊刻源流考〉，王國良，王秋桂合編，《中國圖書文獻學論集》（台北：明文，民國75年），頁553～591。

〔註8〕同註7。

壺》，均蔚然大觀。清季刻書，突過前賢；蓋前賢能刻書者，未必能識書；能識書又未必能校書。清季藏書名家，大多具眞知灼見卓學之士，熟習校勘之學；他們校過之書，一旦刻成叢書，孤本文獻特因此獲得保存。近人謝國楨以爲，清末民初提倡叢書刊刻之代表人物，莫過於：陸心源、楊守敬、葉德輝、繆荃孫、羅振玉、王國維、張元濟、傅增湘等〔註9〕。有關葉德輝的評價部分，謝氏云：

> 葉氏精於目錄之學，能於正經正史之外，獨具別裁，旁取史料，開後人治學之門徑。德輝字煥彬，號郋園，長沙人，光緒壬辰進士，官吏部主事，旋假歸。於學無不通，著《觀古堂所著書》、《彙刻書目》等書，其子啓倬輯爲《郋園先生全書》。其《彙刻書目》收集書目實廣，如所刊《微刻唐宋秘本書啓》可以知刊刻古籍之源流；校刊天文本單經《論語》，輯《孟子》劉熙注，極有羽翼經學之功；輯《趙忠公奏議》亦有補於史事，惟既扶翼正教而又刊《雙楳景闇叢書》，不無爲世人所詬病云〔註10〕。

葉氏刊刻古籍叢書，謝氏予以正面肯定，認其可以保存文獻羽翼學術，但對其刊刻《雙楳景闇叢書》一事則頗有微詞。《雙楳景闇叢書》是集古《素女經》、《玉房秘訣》等所謂「房中術」多種書籍凡二十卷合編而成。葉氏此一舉措，遭致衛道人士訾議，視之爲「劣紳」、「怪人」，風評甚差〔註11〕。

葉德輝刊刻之古籍，本論文第四章第三節已曾列出，至其大部頭之叢書，則有下列數種：(一)《觀古堂彙刻書》初二集十三種。初集是經學；二集是詩文集。(二)《觀古堂所刊書》十八種，與前一書有九種重複。(三)《麗廔叢書》九種，以游藝圖書爲主，《南嶽總勝集》包括在內。(四)《雙楳景闇叢書》十六種，包括舒位的《乾嘉詩壇點將錄》。(五)《觀古堂書目叢刻》十五種，包括以前刊刻過的七種書目及新收入的八種〔註12〕。如此豐富的叢書，對保存孤本文獻厥功甚偉。

三、揚棄佞宋尙元觀點，樹立藏書新典範

佞宋尙元，爲藏書家之習尙。諸藏書家往往不惜巨資收集宋元孤本，競相炫耀誇飾。黃丕烈「百宋一廛」專藏宋版；吳騫自稱「千元十駕」，以其有元刻千部

〔註 9〕同註7。
〔註10〕同註7。
〔註11〕王覺源，〈奇人異事葉德輝〉，《近代中國人物漫譚》（台北：東大，民國78年），頁591。
〔註12〕蘇精，〈葉德輝觀古堂〉，《近代藏書三十家》（台北：傳記文學，民國71年），頁41～42。

庋藏十架之故；陸心源稱其藏書樓爲「皕宋樓」，自稱擁有宋版兩百種〔註13〕。此一風氣之下，孤本雖易保存，但也遺弊無窮，葉德輝嘗云：

> 自錢牧齋、毛子晉先後提倡宋元舊刻，季滄葦、錢述古、徐傳是繼之。流於乾嘉，古刻愈稀，嗜書者眾，零篇斷葉，寶若球琳，蓋已成爲一種漢石柴窰。有殘碑破器，有不惜重貲以購者矣。昔曹溶序《絳雲樓書目》云：予以後進事宗伯，而宗伯相待絕款曲，每及一書，能言舊刻若何，新版若何，中間差別幾何，驗之纖悉不爽，然太偏性，所收必宋元版，不取近人所刻及鈔本，雖蘇子美、葉石林、三沈集等，以非舊刻不入目錄中。倦圃所言，切中其病。先族祖石君公，癖性亦同。徐乾學作公傳云：所好書與世異，每遇宋元鈔本，雖零缺單卷，必重購之。世所常行者，勿貴也。黃記，宋刻本《聖宋文選》云：近日陽湖孫觀察淵如，謂當取家藏宋刻書，盡加塗抹，蓋物既殘毀，時尚弗屬焉，或以不材終其天年，理固然也，按孫黃二人持論，誠爲過激之談，然其癖好宋本之心，亦云至矣。因思古人亦必有之，如宋尤袤《遂初堂書目》，臚載舊監本、秘閣本、杭本、舊杭本、越本、越州本、江西本、吉州本、嚴州本、湖北本、川本、池州本、京本、高麗本，而南宋中盛行之建本、婺州本，絕不一載，豈非以當時恆見之本，而遂不入於目歟？尤有傳爲奇談者，黃記，《魚玄機集》云：朱子儋，江陰人，世傳有以愛妾換宋刻《漢書》事，亦好事之尤者。《遯志堂雜鈔》云：嘉靖中，朱吉士大韶，性好藏書，尤愛宋時鏤版，訪得吳門故家有宋槧袁宏《後漢記》，係陸放翁、劉須溪、謝疊山三先生手評，飾以古錦玉籤，遂以一美婢易之，蓋非此不能得也。婢臨行題詩於壁曰：無端割愛出深閨，猶勝前人換馬時；他日相逢莫惆悵，春風吹盡道旁枝。吉士見詩惋惜，未幾捐館。夫以愛妾美婢換書，事似風雅，實則近於殺風景，此則佞宋之痴，入於膏肓，其爲不情之舉，殆有不可理論者矣〔註14〕。

此上所舉乃偏好宋元舊刻諸藏書家之故實，錢謙益「所收必宋元版，不取近人所刻及鈔本」；葉樹廉「每遇宋元鈔本，雖零缺單卷，必重購之」；尤袤重舊本「南宋中盛行之建本、婺州本，絕不一載」，其癖好古本之心，昭然可見，無可厚非，若朱子儋以愛妾換舊刻之事，實不可理喻。因而葉德輝反對「薄今愛古」之偏狹；

〔註13〕林慶彰，〈知識的水庫—歷代對圖書文獻的整理與保藏〉，《圖書文獻學研究論集》（台北：文津，民國79年），頁443。

〔註14〕葉德輝，〈藏書偏好宋元刻之癖〉《書林清話》卷十，（台北：世界書局，民國77年），頁291～293。

對清人著作之佳本則大力推崇，葉氏云：

> 藏書家習尚，無不侈言宋元舊抄，不知康雍乾嘉累葉承平，民物豐
> 阜，士大夫優游歲月，其著書甚勇，其刻書至精，不獨奴視朱明，直可
> 上追天水〔註15〕。

葉德輝重視一本書內容之好壞，遠過於對版本新舊之講求；因而對時人佞宋尚元
之習癖頗不以為然，對張之洞《書目答問》以清刊為主頗為推崇。因此葉氏重視
清代各家刻本，肯定「康雍乾嘉累葉承平，民物豐阜，士大夫優游歲月」之條件，
因而「著書甚勇，刻書至精」，可以直逼宋元，甚而與之相頡頏。他本人更以行動
糾正時人之弊，藏書之中，十之七八為清刻；治學研究，尤重視清人經義著述，
不斷訪求各家單行原刻本及諸家全集原書，因而當其尋獲金榜之《禮箋》原刻初
印及嘉慶十年原刻本《儀禮圖》六卷之後，欣喜自道，以為今後治學「可謂從心
所欲矣！」〔註16〕。

葉德輝此一作為，為藏書家樹立新典範；為後代古籍版本之選擇，樹立不迷
信不趨尚之正確觀點。

四、利用藏書撰著《書林清話》，開創近、現代版本學研究的線路

葉德輝利用觀古堂豐富藏書著書立說，其中影響力最大的莫過於《書林清話》
一書。《書林清話》在圖書館學最突出的成就是關於版本的鑒別及考訂；在圖書文
獻史的主要價值是對我國書史的研究，提供完整的資料。有關《書林清話》的評
論甚多，其中以大陸學者張承宗、杜邁之二氏之見解最具代表性與綜合性。張、
杜二氏云：

> 對於葉德輝《書林清話》的學術成就，我國近代許多著名學者多有
> 所評價。梁啟超在〈國學入門書要目及其讀法〉中，曾將葉昌熾的《語
> 石》與葉德輝的《書林清話》並列在一起，認為《書林清話》「論刻書源
> 流及掌故，甚好。」當代著名史學家陳垣也曾將葉昌熾的《藏書紀事詩》
> 與葉德輝《書林清話》放在一起，加以評價。他說：葉昌熾「找到了這
> 麼多材料，卻用詩表示出來，未免減低了價值。」顯然是惋惜葉昌熾缺
> 乏著史之才，不知史書體例。對《書林清話》則說：「書是很好，只是體
> 例太差。」葉德輝的這部書，體例固然差，但畢竟以時代為次，分類編

〔註15〕葉德輝，《郋園讀書志》（台北：明文書局，民國 79 年），頁 122。
〔註16〕同註 15。

排，勝過葉昌熾的《藏書紀事詩》，給後人提供了許多方便。對於版本目錄學和我國書史的研究來談，確實是一部有用的好書。近人所撰的研究中國書史和版本目錄學的著作，如：姚名達《中國目錄學史》、余嘉錫《目錄學發微》、汪辟疆《目錄學研究》、劉國鈞《中國書史簡編》、陳國慶《古籍版本淺說》、毛春翔《古書版本常談》以及近年來印行的魏隱儒《古籍版本鑒定叢讀》、來新夏《古典目錄學淺說》等等，幾乎沒有一部不引徵葉氏所提供的材料。今天，我們大規模地有計劃地開展古籍整理工作，《書林清話》還是有值得借鑒之處〔註17〕。

此處引述梁、陳之批評，十分中肯。梁啓超將葉昌熾的《語石》與葉德輝《書林清話》相提並論，並肯定葉德輝《書林清話》「論刻書源流及掌故，甚好」。陳垣則讚美《書林清話》「書好」只是「體例差」。杜、張二氏則以爲其以時代爲次之分編類排，勝過葉昌熾之《藏書紀事詩》，對版本目錄學及我國圖書史研究而言，爲「一部有用的好書」、「幾乎沒有一部不引徵葉氏所提供的資料」，其批評可謂客觀深入。的確，海峽兩岸的有關著作，大都向葉德輝《書林清話》取材。

前已述及，《書林清話》爲我國第一部研究版本的專著，第一部有系統的書史。葉氏之後，版本學研究因之而邁入一嶄新階段。如近人陳宏天所謂：出現了一系列版本學專著，出現著錄公藏的版本目錄及以專考某一類或一種書籍的考證性論著，湧現出一批著名的版本專家〔註18〕。其中，版本學專著如：張元濟《中國版本學》、孫毓修《中國雕版源流考》、錢基博《版本通義》等。版本目錄如：《全國善本書總目》。考證性論著，如：《兩浙古刊本考》、《福建版本志》等。版本學專家，如：王國維、傅增湘、趙萬里、王重民、顧廷龍、謝國楨等〔註19〕。

版本學研究，起源甚早，漢代至隋唐皆不乏其人，唯彼時只限於抄本；研究受到局限，見解流於片斷瑣碎。宋代以後開始進行初步探討，明清之間，講求宋元舊本，版本研究深入一層。及至清代版本學人才輩出，凡考據家皆爲版本學家且各有所長，〈郋園讀書志序〉一文中曾引洪亮吉《北江詩話》云：

藏書家有數等：得一書，必推求本原，是正缺失，是謂考訂家，如錢少詹大昕，戴吉士震諸人是也。次則辨其版本，注其錯譌，是謂校讎家，如盧學士文弨，翁閣學方綱諸人是也。次則搜採異本，上則補石室

〔註17〕杜邁之、張承宗合著，《葉德輝評傳》（長沙：岳麓書社，1986年），頁89～90。
〔註18〕陳宏天，《古籍版本概要》（台北：洪葉，民國81年），頁24～29。
〔註19〕同註18。

> 金匱之遺亡，下則備通人博士之瀏覽，是謂收藏家，如鄞縣范氏天一閣，
> 錢唐吳氏瓶花齋。昆山徐氏傳是樓是也。次則第求精本，獨嗜宋刻，是
> 謂賞鑒家，如吳門黃主事丕烈，鄢鎮鮑處士廷博是也。又次則於舊家中
> 落者，賤售其所藏，富室嗜書者，要求其善價，眼別眞贗，心知古今，
> 閩本蜀古，一不得欺，宋槧元槧，見而即識，是謂掠販家，如吳門錢景
> 開、陶五柳，湖州施漢英是也〔註20〕。

洪氏所言，反映版本學之盛況，同時也敍述藏書家的類型。學者以爲「第求精本
獨嗜宋刻」之賞鑒家與「宋槧元槧見而即識」之掠販家並無不同，因其距離爲讀
書而求書、藏書、校書之境界未免太過遙遠〔註21〕。然由此倒可見清代版本研究
之昌盛，但未臻成熟之境，葉氏之後，方才進入一嶄新階段。葉氏《書林清話》
不僅破除忽視內容之佞宋尚元風氣，也因提供較有系統的資料，而使版本研究的
風氣大開，終於在前人研究基礎上，近、現代的學者，將版本學研究推向一興盛
境地。海峽兩岸在提到版本學研究時，莫不推崇《書林清話》以爲入門初步。戴
南海以爲：「攻治的階梯，當先覽《書林清話》以了解其梗概」〔註22〕；屈萬里、
昌彼得、潘美月三位先生在〈考訂善本書應用之最低參考書提要〉中對此書亦甚
爲推崇〔註23〕。

五、撰著《藏書十約》，可作古籍整理之參考指南

　　歷代古籍受損情況嚴重，檢討其原因，不外有三：其一，政治原因；其二，
戰爭因素；其三，人爲保管不周〔註24〕。前二種原因非人力所能爲，第三種原因
則可透過人爲努力加以解決。因而如何保護古籍版本，是古代藏書樓及現代圖書
館共同關切的課題。清代藏書家孫從添曾著《藏書記要》，分目有八，曰：一、購
書；二、鑒別；三、抄錄；四、校讎；五、裝訂；六、編目；七、收藏；八、曝
書〔註25〕。而葉德輝有鑒於明末流寇之亂、清末洪楊之亂對文化的傷害，以爲保
存圖籍、文物可以「表揚幽潛」，因而將歷年之見聞及閱歷互相參證，述爲十約，

〔註20〕劉肇隅，〈郋園讀書志序〉，葉德輝著，《郋園讀書志》（台北：明文書局，民國 79
　　　　年），頁 1～2。
〔註21〕戴南海，《版本學概論》（成都：巴蜀書社，1989 年），頁 18。
〔註22〕同註 21，頁 37。
〔註23〕屈萬里、昌彼得合著，潘美月增訂，《圖書版本學要略》（台北：中國文化大學出版
　　　　部，民國 75 年），頁 94。
〔註24〕同註 13，頁 441。
〔註25〕孫從添，《藏書紀要》，《書目續編》（台北：廣文，民國 57 年），頁 1～5。

「以代家書，子孫守之」〔註26〕。葉氏之《藏書十約》，分目有十，曰：一、購置；二、鑑別；三、裝潢；四、陳列；五、鈔補；六、傳錄；七、校勘；八、題跋；九、收藏；十、印記。此十目涉及藏書之各種細節問題，如：圖書採購、選書依據、購書程序、版本鑑定、圖書收藏、圖書裝訂、圖書流通、圖書保管、圖書維護、圖書校勘等，可做為古籍整理之參考指南。

六、編撰藏書目錄及題跋，可作版本目錄學研究之參考工具書

古書版本鑑定之法，其中之一為依據著錄鑑定版本。所謂著錄，是指各時代各類型書目對各種圖書的記錄〔註27〕。各種類型及性質的書目對版本研究都具參考價值，清末民初私家藏書目錄更是版本研究者案頭必備之工具書，葉德輝《觀古堂藏書目》及《郎園讀書志》便是其中相當重要之二部〔註28〕。

《觀古堂藏書目》在圖書分類上沿襲四庫類式，惟考慮學術發展之需要，與四庫全書在小目的分類上略有差異。葉德輝以為，此一書目可以補正《書目答問》之缺誤，亦可作為清史藝文志之文獻材料。此一藏書目錄在著錄各種版本之時，雖僅載及書名、卷數、著者、版本及分類，卻對圖書館之古籍著錄深具查核參考之價值。《郎園讀書志》之著錄方式異常完備，不只書名、卷數、著者、版本非常翔實，即連行款、邊欄、書口、字體、印紙、藏書印記、牌記、序跋等均不放過。對於專業工作人員，如：古籍著錄、古籍編目，此一藏書題跋更是不可或缺之參考工具書。此外《郎園讀書志》在內容的取材上能表彰明刊近刻，不同於其他諸家之著力宋元，因而亦可作為他日續修《四庫全書》之藍本〔註29〕。

〔註26〕葉德輝，《藏書十約》，《書目類編》九十一冊（台北：成文，民國67年），頁1
〔註27〕李致忠，《古書版本學概論》（北京：書目文獻出版社，1990年），頁211。
〔註28〕同註26。
〔註29〕葉啟勳，〈郎園讀書志跋〉，葉德輝著，《郎園讀書志》（台北：明文書局，民國79年），頁1750。

結　語

　　晚清藏書名家輩出，諸家不僅學貫古今，擁有深厚學術素養，具備目錄、版本、校勘之專業知識，且大都富於貲財，廣搜博採，因而典藏富贍，足與現代圖書館抗衡，其中湘潭葉德輝之觀古堂實不容忽視。

　　葉德輝生當藏書風氣甚佳的衡湘要地，在前輩流風餘蘊的感染及個人經濟的配合之下，遂樂於投身藏書事業。其先祖已經有些收藏，光緒十二年（1886）之後，葉氏更無時無刻的搜訪古籍，四十餘年之中，四部之儲甚為完備。民國十六年（1927），葉氏遇害，其藏書雖因兵燹及子孫不肖之故四處散佚；然其從子葉啓勳能上承家學，勤加搜集，衍緒觀古堂藏書之志業，觀古堂因而能駸駸光顯而昌大之。

　　葉氏管理藏書之法，頗符合現代圖書館之科學管理原則。《藏書十約》中理論與實際的密切配合，可謂面面俱到。購置、鑑別、裝潢、陳列、抄補、傳錄、校勘、題跋、收藏及印記諸項，為其歷年見聞、閱歷所得之總呈現，用之今日譽之為古籍維護之管理美學亦不為過。

　　在藏書利用方面，葉德輝雖有「借人不孝鬻非兒」之惜借家訓，但也並非吝於通假之人。在圖書的流通方面，其一，撰有精善之藏書目錄及藏書題跋供世人參考。葉氏以活字排印《觀古堂藏書目》四百部供人傳鈔或贈送友人；並以活字排印《郋園讀書志》數百部，其目的也在廣為書籍之流傳。其二刊行古籍近刻凡數十百種（皆為未經傳刻或罕見之本），使古書能化身流傳。

　　葉德輝藏書題記之解題，融目錄、版本、校勘於一爐，對目錄學、版本學、校勘學及中國書史的研究厥功至偉。《觀古堂藏書目》延續四部分類的傳統，考慮學術發展分合的需要多所損益。《郋園讀書志》「遠追晁陳二家志餘之流別，近補紀阮二公提要之闕書」，對各書版刻時代之辨別、鈔校精訂之考證、卷數多寡之考

訂、新舊異同之區別、及藏書印記先輩佚聞之敘述莫不精審確鑒，合考訂、校讎、收藏、賞鑒爲一家之言。《書林清話》以筆記形式討論吾國古代雕版書籍之種種現象與問題，及版本學方面的有關知識；對刻書之源流、書林之掌故、版刻之優劣考論甚詳，爲我國講述版本知識之第一部專門著作及第一部有系統的書史。

　　總而言之，葉德輝在藏書採訪、管理、利用，及著書、刻書之理論與實際，可謂承先啓後，影響當世及後代皆甚爲深遠，有助於學術文化之傳承與延續。

　　葉德輝的學術成就是多方面的，除了與藏書事業有關之版本、目錄、校勘諸學及圖書文獻史之外；其史學、小學及文學等方面，均值得研究。而本論文所述及之《書林清話》、《郋園讀書志》及其他有關著作皆可再作進一步之深入探索。

參考書目

（依作者筆畫順序排列）

一、專書部分

1：王欣夫，《文獻學講義》（台北：文史哲出版社，民國 76 年）。

2：毛春翔，《古書版本常談》（上海：中華書局，1962 年）。

3：王秋桂、王國良合編，《中國圖書文獻學論集》（台北：明文書局，民國 75 年）。

4：中國圖書館學會出版委員會編，《圖書館學》（台北：學生書局，民國 79 年）。

5：支偉成，《清代樸學大師列傳》（上海：泰東圖書公司，民國 17 年）。

6：王德毅，《中國歷代名人年譜總目》（台北：華世出版社，民國 68 年）。

7：王覺源，《近代中國人物漫譚》（台北：東大圖書公司，民國 78 年）。

8：北京圖書館編，《中國版刻圖錄》（北京：文物出版社，1982 年）。

9：吳楓，《中國古典文獻學》（濟南：齊魯書社，1982 年）。

10：李曰剛，《中國目錄學》（台北：明文書局，民國 72 年）。

11：汪兆鏞，《碑傳集三編》（台北：大化書局，民國 73 年）。

12：李希泌、張椒華合編，《中國古代藏書與近代圖書館史料》（北京：中華書局，1982 年）。

13：吳辰伯，《江浙藏書家史略》（台北：文史哲出版社，民國 71 年）。

14：李肖聃，《星廬筆記》（長沙：岳麓書社，1982 年）。

15：吳明德，《館藏發展》（台北：漢美圖書有限公司，民國 80 年）。

16：李致忠，《古書版本學概論》（北京：書目文獻出版社，1990 年）。

17：李清志，《古書版本鑑定研究》（台北：文史哲出版社，民國 75 年）。

18：李書華，《中國印刷術起源》（香港：新亞研究所，民國 51 年）。

19：呂紹虞，《中國目錄學史稿》（台北：丹青圖書公司，民國 75 年）。

20：沈新民，《清丁丙及其善本書室藏書志研究》（台北：漢美圖書有限公司，民國 80 年）。

21：余嘉錫，《目錄學發微》（台北：藝文印書館，民國 67 年）。

22：武漢大學北京大學目錄學概論繕寫組，《目錄學概論》（北京：中華書局。1987 年）。

23：杜邁之、張承宗合著，《葉德輝評傳》（長沙：岳麓書社，1986 年）。

24：昌彼得、潘美月合著，《中國目錄學》（台北：文史哲出版社，民國 75 年）。

25：昌彼得，《版本目錄學論叢》（台北：學海出版社，民國 66 年）。

26：昌彼得編，《中國目錄學資料選輯》（台北：文史哲出版社，民國 70 年）。

27：屈萬里、昌彼得合著，潘美月增訂，《圖書板本學要略》（台北：中國文化大學出版部，民國 75 年）。

28：來新夏，《近三百年人物年譜知見錄》（上海：人民出版社，1983 年）。

29：來新夏，《古典目錄學淺說》（北京：中華書局，1981 年）。

30：林慶彰，《圖書文獻學研究論集》（台北：文津出版社，民國 79 年）。

31：周駿富編，《清代傳記叢刊索引》（台北：明文書局，民國 74 年）。

32：姚名達，《中國目錄學史》（台北：商務印書館，民國 70 年）。

33：姚名達，《中國目錄學年表》（台北：商務印書館，民 60 年）。

34：胡述兆、吳祖善合著，《圖書館學導論》（台北：漢美圖書有限公司，民國 78 年）。

35：紀昀，《欽定四庫全書總目》（台北：藝文印書館，民國 58 年）。

36：晁公武，《郡齋讀書志》（台北：商務印書館，民國 67 年）。

37：孫從添，《藏書紀要》，《書目續編》（台北：廣文書局，民國 57 年）。

38：梁子涵編，《中國歷代書目總錄》（台北：中華文化出版事業委員會，民國 42 年）。

39：許世瑛，《中國目錄學史》（台北：中國文化大學出版部，民國 71 年）。

40：國史館編，《清史列傳》，《清代傳記叢刊》第 105 冊（台北：明文書局，民國 74 年）。

41：鄭如斯、肖東發，《中國書史》（北京：書目文獻出版社，1987 年）。

42：陳宏天，《古籍版本概要》（台北：洪葉文化事業有限公司，民國 81 年）。

43：梁啟超，《清代學術概論》（台北：中華書局，民國 67 年）。

44：陳振孫，《直齋書錄解題》（台北：商務印書館，民國 67 年）。

45：陳國慶，《古籍版本淺說》（瀋陽：遼寧人民出版社，1957 年）。

46：陳彬龢、查猛濟，《中國書史》（上海：商務印書館，1935 年）。

47：陳登原，《古今典籍聚散考》，《書目類編》第九十六冊（台北：成文出版社，

民國 67 年）。

48：閔爾昌輯，《清朝碑傳全集》（台北：大化書局，民國 73 年）。

49：湯絢，《清初藏書家錢曾研究》（台北：漢美圖書有限公司，民國 80 年）。

50：黃永年，《古籍版本學》（陝西：陝西師大古籍研究所，1985 年）。

51：張秀民，《中國印刷術的發明及其影響》（台北：文史哲出版社，民國 69 年）。

52：黃宗羲，《南雷文定》，《叢書集成新編》第七六冊（台北：新文豐圖書公司，民國 74 年）。

53：乾隆敕編，《索引本四庫全書總目》（台北：漢京文化，民國 72 年）。

54：張碧惠，《晚清藏書家繆荃孫研究》（台北：漢美圖書有限公司，民國 80 年）。

55：路工，《訪書見聞錄》（上海：古籍出版社，1985 年）。

56：莫伯驥，《五十萬卷樓藏書目錄初編》，《書目叢編》（台北：廣文書局，民國 78 年）。

57：趙飛鵬，《觀海堂藏書研究》（台北：漢美圖書有限公司，民國 80 年）。

58：楊時榮，《圖書維護學》（台北：南天書局，民國 80 年）。

59：鄭偉章、李萬健合著，《中國著名藏書家傳略》（北京：書目文獻出版社，1986 年）。

60：劉肇隅編，《郋園四部書敘錄》（上海：葉氏澹園，民國 16 年）。

61：劉聲木，《桐城文學淵源考》（台北：明文書局，民國 74 年）。

62：鄭鶴聲、鄭鶴春合撰，《中國文獻學概要》（上海：上海書店，1983 年）。

63：葉昌熾，《藏書紀事詩》（台北：世界書局，民國 69 年）。

64：潘美月，《宋代藏書家考》（台北：學海出版社，民國 69 年）。

65：潘美月，《圖書》（台北：幼獅圖書公司，民國 75 年）。

66：葉啓勳，《拾經樓紬書錄》，《書目叢編》（台北：廣文書局，民國 78 年）。

67：葉盛，《菉竹堂書目》，《書目類編》第二九冊（台北：成文出版社，民國 67 年）。

68：葉德輝，《書林餘話》（台北：世界書局，民國 77 年）。

69：葉德輝，《書林清話》（台北：文史哲出版社，民國 77 年）。

70：葉德輝，《藏書十約》，《書目類編》第九一冊（台北：成文書局，民國 46 年）。

71：葉德輝，《觀古堂藏書目》（長沙：葉氏觀古堂，民國 4 年）。

72：葉德輝，《郋園讀書志》（台北：明文書局，民國 79 年）。

73：葉德輝，《郋園先生全書》（長沙：中國古書刊印社，民國 24 年）。

74：葉德輝，《觀古堂書目叢刻》（上海：葉氏澹園，民國 8 年）。

75：葉德輝，《郋園山居文錄》（長沙：中國古書刊印社，民國 24 年）。

76：錢存訓，《中國古代書史》（香港：中文大學，民國 64 年）。

77：錢基博，《版本通義》（上海：古籍出版社，1957 年）。

78：錢曾撰，管庭芬、章鈺校證，《讀書敏求記校證》，《書目叢編》（台北：廣文書局，民國 56 年）。

79：蔡佩玲，《范氏天一閣研究》（台北：漢美圖書有限公司，民國 80 年）。

80：戴南海，《版本學概論》（成都：巴蜀書社，1989 年）。

81：蔡冠洛編，《清代七百名人傳》（台北：文海出版社，民國 62 年）。

82：謝國楨、張舜徽等撰，《古籍論叢》（福州：福建人民出版社，1983 年）。

83：瞿鏞，《鐵琴銅劍樓藏書目錄》，《書目叢編》（台北：廣文書局，民國 56 年）。

84：羅孟禎，《中國古代目錄學簡編》（重慶：重慶出版社，1983 年）。

85：羅炳綿，《清代學術論集》（台北：食貨出版社，民國 67 年）。

86：羅錦堂，《歷代圖書版本志》（台北：國立歷史博物館，民國 47 年）。

87：嚴文郁，《中國書籍簡史》（台灣：商務印書館，民國 81 年）。

88：嚴文郁，《中國圖書館發展史》（台北：中國圖書館學會，民國 71 年）。

89：嚴文郁等著，《蔣蔚堂先生九秩榮慶論文集》（台北：商務印書館，民國 76 年）。

90：嚴倚帆，《祁承㸁及澹生堂藏書研究》（台北：漢美圖書有限公司，民國 80 年）。

91：藍文欽，《鐵琴銅劍樓藏書研究》（台北：漢美圖書有限公司，民國 80 年）。

92：蘇精，《近代藏書三十家》（台北：傳記文學出版社，民國 72 年）。

二、論文部分

1：王重民〈論四庫全書總目〉，《北京大學學報》二期（1964 年），頁 61～62。

2：汪闇〈館藏名家舊藏書表〉，《中央大學國學圖書館第一年刊》（民國 17 年 10 月），頁 47～64。

3：宋建成〈清代圖書館事業發展史〉私立中國文化大學史學研究士論文，民國 61 年 6 月。

4：李振華〈湖南碩儒葉德輝〉，《暢流》十二卷二期（民國 44 年 9 月），頁 2～3。

5：李家駒〈我國圖書典籍管理的研究〉私立中國文化大學史學研究所碩士論文，民國 75 年 6 月。

6：孟源〈玩世不恭的葉德輝〉，《暢流》三十五卷三期（民國 56 年 3 月），頁 8。

7：姜穆〈讀書種子葉德輝老婆不借書不借〉，《中央日報》，民國 81 年 4 月 21 日，十七版。

8：洪有豐〈清代藏書家考〉，《圖書館學季刊》第一卷第一期（民國 15 年 3 月），頁 39～52；第一卷第三期（民國 15 年 6 月），頁 309～320；第一卷第三期（民

國 15 年 9 月），頁 447～464；第一卷第四期（民國 16 年 3 月），頁 87～94。

9：姚從吾〈幾位古人藏書和讀書的佳話〉，《台灣新生報》，（民國 49 年 11 月 22 日，八版）。

10：袁同禮〈清代私家藏書概略〉，《圖書館學季刊》第一卷第一期（民國 15 年 3 月），頁 31～38。

11：高路明〈古代的目錄〉，《文獻》十輯（1981 年 12 月），頁 255～258。

12：喬好勤〈關於中國目錄學的幾個問題〉，《武漢大學學報》二期（1982 年 3 月），頁 84～90。

13：張承宗〈葉德輝贈曹廣笙"觀古堂藏書目"題跋〉，《文獻》二十四期（1990 年 7 月），頁 288。

14：曾省齋〈葉德輝俞秧華被殺記慟〉，《藝文誌》二十九期（民國 57 年 2 月），頁 14～15。

15：黃強祺〈私人藏書的社會利用〉，《圖書雜誌》三期（1984 年 9 月），頁 61～62。

16：劉尚恒〈中國古籍叢書概說〉，《文獻》七輯（1981 年 7 月），頁 141～155。

17：劉意成〈私人藏書與古籍保存〉，《圖書館雜誌》七輯（1983 年 9 月），頁 60～61。

18：葉公超〈中國歷代藏書與現代圖書館〉，《中國圖書館學會會報》二十六期（民國 63 年 12 月），頁 1～3。

19：葉啓倬〈郋園先生全集跋〉，《圖書館學季刊》八卷四期（民國 62 年 3 月），頁 733。

20：葉啓勳〈郋園先生全書序〉，《圖書館學季刊》八卷四期（民國 62 年 3 月），頁 732。

21：謝國楨〈明清時代的目錄學〉，《歷史教學》（1980 年 3 月），頁 36～39。

22：謝國楨〈明清時代版本目錄學概述〉，《齊魯學刊》三期（1981 年 5 月），頁 40～47；四期（1981 年 7 月），頁 45～52。

附錄：葉德輝藏書目錄藏書題記及代表作書影

一、觀古堂藏書目（一）

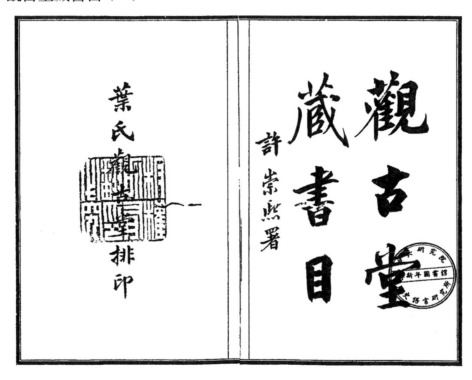

二、觀古堂藏書目（二）

觀古堂藏書目序

余家自宋以來世居吳中洞庭山國姓屢易而先世服疇食德依

松揪者數百年十七世祖和靖山長伯昂公以元故臣明祖屢徵

不起子孫承其家教不以入仕為榮故終明之世各房皆以科第

顯達炫赫一時獨余蒻園房世以耕讀相安了男亦不繁衍至

國初始有登仕版者然皆簿尉末秩士至諸生而止先曾祖先祖

兩世皆好藏書當乾嘉盛時在籍耆紳如王西沚光祿鳴盛沈歸

愚尚書德潛皆與余家往來園林題額至今猶在頹垣破壁間每

過祖庭想見當時文采風流日久終不泯滅也道光季年山中皋

匪蜂起先祖避亂始來長沙行囊不齎而有楹書數巨簏中如鄉

三、觀古堂藏書目（三）

觀古堂藏書目卷一　　　長沙葉德輝煥彬編撰

經部

易類

子夏易傳十一卷 舊題卜子夏撰　康熙丙辰納蘭成德刻通志堂經解本

子夏易傳一卷 一道光辛巳張澍輯刻二酉堂叢書本　一馬國翰輯刻玉函山房叢書本

京氏易傳三卷 漢京房撰　吳陸績注　一明毛晉津逮秘書本　一明萬曆壬辰程榮刻漢魏叢書本　一明崇

周易鄭康成注一卷 禎庚辰何允中刻漢魏叢書本　一乾隆壬子王謨刻漢魏叢書本

鄭氏易注三卷補遺一卷 宋王應麟撰　明南監修補元板玉海附刻本　一嘉慶丙寅康基田刻玉海附刻本　一同治癸酉鍾

鄭氏易注九卷 漢鄭玄撰　惠棟輯　乾隆丙午盧見曾刻雅雨堂叢書本　一同治癸酉鍾

鄭氏易注九卷 漢鄭玄撰　袁鈞輯　鈞譔古經解彙函重刻宦本

周易鄭注十二卷 漢鄭玄撰　丁杰輯補　嘉慶戊寅陳春刻湖海樓叢書本　光緒戊子浙江書局刻鄭氏佚書本

目一　經部　易類

一

四、書林清話（一）

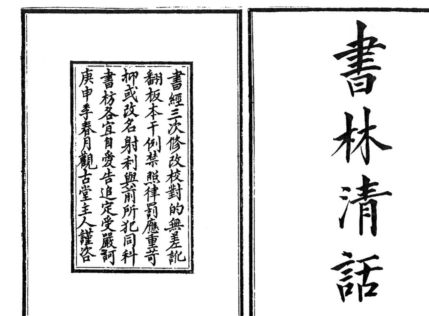

五、書林清話（二）

書林清話卷二

南陽葉德輝煥彬甫述

書節鈔本之始

古書無刻本故一切出于手鈔或節其要以便流觀如隋
志所載梁庾仲容子鈔其書雖佚不傳而唐魏徵羣書治
要馬總意林固其流派也宋有曾慥類說無撰人之續談
助元有陶九成說郛明有陸楫古今說海其體例頗相類
而於卷帙少者無所消刪舊周亮工書影余幼時在金陵聞
以四大廚貯之近見虎林刻本每一集有十六套四五葉者陶氏
者尚全鐫多者咸為逸去每一簡此刻未出時未博古之士多
有當時即有去取者未必如此刻之不知者以為說郛盡於此更
本說郛出而說郛亡矣四庫全書提要入之子雜家雜
不知就寇氏鈔錄者嘗言自刻出

六、書林餘話（一）

七、書林餘話（二）

書林餘話卷上

南陽葉德輝煥彬甫述

宋無撰人愛日齋叢鈔一云通鑑後唐長興三年二月辛
未初令國子監校定九經雕印賣之又云自唐末以來所
在學校廢絕蜀毋昭裔出私財百萬營學館且請刻版印
九經蜀主從之由是蜀中文學復盛又云唐明宗之世宰
相馮道李愚請令判國子監田敏校定九經刻版印賣朝
廷從之後周廣順三年六月丁巳版成獻之由是雕亂世
九經傳布甚廣此言宰相請校正九經印賣當是前長興
三年事至是二十餘載始辦田敏爲漢使楚假道荊南以
印本五經遺高從誨意其廣順以前五經先成王仲言揮

余話上

序

余撰書林清話刻成後以前所探宋元明人及近今諸儒
說部筆記涉于刻書之事者未得編次收入又已所論述
爲前所遺者拉雜存之書籠其中或有裨攣故或足資談
助既不忍割棄又不成條例于是略事理董分上下二卷
名曰餘話謂不足以續前話也癸亥初秋記

余話下

一

八、郋園讀書志（一）

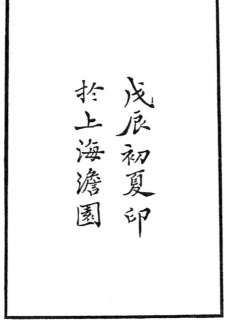

九、郋園讀書志（二）

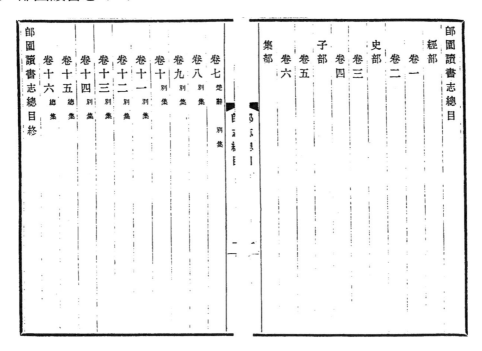

十、郎園讀書志（三）

郎園讀書志卷一

南陽葉德輝煥彬甫撰

經部

漢熹平石經殘字一冊 乾隆五十三年江西南昌府學重刻五本

乾隆五十三年大興翁覃谿學士方綱以詹事府詹事督學江西合前後所得錢唐黃小松司馬易金匱錢梅溪太史泳及如皋姜氏重模各本漢熹平石經殘字攷 金石單記行三卷本兩漢云方

昌學宮據學士所撰石經殘字

綱所得見者一十二段尚書盤庚篇五行半二十六字又

半字五洪範篇十行七十七字又半字十一君奭篇二行

十一字又半字三魯詩魏風八行七十一字又半字九店

十一、觀古堂書目叢刻（一）

十二、宋秘書省續編到四庫闕書目二卷

十三、佳趣堂書目

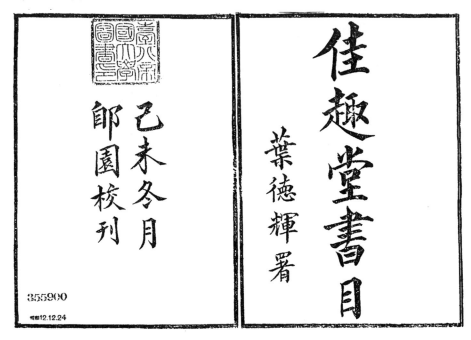

十四、觀古堂書目叢刻（二）

觀古堂書目叢刻重編　己未

宋紹興秘書省續編到四庫闕書二卷　德輝攷證

古今書刻二卷　明周弘祖撰

明南雍經籍籍考二卷　明梅鷟撰

百川書志二十卷　明高儒撰

萬卷堂書目四卷　明朱睦㮮撰

絳雲樓書目補遺一卷　錢謙益撰

靜惕堂宋元人集書目一卷　曹溶撰

徵刻唐宋人秘本書目一卷攷證一卷　紀映鍾等撰德輝攷證

孝慈堂書目四卷　王聞遠撰

佳趣堂書目不分卷　陸漻撰

十五、觀古堂駢儷文

觀古堂駢儷文

募修宋福王趙忠定汝愚殯墓啟　　南陽葉德輝煥彬甫撰

昔者盧植名儒魏武下令以除其墓徐稺高士顧劭入郡
而祀其塋拱木已積綿林法師之德音宿草如新贈稽侍
中之官爵豈不以鶴歸華表狐死首邱千載以上之陳人
凜然生氣百世而下之頑懦興者聞風僾遺跡之未湮斯
英靈之不泯何況阡岡鬱鬱酉正氣於乾坤祠廟巍巍有
大勳於社稷生則朝廷之柱石沒爲箕翼之星辰赤手擎
天挈黃袍而定策丹心貫日扶素幄以朝元斯則柴侯墓
前松挺後凋之節鄂王墳畔樹分南向之枝如宋諡忠定

十六、觀古堂所著書

十七、觀古堂所箸書目

葉氏觀古堂所箸書目

天文本論語校勘記一卷

輯孟子劉熙注一卷

釋人疏證二卷

輯淮南鴻烈閒詁二卷

輯淮南萬畢術二卷

山公啟事集證一卷山公佚事一卷

輯傅子三卷訂誤一卷

輯司隸校尉傅玄集三卷

輯孫柔之瑞應圖記一卷

宋祕書省編到四庫闕書目考證二卷

十八、郋園山居文錄（卷上）

郋園山居文錄卷上

　　　　　　　　　南陽葉德輝煥彬甫撰

前卷派葉巷支譜序

世祿之制廢而宗法亡然猶賴有譜牒爲餼羊之告朔也
自五胡亂華人民困於兵革於是蕩析離居不復守其田
里黽黽萬姓之眾遷如蟲如沙一散而不能還其地著是
不獨宗法亡而譜牒亦隨之亡矣六朝唐人尙門望重私
譜巨姓世譜載於隋書經籍志者無慮數十家至唐末五
代之亂凡前此所謂高門大族者又往往迷其所自出既
斷而不可復續迄于有宋雖以歐蘇二氏爲譜法之祖亦
不能上考唐以前之世系以徵信於後人斯固事之不能

一

十九、郋園山居文錄（卷下）

郋園山居文錄卷下

南陽葉德輝煥彬甫撰

周虢叔大林鐘拓本跋

虢叔大林鐘銘鉦間四十字鼓右五十字載阮文達積古
齋鐘鼎彝器款識吳荷屋中丞榮光筠清館金石編亦
載之云此與積古齋所收文全同古人制器一范不止鑄
一器矣嘉興張叔未延濟藏器今按阮吳二家釋文各不
同要以阮氏爲塙如鼓右第四行皇考嚴在上翼在下吳
釋爲器十二昇上下爻第五行愷澄能能吳釋爲艷艷爵
爵無論文義不順於其字畫亦不似嚴在上翼在下卽嚴
嚴翼翼之意愷愷能能阮前列宗周鐘有熊熊斁斁句可

─146─

二十、觀畫百詠

峯亞垂煙鬟積雨初收隔春樹望見人家隖邊住亦知

蹙翠惟房山高公昔者生其間戲拈畫筆少明豁玉女

過也吳寬家藏集爲毛貞甫題高房山山水詩云燕南

高尚書之品幾與吳興埒矣高乃一生學米有不及無

而倪迂題黃子久畫云雖不能夢見房山特有筆意則

云趙集賢畫爲元人冠冕獨推高彥敬如後生事名宿

高克恭畫品在元時爲趙松雪之亞畫禪室隨筆畫源

甌金墨在人間

燕南蹙翠一房山誰把江南景換還松雪雲林都拜倒尚

觀畫百詠卷三　　　　　南陽葉德輝煥彬撰并註

二一、觀古堂詩錄

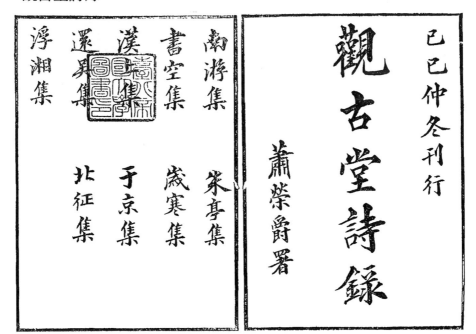

二二、漢上集

漢上集

兩年之間一避土匪之亂再遭暴吏之侵奔走上海京

師道出漢口初以居憂廢讀言不成文擲筆兩週未親

几硯今大祥已近致毀非時憂從中來靡所寄託客居

日本旅館日友以同文之雅恆以詩簡相訓積詩如千

遂成小集文山小祥有作顧亭林盧墓題詩謂爲名

敎罪人幸有古人分謗甲寅二月辟兵先生記

和岡西門甲寅元旦絕句三首同韻

屠蘇一醉年年事無眥如何對影三卻爲漢家畱伏臘歲

時荊楚尚膏南

消搖莫問人間世淸淺蓬萊見己三柳色液池春尚早杜

漢上集

一

二三、郎園論學書札

郎園論學書札

與邵陽石醉六書

自吾弟起程後踵寄一函計已存覽矣時務學堂梁卓如
主張公羊之學以佐其改制之謬論三尺童子無不惑之
昔余嘗從事二傳之學出入門戶頗能別其是非左氏與
孔子同時自異於傳聞之失學者所忌余別有說證寘之
公羊注家援引讖緯以爲西狩獲麟卽赤帝代周之兆此
爲其學者知其不敵左氏故假託漢制挾天子以令諸侯
何休之徒又從而附益之班固所謂利祿之路然也左氏
晚出立學又遲而西京之傳不絕如縷苟非卓然有以自
立其不爲公羊所奪者幾希矣譬如今日功令以四書文

與郎園書札

一